JN300599

中小企業政策論

── 政策・対象・制度 ──

寺 岡　寛 著

信 山 社

はしがき

　学問的方法論には大別して二種類ある。
　一つは帰納的方法論であり，もう一つは演繹的方法論である。
　帰納的方法論は経験主義の立場に立つ。つまり，個々の経験的かつ具体的事実から一般的な法則を導き出すやり方である。これは特殊から一般へという流れにおいて，個人が経験しうる少数事例からいかに多数の人が経験する事例を多く組み込めるかによって，必然，その結論や導かれる法則の精度と応用性は異なるものとなる。
　他方，演繹的方法論は主知主義に立つ。つまり，それは抽象化された，あるいは普遍化された法則から，個々の経験的事実に囚われず，最終的な結論を導き出そうとする方法論のためである。
　この二分論から，わたしたちの学問分野における研究蓄積を改めてとらえると，わたしたちの研究文化がみえてくる。歴史的にみて，日本の場合，その早急な近代化政策とも相俟って，演繹的方法論は日本の学問体系に深く結びつき，その輸入学問文化的側面を刻印させてきた。この文脈においては，日本のあり様はつねに欧米諸国から見ての位置づけであった。これは日本の近代化のもつ問題点を自ら依って立つべき論理でもって立ち向かわず，時として演繹的問題意識と方法論によって接近することで新たな問題を抱え込み，それが演繹的方法論での解決をさらに複雑化させた。
　これに対して，帰納的方法論は，たとえば，民俗学などにおいて多くの試行錯誤が積み重ねられてきた。この学問的蓄積はもっぱら在野の民間学者によって担われてきたという意味において，「民の学問」体系といってよい。このような対比では，先にみた演繹的方法論は「官の学問」体系といってよい。その主導役は官立大学や官庁であったことはいうまでもない。帰納的方法論においては，民俗学などが象徴するように，その膨大な観察記録の上に立脚してはじめて一定の法則性が摘出される可能性は高まる。いずれにせよ，演繹的方法論と比べて，帰納的方法論においては一定の結論に至るまでに膨大な時間と労力が費消されなければならない。

この帰納的方法論が大地に深く根づいたときに強靭な学問的論理性が発揮される可能性がある。反面，演繹的方法論はその種と苗が時として土壌に根づかない脆弱性を内包させている。

　歴史的にみて，欧米諸国などの先発国に遅れて，近代化路線をとる後発国にとって共通するのは，輸入された演繹的方法論のもたらした功罪である。功多くして，また罪も多い。むろん，これは程度の差こそあれ，先発国と同じ発展過程を辿ろうとする後発国の運命でもある。だが，問題はこの先にある。つまり，演繹的方法論の根腐れのことである。それを防止するには，演繹的方法論と帰納的方法論との間に双方通行的なやりとりが重要であり，これがいかに不断に行われているかによって，その国のもつ学問文化の強靭性が問われることになる。

　わたしはこれらのことを「政策学」，あるいは昨今の用語では「政策科学」という範疇を思い描いて書いている。つまり，政策学というのは，きわめて実践的な性格をもつものであり，特定の問題（＝地場の諸問題）解決のための研究・調査を端緒としている。必然，差し迫った問題の解決のためには演繹的方法論をもつ学問体系の早急な輸入を機軸として，その解決策が模索されてきた側面があった。だが，輸入された演繹的方法論の成立過程自体は実は相手国の抱えた問題に対する機能的方法論の結果が一定の政策学問体系を形成したものであった。このことを忘れがちである。この意味では，わたしたちは，片一方の手に演繹的方法論をもちつつも，もう一方にわたしたち自身の帰納的方法論を手にして，両方の相互作用を必ず内包させた政策学を確立させる必要がある。

　さらに重要な点をここで強調しておく必要がある。政策学における帰納的方法論の確立には，政策そのものに関する情報の公開が大前提でなければならない。この点において，日本では政策情報はほぼ官の独占状況が長く続いてきた。これこそが，実は，わが国において明治期以来のはるかいまにいたるまで政策学における演繹的輸入学問文化から脱却できない最大理由をかたちづくっている。政策主体である官の保有する政策情報の公開が限定的である国において，健全な政策学の発展は望み得ない。こうした状況下では，政策の関係者こそがその経験や事実を元にして帰納的方法論

に沿ったかたちで政策学を打ち出すことに一定の役割を果たしうる。対象を中小企業政策に絞った本書の意義と役割はほぼこの一点に集約しうる。

中小企業政策もそうであるが，一般に政策は三つの段階から構成される。第一段階―政策立案と決定（立法化）。第二段階―政策監督。第三段階―政策実行。

行政国家という遺伝子を強くもつ日本においては，第一段階は行政官庁であって，国会の役割は想像以上に軽い。第二段階は中央官庁とそこから事務委託を受けた地方官庁であり，場合によって両方である。第三段階は地方官庁あるいはそこから事務委託を受けた市町村である。やや比喩的にいえば，第一段階は鳥の目である。第二段階は木々に止まった昆虫の目である。第三段階は地面を這いずる蟻の目である。

わたし自身の職業史からいえば，地方自治体で約16年間，中小企業政策に直接あるいは間接に従事したという意味合いからして，昆虫と蟻の目の視点をわたしはもつ。要するに，このことは被政策対象としての中小企業にもっとも近い現場において中小企業政策の実施にかかわる「作用」「反作用」を観察，体験できる場にわたしがいたことを意味する。反面，鳥の目ということにおいては，短期間の出向経験を除き中央官庁にいたことのないわたしには無縁の世界だ。したがって，中小企業政策の立案という現場についてはそう独自の情報をもっているわけではない。

したがって，本書の主たる意図は昆虫と蟻の目から，わが国の中小企業政策について帰納的方法論によって，その論理と構造をまとめることにある。むろん，本書は政策現場の雑多なことのみの「見聞き帳」であってはならない。人の経験は結局のところそれを概念化することによってしか第三者には伝えられない。このことは帰納的方法論がつねに演繹的方法論とそれなりの緊張関係を保持してはじめて，その役割と意義が生きることを意味する。

本書では，中小企業政策に関する「生臭い」話が直接的に登場するわけではない。むしろ，わが国の中小企業政策を分析対象としつつ，中小企業政策に関わる政策思想，政策論理，政策手法をできるだけ分りやすい概念で展開しようと努力した。ただし，こうした概念の多くはわたしの実体験

に基づいている。もっとも個人の経験知には偏りがつきものである。この意味では，できるだけ関連の資料や文献にも目を通したつもりである。

　本書の内容について構想をめぐらしているときに，中小企業政策に関する文献をきちんとまずは整理したものを機軸において執筆すべきかとも思った。だが，これは大学などに籍を置きつづけた大学終身型研究者の得意とする分野であり，むしろ，いまは大学にいるものの，政策現場の近いところにいたわたしの役回りはむしろ既述の帰納的方法論によって中小企業政策について概念整理をすることではないかと思うようになった。この意味では，文献や資料で先行研究などを整理して「そもそも論」を展開するオーソドックスな方法からすこし自分を解放して，やや自由なスタイルで中小企業政策についてふれてみたかった。

　本書の構成について述べておくと，第1章では中小企業政策の基礎概念を抽象的に整理しているが，わたしの職業的経験知から整理している。本書全体の多少総論的な役割をもたせた。第2章では，中小企業政策と地域経済政策とはかなりの重複部分を形成するがゆえに，地域経済の担い手である中小企業を対象とした中小企業政策のあり方を論じている。ここでは中小企業政策と地域経済政策の交差する領域について整理を行った。第3章は中小企業政策を技術政策の側面からとらえた。第4章は中小企業政策の現実的な側面である中小企業支援制度について取り上げた。第5章はわが国の中小企業政策を位置づけるための国際比較の枠組みについて論じた。ここでは，わたしの狭い範囲と知見での外国におけるフィールドスタディーと日本国内で数多くこなしてきたアジア諸国などの中小企業政策担当者とのセミナーでの対話を通じてのわたしの経験知を概念化しようとした。第6章は全体のまとめの部分にあたる。なお，本書のベースとなった既発表論文の初出一覧を後掲した。章によっては大幅に修正した。なお，巻末資料に中小企業関連統計，中小企業政策の最近における動向と中小企業政策を学ぶ人たちのための学習ガイドとして参考・関連文献を掲げておいた。

　最後に謝辞を申し述べる必要がある。本書の執筆にあたっては，わたしの役所勤めのときに一緒に仕事をすることのできた先輩・後輩諸氏，各地

方自治体の政策関係に現役として従事する知人たちにいまの状況などを教示いただいたことも多かった。ここには名前を記さないが，こころから感謝申し上げたい。

　また，文献や資料などについては大阪経済大学中小企業・経営研究所の小川都与子氏にお世話になった。また，本書の隠し味があるとすれば，中小企業政策の国際比較を意識したことである。これは各国の中小企業政策担当者とのセミナーなどを通じて，その事情について知識移転の場を与えられてきたことに起因する。気がつけば，この10年間に，わたしの政策対話の相手方はアジア諸国，アフリカ諸国，欧州諸国，中東欧諸国，アメリカ合衆国，南アメリカ諸国などの政策担当者に広がり，軽く500人を超えた。特に，アジア，アフリカ，中東欧諸国の政策担当者とのセミナーについては，国際協力事業団，㈶太平洋人材交流センターなどの関係者にずいぶんとお世話になった。改めて御礼を申し述べたい。

　本書はわたしの勤務先である中京大学経営学部の双書として発刊される。中京大学の同僚諸氏，関係者にはいろいろなご支援を賜った。また，信山社の渡辺左近氏には出版までの細々した事務でお世話になった。こころから感謝申し上げたい。

　　2003年5月

　　　　　　　　　　　　　　　　　　　　　　　　寺　岡　　寛

目　　次

はしがき
図表目次
初出一覧

第1章　中小企業政策の基礎概念 (1)

第1節　政策と段階 …………………………………………………1
第2節　政策と歴史 …………………………………………………5
第3節　政策と継承 …………………………………………………16
第4節　政策と論理 …………………………………………………20
第5節　政策と範囲 …………………………………………………25
補　論　対応から政策への論理 ……………………………………32

第2章　中小企業政策と地域政策 (37)

第1節　地域概念と地域経済 ………………………………………37
第2節　市場競争と競争段階 ………………………………………42
第3節　産業集積と地域連結 ………………………………………46
第4節　集積概念と中小企業 ………………………………………50
第5節　競争力と産学官連携 ………………………………………55
補　論　前田正名と地域政策 ………………………………………64

第3章　中小企業政策と技術政策 (67)

第1節　中小企業と経営特質 ………………………………………67
第2節　中小企業と技術移転 ………………………………………70

第3節	中小企業と技術政策	73
第4節	技術政策と産学官連携	78
補　論	産学官連携の国際比較	93

第4章　中小企業政策と助成制度 (97)

第1節	中小企業政策と論理	97
第2節	中小企業政策と制度	98
第3節	助成制度と助成体系	113
第4節	中小企業政策の課題	120

第5章　中小企業政策と国際比較 (127)

第1節	中小企業政策と国際比較	127
第2節	類型としての中小企業政策	130
第3節	政策の共通領域と異質領域	139

第6章　中小企業政策の課題と展望 (145)

あ と が き

巻 末 資 料

1．中小企業関連統計

2．中小企業政策と中小企業法制

3．中小企業政策参考文献

索　　引

図表目次

第1章　中小企業政策の基礎概念
第1図　中小企業近代化促進政策における助成制度の構図……………19

第2章　中小企業政策と地域政策
第2図　地域の産業集積と雇用構造……………………………………43
第3図　産業集積とネットワーク形成…………………………………54
第4図　産業集積と産学官連携モデル…………………………………56

第3章　中小企業政策と技術政策
第5図　研究開発の諸段階………………………………………………73
第1表　兵庫県立工業技術センターの沿革……………………………74
第2表　兵庫県立工業技術センターの業務内容………………………75
第6図　技術移転機関（TLO）の機能…………………………………81
第7図　技術移転・事業化・移転形態…………………………………86
第8図　TLOとその周辺拡張機能　……………………………………88

第4章　中小企業政策と助成制度
第3表　わが国の中小企業助成制度体系………………………………115
第9図　中小企業政策の基本理念と助成制度　………………………116
第10図　わが国中小企業庁の組織と所管業務　………………………119

第5章　中小企業政策と国際比較
第11図　中小企業政策形成過程の構図　………………………………130
第12図　市場形態および企業行動の変化と中小企業政策類型の形成……138
第13図　中小企業政策類型のマトリックス……………………………139
第14図　中小企業政策における段階性…………………………………140

第6章　中小企業政策の課題と展望
第15図　産業構造の変化と中小企業政策………………………………148
第16図　民間経済活動と政策段階の構図………………………………150
第17図　経済発展段階と自営業者の比重………………………………154

巻末資料

第1表　産業別・規模別民間企業数 ……………………………………162
第2表　従業者規模別にみた製造業事業所数及び従業者数の推移 ………164
第3表　従業者規模別にみた卸売業商店数及び従業者数の推移 …………165
第4表　従業者規模別にみた小売業商店数及び従業者数の推移 …………166
第5表　金融機関別中小企業向け融資残高の推移 ………………………167
第6表　企業倒産件数・負債金額の推移 …………………………………168

初 出 一 覧

第1章　中小企業政策の基礎概念
　「中小企業政策と助成制度—日本型モデルをめぐって—」『中京経営研究』第11巻第1号，2001年9月

　補　論　対応から政策への論理
　「中小企業政策の基礎概念をめぐって—政策と制度をめぐって—」『中京経営研究』第12巻第1号，2002年9月

第2章　中小企業政策と地域政策
　「地域経済活性化と地域政策視点—政策論理と政策方向をめぐって—」『中小企業季報』（大阪経済大学，中小企業・経営研究所）第3号，2001年
　「産業の集積と競争力をめぐる諸問題—産学官メカニズムの有効性を中心に—」『中京経営研究』第12巻第2号，2003年2月

　補　論　前田正名と政策構想
　「日本の政策構想をめぐって—前田正名とその時代を中心に—」(1)(2)(3)(4)『中京経営研究』第11巻第1号〜第12巻第2号，2001年9月〜2003年2月

第3章　中小企業政策と技術政策
　「中小企業と技術移転—公設試験研究機関の役割をめぐって—」『中小企業研究』（中京大学・中小企業研究所）第24号，2002年12月

　補　論　産学官連携の国際比較
　「フィンランドの中小企業政策—ハイテク振興を中心に—」『中小企業季報』（大阪経済大学，中小企業・経営研究所）第3号，2000年
　「フィンランドのハイテク中小企業政策」『中小企業研究』（中京大学・中小企業研究所）第22号，2000年
　「フィンランドの産官学システムとハイテク振興」『中小企業研究』（同上）第23号，2001年

第4章　中小企業政策と助成制度
　「日本の中小企業政策と助成制度—現状と特徴をめぐって—」『中小企業研究』（同上）第23号，2001年

第5章　中小企業政策と国際比較
　「中小企業政策と国際比較―型認識とその有効性をめぐって―」『中京経営研究』第11巻第2号，2002年2月
第6章　中小企業政策の課題と展望
　書き下ろし

第1章　中小企業政策の基礎概念

第1節　政策と段階

　「政策」には当初から所期の目的を達成するために，目的志向的に創始されるものもあるものの，実際には特定の問題発生に対する対応策という試行錯誤の段階から創始されるものが多い。ここで「政策」概念の3つの範疇を整理しておこう。

　第一範疇——生起した諸問題へ個別導入された対応策が，後日，そこに共通的な政策論理が与えられ，統一的な体系に組入れられることで成立したもの。つまり，政策とは個別対応策の集合体としての政策である。

　第二範疇——当初から所期の目的を達成するために導入された誘導的制度の集合体としての政策。

　第三範疇——第一範疇と第二範疇の中間領域にある政策。

　こうした範疇の軽重は国により異なる。この背景には当該国の個別歴史性がある。第二範疇の典型事例は，後発国において先発国での自生的経済発展を早期に達成させるために導入された経済政策などに見出せる。たとえば，個別経済主体の市場での自由競争の結果，市場の失敗が引き起こされ，それを規制するために導入された制度が，後日，「競争政策」という政策論理で完成したものが，他国においては市場制度を定着させるために当初から政策的に導入される

ケースもある。より具体的には，遠くはわが国の明治維新以降に性急に導入された種々の政策がそうであるし，また，近くにおいては1990年代に市場経済への移行を進めた中東欧諸国に多くの事例を見出すことが出来よう。

この意味では，第一範疇は内発的政策，第二範疇は外発的政策と換言できる。必然，第三範疇は内発的政策と外発的政策の混ざり合った政策体系を示す。こうした政策範疇は，中小企業政策においても当てはまる。第一範疇の場合，それをわが国の中小企業政策史から振り返ると，中小企業問題が深刻化し，それが中小企業者の要求する政治運動に連動したときに対応策の実施を促がした経緯がある[1]。この具体例は昭和2［1927］年の金融恐慌とこれに続いた昭和恐慌の時期に見出せる。

他方，第二範疇は敗戦後の米国占領政策の一環として導入された中小企業政策，あるいは高度経済成長期のわが国産業政策においてその典型的事例を見出せる[2]。このうち，第二範疇で紹介した米国占領下の中小企業政策などは外生的政策を短期間に導入されたものである。他方，第一範疇での政策を時間軸から分析すると対策と政策との間には概してつぎのような3つの時間的段階性が存在する[3]。

 第一段階――短期的な対応策。既存の法制度，予算の中でのルーティン的な範囲内での状況的個別対応である。

 第二段階――中期的な対応策。既存の法制度，組織，予算の間で調整を行いつつ，個別省庁内でなく省庁間にまたがった状況的個別対応である。

 第三段階――長期的な対応策。第一段階と第二段階をへていることにより，状況的個別対応策の有効性と限界性が次第に明らかになり，より統一的な対策の立案と実行の仕組みが模索されるところにこの段階の特徴がある。新たな立法制定，新組織の設立，予算の新規獲得が意図されるため，政策理念の確立が重要視され，さまざまな対策が政策という枠の下に位置づけられるようになる。

そして，第三範疇での政策はより長期間に形成された第一範疇や第二範疇の対応策の集合体としての政策とも密接な関係をもつ。つまり，第一範疇や第二範疇において形成された政策目的や政策手法が蓄積されていることにより，つ

ぎの問題発生に対しては短期間に政策が立案・形成される。

　しかし，これで政策の段階性がすべて明白になったわけではない。つまり，政策は問題発生を前提として上記にみた段階性を踏んで形成されるものの，問題発生と政策の実行の間には政策課題としての認識段階がある。要するに，それは政策主体の認識に関わる段階である。各段階においてすくなくとも政策が必要であるとされる政策課題発生への予測という政策主体における認識段階がある。ここでは，政策と問題あるいは課題設定との間にある認識メカニズムというフィルターがあってはじめて政策の創始モーメントが働く。

　この認識メカニズムはその社会でのより広い意味での企業文化（たとえば，伝統的手工業などの保護意識など），狭い意味での民間企業や市場制度に対する社会的価値観（たとえば，米国社会の市場主義型[4]，あるいは欧米諸国の市場主義と政府介入の混合型など）と密接な関連性をもつ。つまり，こうした価値観には政府の介入を最小限にとどめるべきであるとする考え方もあれば，政府の大幅な介入を認める考え方もある。政策はこうした諸価値観を背景として政治という利害調整過程をへて形成される。

　なお，こうした政策をその決定から実行までの段階でとらえると，つぎの4つの段階（＝過程）がある。

　　第一過程（政策立案）――政策の立案と政策立法の制定。政策立案主体は一般的に立法府である議会であるが，官僚制の強い国においては行政府が政策立案において大きな役割を占める。

　　第二過程（政策監督）――立案された政策が立法化されることで，その実行権限が行政府に付与される。実際においては，政策立案と実行との間に政策監督の役割を担う組織体が整備される。

　　第三過程（政策実行）――では，だれが実行するのか。米国のように連邦法であれば，連邦政府が直接的に実行にあたるのか，あるいは，地方政府がこれにあたるのか。これは国によってさまざまな形態をとる。

　　第四過程（情報公開）――政策立案から政策監督，そして政策実行という過

程において所期の政策目的がどの程度果たされたのかを知る上で重要な制度整備である[5]。

以上のように，政策はこれらの諸段階をへて形成・実行される。中小企業政策もまたこの例外ではない。こうした過程により中小企業政策が形成されるとしても，何よりも重要なのは政策を不可欠とする前提としての中小企業「問題」そのものへの認識である。これはその国の経済発展のあり方によって異なる。一体，何がどのように重要視され，対策から政策へと昇華せざるを得なかったのか。この意味において，中小企業政策の研究においても政策形成段階の分析は重要である[6]。

ここでは政策主体をもっぱら政府と想定したが，現実には政策の対象となる問題が政策課題へと昇華するまでにはつぎの5つの段階（＝領域）が存在する。

第一領域――個人やその集合体である地域共同体で自主的に解決すべき問題領域。

第二領域――第一領域での調整によって解決されず，司法制度によって個別処理されるべき問題領域。

第三領域――第二領域での対応によって解決されず，地方自治体で解決されるべき問題領域。この場合には中央政府と地方自治体との役割と権限の在り方が問われる。

第四領域――第三領域での対応によって解決されず，中央政府で解決されるべき問題領域。

第五領域――第四領域での対応によって解決されず，国際機構で解決されるべき問題領域。

第一領域は個別経済主体の日常的経済活動に関わる種々の問題発生に関連して，市場での財やサービスへの支出によって解決される。第二領域以下の問題は，いわゆる市場の失敗によって個別経済主体の解決能力を超える性格のものである。この典型は外部不経済の問題である。この種の問題は，司法制度によって解決される問題，あるいは第三領域以上の段階で解決されるべき問題もある。したがって，一般に政策が対象とする諸問題の領域は，外部不経済など市場の失敗などに関連して，市場で自律的に解決されない，また，その解決手順が司法制度において容易に示されない領域である。また，前述の第三段階

(実行段階) に関連して，政策主体からみた場合，第三領域と第四領域での政策主体のあり方は地方分権制度をとる国と中央集権制度をとる国とでは異なる。

中小企業政策についてもまた上述の諸領域が存在する。中小企業政策の場合，地域共同体内での解決というのは，中小企業に関わる問題が当事者間，あるいは関係組合や団体といった業界組織や商工会議所などの地域経済団体を通じて解決されるべきことである。これに対し，司法制度による個別問題処理の典型例は，不公平な取引などにおける独占禁止法に関わる係争問題に見出せる。第三領域の問題は地方自治体での解決が中心である。この段階で解決困難な問題は中央政府において検討されることになる。最後の国際機構については，わが国中小企業政策において，中小企業性業種のダンピング問題などをここに当てはめることも可能であるが，通常，ケースとしては稀有である。欧州諸国の場合，欧州連合（EU）による加盟諸国の政策調整が行われたりしている。

しかしながら，政策一般，あるいは本書で取り上げる中小企業政策におけるさまざま段階での問題処理あるいは解決のあり方を抽象的に論じるまえに，まずはそれぞれの国で中小企業問題がどのように発生し，どのような諸問題が政策課題とされ，どのようにして中小企業政策が形成されたかを具体的に検討することこそが重要である。いうまでもなく，政策研究は政策史を前提として成立する。

では，わが国の中小企業政策は中小企業問題への認識のどのような歴史的段階をへて形成されてきたのか。政策の基礎概念は，政策の歴史的展開の経緯を探ることによってその内実が与えられるのである。これを次節でみておこう。

第2節　政策と歴史

政策は個別実施されてきた対応策と密接な関係をもちつつも，対応策とは異なった概念をもつ。対応策はあくまでも個別発生した諸問題への対症療法的措置の総称である。

これは総じて短期間での試行錯誤的な応急的措置である場合が多く，問題の発生原因やその背景への長期にわたる調査の結果などの蓄積・共有化が行われなければ系統的に実施されない。とはいえ，こうした個別対応措置はやがて一

定の型を形成していく。こうして類型化された対応策は一定の期間をへて統一的な政策論理のもとに束ねられ，政策体系をつくりだす。これは各国の政策史に共通して観察できる。ただし，個別対応段階から統一的な政策論理の形成，さらにはそれに基づく政策体系の整備までの時間については，その国の政治体制や社会的規範によって長短がある。以下，わが国の場合を段階別にみておこう。

　わが国の場合，中小企業対策が前節で概念定義した第一範疇の政策として模索され始められるのは，昭和2［1927］年の金融恐慌とこれに続いた昭和恐慌の時期であった。ここでの主たる政策主体は商工省であった。商工省の中小企業問題への認識と政策形成については，当時，この問題に取り組んでいた商工官僚の豊田雅孝[7]が中心となってまとめた『産業国策と中小産業』を通じて探っておこう。豊田は当時の商工省内での中小企業問題への認識が金融恐慌を契機にして高まったことをつぎのように述べる。

　「我が国当面の問題としての中小商工業問題は，周知の如く，今日新しく生起した問題でもなければ，支那事変以後の新しい問題でもない。中小商工問題は，実に支那事変より遙かに遡って昭和2年頃より，時局当面の問題として喧しく論ぜられるに至ったものであり，爾来今日に至る迄，又恐らくは将来に亘っても，我国経済，社会上の最重要問題として継続し来った……（中略）元来，中小商工業問題，換言すれば，中小商工業者の全面的疲弊が表面化したのは世界大戦後の好景気の反動として，勃発した昭和2年の財界パニックを頂点とする世界的不景気の過程に於て，先づ，我農村が，深刻な不景気に襲はれ，次で此等の農村地を背景とする中小商工業者の著しい逼迫が招来され，之が，漸次都市の商工業者に及ぶに至って，全国的な慢性病状に移行したのである。」[8]

　豊田の指摘は，わが国の中小商工業（＝中小企業）問題が，「支那事変」の下に顕在化したものでなく，それ以前の金融恐慌以降に一層先鋭化していたことを示唆している。つまり，第一世界大戦後の反動不況と金融恐慌によって疲弊しきった農家が破綻し，農家の需要が縮小したことで多くのその関連中小商工業者が影響を受け，やがてこの影響が都市の商工業者全般に及んだことを豊田は記録した。豊田は当時の中小企業問題をつぎの3つの時期に整理した[9]。

第一期——「昭和 2 年頃から，満州事変の勃発（昭和 6 ［1931］年 9 月—引用者注）を経て，支那事変の発生に至る間」。

第二期——「昭和12年 7 月の支那事変勃発以来，昨年即ち昭和15年 9 月の三国同盟締結を契機とする我国外交方針の転換に至る間」。

第三期——「昨秋（昭和15［1930］年—引用者注）の外交転換より今日に及ぶ期間」。[10]

こうした時期の中小企業問題の核心を為す「全面的疲弊」状況というのは，昭和 2 ［1927］年の金融恐慌以来の「急性疾患」的問題と，それ以前からの「慢性疾患」的問題に大別して認識されていた。だが，それらは「相互に相関関係に立ち，不可分の一体を為すものであって，之が問題の解決の病理は，二者を一体として，其の根本的切開を図らなければ，到底之が治癒を望むべきもない」[11]とされた。以下，上述の時期ごとの豊田の指摘した中小企業問題の概要をみておこう。

第一期の中小企業問題の慢性的要因として挙げられたのは，中小工業に関しては①問屋制工業のもつ問題性，②産業合理化運動の及ぼした影響，であった。①は問屋が中小工業製品の販売面，あるいは原材料の貸与，代金の前貸しなど金融面での支配を通じて，中小工業を従属させ，その自立的発展を阻害しているとの認識であった[12]。②の産業合理化は，同運動が特に大工業の生産工程の合理化，製品の標準化，大量生産の推進を促進したことにより，中小工業者が「圧迫」されるに至ったことへの認識であった[13]。

他方，中小商業者の抱える問題は，内部問題としての「同業者過多」，外部問題としての「大規模商（＝百貨店）などからの圧迫」[14]が指摘された。このほかにも，とりわけ，消費者や生産者による消費者組合や産業組合の結成が中小商店へ及ぼした影響もまた深刻なものと認識された。具体的には，農村では肥料や米穀などから，日常品の購入・販売まで拡張された購買組合や販売組合，また，都市での公設市場もまた中小商店を圧迫しつつあった[15]。

第二期の中小企業問題の場合，その中心は昭和13［1938］年の「改定物資動員計画」以降の「強力なる経済統制が，徹底的に行われるに至った結果として，茲に最も深刻なる影響を蒙むらざるを得なかったのは中小商工業部門であって，之の具体的形相は失業問題，転業問題として，露呈せらるに至った」[16]ことに

あった。ここで指摘されているのは，経済統制，すなわち，軍需生産拡大のための物資統制が民需部門の中小企業の存立・存続に大きな影響を及ぼしていた事情であった。特に，流通部門における配給統制が問屋の存続に大きな影を落としていた。豊田はつぎのように指摘した。

「問屋が，支配的地位にある時代に於ては，問屋は中期に於て巨大なタンクの作用を営み，商品価格を自由に操作して，生産者及小売業者を従属せしめたが，今や問屋は単に中間に介在するのみとなり，商品を右から左へと取次ぐに過ぎない。而も其の間に於ける中間配給の口銭も一定せられ，中間利潤は縮減せられて，彼等は今や，コムミッション・マーチャントに堕するに至った。鋼材，石油其の他何れも配給機関を一定し且一定消費数量に割当てられた配給券なくしては，商品を交付出来ぬこととなれば，茲に商取引の甘味は全く喪失され，之に依存し来った多数の商業者は，失業又は半失業に追込まれるに至ったのである。」[17]

要するに，そこには統制経済化にともなう物資不足が中小企業の存立・存続に直結するようになった事情があった。これに対して，第三期の中小企業問題の中心は，「従来主として平和産業部門の中小工業を襲った打撃は，今や平和産業部門以外の，重工業，化学工業等の生産力拡充産業に属する中小工業をも其の対象とするに至った」[18]状況にあった。総力戦下のこうした物資不足と軍需生産力拡大は必然，軍需関連分野の中小工業の存立そのものへも影響を及ぼしていった[19]。

第一期から第三期にかけて深刻化した中小企業問題は政府に具体的な対応策を迫った。この一つは，従来の組織化政策を統制政策として再編したことであった。ところで，組織化政策の系譜は，輸出型産業における中小商（＝問屋）工業を対象として明治中期に導入された制度に端を発する。この制度は第一次世界大戦後の反動不況の下での中小工業の生産調整に大きな政策効果を収めなかったことから，特に中小工業を対象として工業組合制度（大正14［1925］年の「重要輸出品工業組合法」）が導入された。工業組合制度の導入による商工分離に反発した商業者への対応策として，同時に輸出組合制度（「輸出組合法」）も立法化された。なお，重要輸出品としては絹織物，綿織物，セルロイド製品，玩具など22業種が当初の指定を受けた。工業組合制度は昭和6［1931］年にはその対

象業種を重要輸出品から工業製品一般に拡大した[20]）。

　元々，工業組合制度の意義は中小工業のもつ慢性疾患体質の是正にあった。慢性疾患とは中小工業の脆弱な経営体質のことであり，それは同業者の過当競争から来る資本蓄積不足（＝機械導入の困難）による「設備の不完全」（＝品質向上の困難性），「生産の無秩序」（＝安かろう悪かろう）に加え，「物的担保力の弱さ」や「対人信用の低位」による「金融上の不利」に起因するとみられた。とはいえ，工業組合制度強化の直接的狙いは当時のいわゆるデフレ経済の下での価格安定の実現による企業収益の確保にあった。政府が組合を通じてカルテルを公認する統制政策を実施しようとした背景はそうしたものであった。と同時に，工業組合による共同事業の促進も意図されていた。工業組合制度の普及のため，政府は商工省と地方庁での専任職員の増員，組合の共同事業（製造加工，保管，検査など）への補助金を支出することを決定した。

　その後，工業組合制度は，戦争の激化により慢性化した物資不足によってさらに統制組合組織制度としての役割を強めていった。この背景には，中小企業は数の上では大企業と異なり多数派であり，政府による一元的管理が極めて困難であり，また，多分野にまたがるため個別に政策対象とすることが困難である事情があった。ゆえに，さまざまな分野の多数の中小企業を組合単位に組織化（＝集団化）させ，政策対象として「まとめあげる」必要性があった。こうして組合の統制機能が強化されていった一方で，中小企業の慢性的疾患体質の是正を意図した共同事業（共同施設の利用，原材料などの共同購入，製品の共同販売，信用事業の共同経営など）については[21]，共同設備や原料そのものの不足によりその確保が困難となったことから空文化していった。

　こうした工業組合制度の普及を組合結成数の推移からみておくと，昭和6［1931］年度末の152組合からその数は戦時統制が強化されるに従い着実に増加していった。10年後の昭和16［1941］年には7,000近くに達した。業種別組合数は，食料品を筆頭に金属，雑貨，機械器具，紡績，製材・木製品，化学などの順であった。また，地域別には東京府や大阪府などで組合数の多さが目立ったものの，その他の地域についてみれば全国的な差異はそうみられなかった。この背景には，機械・金属が大都市圏に集中立地していたものの，農村家内工業から派生した中小工業性業種（＝地場産業）が全国各地に分散立地していたこと

があった。なお，工業組合のほかに，より小規模な工場を対象とした工業小組合制度も導入された。工業小組合は昭和16［1941］年末に700組合ほど結成された。

ただし，こうした戦時統制に直結したかたちでの工業組合などの増加については，豊田の指摘のように，商工省はその矛盾面に憂慮していた。すなわち，

「統制事業と経済事業とは相互に矛盾した関係に在るものである。統制の目的の為には組合の地区は成るべく広く関係業者の全部を網羅することが其の目的の徹底を期する所以であるが，協同経済事業の為には利害関係の最も緊密な同形態の業種で，規模に於ても類似のものの結合でなければならぬ。……又事業経営を支配する原理は統制事業に於ては組合が成るべく強力なる統制権を有する自治的であり組合員の総意を尊重する方が円滑に運用せられる。」[22]

中小工業へのさらなる対応については，以上に紹介した工業組合制度のほかに下請工業への対応も模索・実行された。当時，商工省は下請工業を①外注又は受注の融通を行うもの，②ブローカー的下請，③問屋下請，④地方統制工業（＝軍工廠などから共同受注していた地方の工業組合の呼び名），⑤狭義の下請（純粋の下請）に類型化した。⑤の狭義の「下請工業」では機械分野において軍需生産拡大を目的とした「機械鉄鋼製品整備要綱」で対象とされた定常的，有機的かつ継続的「親子関係」が想定されていた。具体的業種では，蒸気タービン，ボイラー，電気機器，電気通信機器，電気計測器，内燃機関，輸送機器，工作機器，ポンプなどが指定された。

豊田はこうした下請工業政策の実施の時期について「政府が積極的に指導助成に当たることになったのは昭和8，9年頃からであり，昭和10年には商工省の地方工業化委員会に於て，下請工業の助成振興対策を考究することになり，11年度には13府県に下請工業受注指導職員設置と検査制度設置に対する補助を為し，爾後之が助成施設を拡充すると共に，12年度からは新たに見本製作の補助を為すこととしたが，下請工業助成に対する方針の確立を見たのは昭和12年1月である」[23]と述べている。昭和12［1937］年の通達「下請工業助成計画要綱」は戦時経済体制に移りつつあった当時の情況に沿ったものであると同時に，大恐慌以来，疲弊した地方経済への救済対策をも背景とした。

同要綱11項目のうち6項目が地方庁による下請工業促進策に関連した。具体的には，受注斡旋職員の配置補助，検査設備，見本製作への助成，下請工業への転業促進のための組合共同設備設置への補助，軍工廠立地地域での統制工業事務所(東京，横須賀，名古屋，大阪，舞鶴，呉，小倉，佐世保)の設置，民間大工場への発注協力要請などであった。とはいえ，大工業と中小工業との間に設備や技術上の格差があり，発注が順調に促進されなかった。下請工場の指定制度が導入されたのはこの格差問題を背景にした。下請工場の特定親工場への専属度を高めることで，技術移転を促進させ双方の有機的連携を深めることが意図された。

このように，金融恐慌，大恐慌によって疲弊著しい中小企業に対する対策は日中戦争の拡大により統制経済政策の一環として組み込まれた。中小企業対策はやがて民需分野などの中小企業の転廃業対策へと移っていった。具体的には，昭和15［1940］年の「中小商工業に対する対策」と「経済新体制確立要綱」によって，不要不急の民需部門での中小工業の整理再編が進められた。また，軍需関連部門の中小工業については，昭和15［1940］年の「軍需工業指導方針」により「中小工業に対しては一般に逐次過小低能率なる経営単位を減少し或は過小工場の簇生を阻止し，下請工業として必要なものは核心となる親工場と有機的に結合して総合的生産力の向上を図り其他の中小工場に対しては単に時局転業のみを主眼とすることなく，其の将来性を洞察し其の存立意義に従って確実なる組織を確立する様に指導」とされたように，中小企業の整理統合策が導入された。

たとえば，機械鉄鋼製品の場合，昭和15［1940］年「機械鉄鋼製品工業整備要綱」が商工次官通牒として示された。翌年には軍工廠関係の下請工業の整備要綱も発表された。戦時体制の強化はさらなる物資不足をもたらしたため，整備要綱の対象業種も増加していった。軍需生産転換の可能な民需分野の中小企業に対しては技術指導が実施された。地方庁には下請工場育成のために転業技術指導員が配置された一方，工芸指導所，工業試験所，軍工廠，民間大工場から技術者を招聘して講習会が開催された。また，見本製作費，工業組合（工業小組合）単位で転業に必要な設備購入のための補助金制度も導入された[24]。

こうした一連の中小企業対策をどのように位置付けるべきか。豊田は産業政

策と社会政策という視点から，軍需生産拡大を目指す（＝産業政策）には転業を含む社会政策的な対応を不可欠にする中小企業対策の必要性をつぎのように論じた。

「従来中小工業対策を論ずる場合には所謂社会政策といふ言葉が伴っている場合が多かった様である。……高度国防国家の建設を目標とする産業再編成に当っては，生産性の昂揚，資材及び労力の有効利用が強調せられる結果，中小工業を之に織込む場合にも産業政策を主として考えるべきであって，社会政策の為に高度国防国家の生産性が犠牲となるべきものではない。社会政策なる語は動もすれば生産性のブレーキとして働くの観を与へるのであるけれど，此の言葉は産業再編成の上からは事業主の維持救済といふ様な消極的意味に於てでなく，転業といふから社会政策といふ様に陳腐な観念の連鎖を生ずるのであるが，総合生産力の如き社会政策なる用語はもっと積極的意味を持ったものに改められるべきであろう。」[25]

他方，中小商業対策をみてみると，中小商業問題への認識は百貨店問題と並行したものでもあった。したがって，中小商業対策は中小商店の振興というよりも百貨店への規制という政策論理で先行した。昭和7［1932］年には「商品券取締法」が制定され，百貨店の発行する小額商品券に制限が加えられた。さらに，昭和12［1937］年には「百貨店法」が施行され，新設，増床，支店の設置，出張販売が許可制となった。店舗の閉店時刻，休日などについては日本百貨店組合による自治統制が行われた。なお，商業組合制度に関しては，中小商業問題の本質は過小過多性にあり，これに呼応して昭和7［1932］年には「商業組合法」が制定され，商業組合を通じて業者間の過当競争の是正が図られつつ，協同事業（共同仕入れ，共同保管，共同運搬，共同販売，商品券，倉庫証券の発行等）によって零細商店の不利性を規模の経済によって補って大規模商店に対抗することも意図された。同法については，「工業組合法」と同様に改正され，強制加入命令となり統制組合化していった。商業組合は昭和8［1933］年末に265組合であったが，昭和15［1940］年末に1万組合を超えた。

統制面では，その影響は工業分野以上に商業分野に深刻な影響を及ぼした。商工省の「配給機構整備要綱」の一般方針は「徒ニ商業者ヲ排除シ資金及労力ヲ新タニ投下シテ配給部門ニ進出スルコトハ之ヲ避ケシメ」としていたものの，

昭和15［1940］年の通牒「中小商工業ノ企業合同ニ関スル件」(商工次官岸信介名で各府県知事宛て)は「米穀商，薪炭商等ノ生活必需品関係商業者ノ如キ企業合同ヲ適当トスル指導相成度申添候」というように配給機構の整備(＝統制)が打ち出された。同年には「生活必需品整備ニ関スル件」，翌年に「配給機構設備ニ関スル件」「農林水産物ノ集荷ニ関スル件」が発表され，上述のように商業組合は配給統制機関化されていった。これと並行して，商業報国運動が政府の政策に取り込まれた。同運動は，当初，東北地方や東京での商業者の運動として展開し，商業組合中央会は昭和15［1940］年に大阪市で開催した全国商業大会で「商業報国運動指導方針」を打ち出した。商工省はこれに呼応し，商工次官名で地方長官宛て「商業報国運動ニ関スル件」を通牒した。以後，商業報国運動は官民協調の方向を辿っていった[26]。

　なお，商工業者の転業対策では，政府は商店の転廃業を中心に地方庁へ補助金などを交付し，中央商工相談所(のちに国民職業指導所に統合)の設置を推進して，個別業者への相談業務，指導業務を推し進めた。これに関連する予算から判断する限り，大都市圏だけが中心となったわけでなく，北海道，広島県，富山県，山口県，福岡県などでの取り組みが目立った。

　以上は中小商工業をめぐる組織化(組合制度)を中心とした中小企業対策の動きであった。つぎに金融政策としての中小企業対策がどのように進展したのかをみておこう。

　歴史的にみて，各国とも中小企業金融制度については，その導入をめぐって政府部内の対立があった。導入に積極的な経済官庁とそれに慎重な財務官庁との対立はその典型であった。この背景には，政策対象となるべき中小企業数の潜在的な「膨大性」にあり，予算面の膨張がまずは懸念され，つぎに政策目的に合致した中小企業を取捨選択することの「煩雑性」という問題があった。中小企業問題が倒産の急増という形態で激化した昭和初期において，中小企業問題は中小企業の金融問題と同義でもあった。民間金融機関の破綻などにより，中小企業の資金繰りは悪化し，中小企業向けの公的融資制度が模索された。この結果，応急的措置としての臨時的な中小企業金融制度の導入をみた。反面，恒久的制度としては上述の組織政策に関連して対応策が模索された。これは組合金融への助成であった。

前者の応急的な制度は災害融資制度として先行した。すなわち，大正12 [1923] 年の「震災地小工業救済資金及小工業者普及資金」制度であり，これを行う金融機関へは貸出金利と大蔵省預金部からの融資利子との利鞘が確保された（ただし，府県市町村が貸出主体である場合は無鞘）であった。その後，昭和 3 [1928] 年には金融恐慌を背景にした「中小商工業者運転資金」制度，昭和 5 [1930] 年の大恐慌を背景にした「中小商工農業者等資金」制度（信用組合経由），昭和 6 [1931] 年には「中小商工業等産業資金」制度，「高利貸借換資金」制度，昭和 7 [1932] 年に「中小商工業関係元利資金支払」制度が導入された。これらの制度はあくまでも自然災害あるいは急激な経済環境変化に対応した臨時かつ応急的金融措置の性格を有した。なお，災害融資ということでは，大震災時だけでなく，昭和 2 [1927] 年の丹後地域，昭和 6 [1931] 年の石川県，昭和 8 [1933] 年の三陸地域での災害にも応急融資制度は適用された。

　上記の融資制度のうち，「中小商工業等産業資金」の場合，同制度は大恐慌下で疲弊する中小商工業者へ低利融資を行う制度（有担保 1 万円以内，無担保 5 千円以内，償還期限 5 か年以内）であった。同制度は約 6 年間にわたり試行錯誤された後に，昭和12 [1937] 年に「中小商工業振興資金」制度が新たに導入された。この貸付条件は「最終貸受主体ノ資格」としてはＡ「現ニ営業ヲ為シツツアリ中小商工業者等（工業小組合及商業小組合ヲ含ム，以下同ジ）ニシテ引続キ営業ヲ為ス見込確実ナルモノ」，Ｂ「支邦事変ノ為戦死シタル者ノ遺族，応召中ノ家族者ハ帰郷応召者ニシテ新ニ中小商工業ヲ営マントスルモノ」と定めた。こうしてみると，同制度はＡの経済原則だけでなく，Ｂのように社会政策的色彩の強い政策論理も含んだ。返済保証は，無担保融資枠では保証人 2 人，あるいはすでに損失補償制度を導入していた道府県および六大都市の「中小商工業資金融通補償制度」が併用された。

　同制度の導入時での道府県別・資金交付額構成比では，中小商工業者の集積地である東京府や大阪府に重点配分された。だが，同制度は必ずしも大きな効果を挙げたわけではなかった[27]。その理由は中小企業向け公的融資制度の抱える根本的問題点があったためであった。たとえば，有担保という条件では，担保力をもつ中小商工業者であれば民間金融機関からの借入れが可能であり，公的資金に依存する必要性は生じない。したがって，政策論理的には，公的資

金制度では不動産など担保力で劣位にある中小商工業者ということになる。この場合，個人保証人あるいは公的損失補償制度が必要となる。とはいえ，当時，信用保証制度は創始されたばかりであり，現実には貸出窓口となった民間金融機関は極めて慎重な貸出審査を行った。とりわけ，中小商工業者向けの小口融資は煩雑であり，審査ノウハウは一朝一夕に蓄積されるわけではなく，ある程度の時間的蓄積を要した[28]。したがって，容易に融資が承認されなかった。

ところで，わが国の融資損失補償制度は，昭和7［1932］年に一部の地方庁の制度として創始され，やがて3府25県4市に普及し，昭和9［1934］年には風水害，火災，凶作など災害復興資金融通へ損失補償制度が導入された。昭和12［1937］年には，政府は「中小商工業振興資金」への損失再補償を決定した。同時に，地方庁が金融機関から損失補償料を徴収することも認められた。「中小商工業転業資金」制度においても，昭和13［1938］年から損失補償制度が導入された。

とはいえ，中小企業への金融助成制度として本質的に重要であるのは，上述の臨時応急的措置でなく，恒久的措置としてのそれである。金融助成制度の恒久的措置への移行に伴う最大課題は，すでに強調したように政策被対象である中小企業そのものが絶対多数性をもっており，これらから政策目標に合致し，かつ的確な資格をもつ中小企業を選別・選考することの困難性であった。このためには，中小企業を一つの政策被対象単位とするために組合への統合を必要とした。たとえば，昭和3［1928］年に創始された工業組合への普通事業資金融通制度の場合，政府は組合（連合会を含む）の共同事業へ事業資金を融通することにより，個別中小工業者へ融資が困難であったなかにあって，それは「広く中小工業者の改善に資する」という政策目標へ形式論理的に合致させた制度ではあった。その後，同制度は輸出組合に昭和5［1930］年度より，商業組合に昭和8［1933］年度より適用されていった。経由機関としては興業銀行，勧業銀行，農工銀行，拓殖銀行，商工組合中央金庫が利用された。最後の商工組合中央金庫は組合および政府の出資により昭和11［1936］年に設立された。同金庫は各組合からの預金額が低位であったため，貸出原資を商工債券の発行および借入金に求めた。

豊田は商工組合中央金庫の現状（昭和15［1940］年3月末）について，その構

成員であった工業組合，商業組合，貿易組合から2,400組合を分析対象としてつぎのような結論を導き出した。

「本調査の一斑より推すも商工業組合の金融事業は甚だ不充分であると謂はなければならない。特に預貯金の受入事業は時局に顧みるも今後格段の努力を必要とする。(中略)……組合の借入金について……商工組合中央金庫よりの借入高は48.35％で当然首位をしめ，普通銀行よりの金額が32.43％で第二位，特殊銀行は9.8％で第三位，……中小商工業者と関係浅からざる市街地信用組合に付いては一言すれば，……口数，金額共に極めて多額に上り，市街地信用組合の中小商工金融上に占める地位は甚だ大きいのである。」[29]

ここで言及された市街地信用組合は，昭和15［1940］年末で282組合が組織され，組合員数は45.4万人であった。こうした組合もその組合員である中小商工業者自身が金融難であり，信用組合に預託できる資金的余裕はなく，その結果として貸出も概して低調という現実があった。

以上，豊田が整理した第一期（「昭和2［1927］年頃から，満州事変の勃発を経て，支那事変の発生に至る間」），第二期（「昭和12［1937］年7月の支那事変勃発以来，昨年即ち昭和15［1940］年9月の三国同盟締結を契機とする我国外交方針の転換に至る間」），第三期（「昭和15［1940］年の外交転換より今日（昭和16［1941］年頃）」）までの中小企業対策から中小企業政策への流れを概括した。

では，こうした戦前期の中小企業政策は，戦後の政策と制度においてどのように継承されていったのか。つぎにこれをみてみよう。

第3節　政策と継承

前節でみたように，問題と対策との間には認識メカニズムがあって対策が取られ，こうした対策が具体的な制度を生み，こうした諸制度はやがて政策という体系を作り出していく[30]。戦前来の政策と制度は，日本の場合，敗戦後の米国占領政策を通してその政策理念と政策手法が問われることとなった。まずは，戦前来の統制政策の一環とみられた組織化政策が問題視された。戦後新たに外生的に注入されたのは反独占政策であった。この片鱗は昭和23［1948］年に制定された「中小企業庁設置法」の第1条に残る。同種の規定は「米国中小企

業法」案あるいは実際に制定された「米国中小企業法」にも共通していた。「中小企業庁設置法」の第1条（「法律の目的」）は，中小企業庁設置の目的を「健全な独立の中小企業が，国民経済を健全にし，及び発達させ，経済力の集中を防止，且つ，企業を営もうとする者に対し，公平な事業活動の機会を確保するものであるのに鑑み，中小企業を育成し，及び発展させ，且つ，その経営を向上させるに足る緒条件を確立すること」と規定した。

　この政策論理においては，大企業による経済集中を防止するには，中小企業や新規参入企業への公正な機会を確保することが重要であり，中小企業政策もまたこうした政策論理に従って実施される必要がある。つまり，健全な中小企業の発展こそが大企業による市場独占を防止するという政策論理である。この考え方は戦時経済下での大企業による経済集中のさらなる進行を危惧したルーズベルト政権下のニューディーラー官僚の考え方を反映した。こうした政策論理のわが国への移植は，昭和22［1947］年に制定された「私的独占の禁止及び公正取引の確保に関する法律」であり，必然，翌年制定の「中小企業庁設置法」のみならず，戦前の中小工業の粗製濫造を防止する政策論理で導入されつつ，戦時中には統制政策の一環となっていった組織化政策にも及んだ。昭和21［1946］年の「商工組合法」の廃止，昭和23［1948］年の戦前型の組織化政策を抑制する「事業者団体法」の制定がこうした動きを象徴した。

　とはいえ，米国占領の終了とともにわが国の中小企業政策は，復興期から高度経済成長期に向けての産業政策論理の強いものへと移っていった。その政策手段として戦前に経験・蓄積された組合制度や金融助成制度が組み込まれた。興味あるのは政策論理の連続性あるいは非連続性とは独立的に政策手段や手法が技術的に継承されたことであった。戦前来の損失補償制度は戦後の信用保証制度として，中小商工業資金制度は近代化促進融資制度としての継承性をそこに見出し得る。同様に，戦時下の下請工業振興策としての経営・技術指導は戦後の企業診断制度や技術指導制度として継承された。融資制度に関しては，昭和28［1953］年の「中小企業金融公庫法」が制定され，中小企業金融公庫が設立され，のちの中小企業近代化促進融資制度の付箋となった。昭和30［1955］年には「中小企業振興資金助成法」が成立，都道府県への補助金交付制度が導入された。信用補償制度も同年の「信用保証協会法」の成立によって定着した。企

業診断制度については，昭和27［1952］年の「企業合理化促進法」がその導入の根拠法となった。

　こうした制度導入の背景には政策人材の継承性があった。これらの制度を実際に動かしていったのは戦前・戦中において中小企業政策を経験した商工官僚であった。事実，商工省の次官あるいは大臣経験者，たとえば，吉野信次，岸信介，椎名悦三郎，豊田雅孝は戦後においては中小企業政治団体の代表あるいは政治家となった。彼らは戦後のわが国中小企業政策形成におけるインナーサークルの上層部を占めた。他方，彼らの下で中小企業政策の立案あるいは実行に携わった中堅や若手官僚は，商工省を継承した通商産業省あるいは中小企業庁での政策に関連しつつ，政府内の中小企業政策におけるインナーサークルを形成した。

　一般に政策の移転は二つの面で継承される。一つはメインシステムである政策立法や具体的制度に関する知識移転である。もう一つはサブシステムである政策実務というかたちでの経験移転である。前者は法律や規則，後者は制度運営のスキルである。特に日本型の中小企業政策は，戦前・戦中の政府間（中央政府と地方庁），政府と関係機関（たとえば，政府系金融機関など），政府と組合や同連合会組織との密接な関係を基礎にして展開していた側面があり，こうした経験をもつ官僚や関係者が戦後も実質的に温存された。

　他方，戦前型政策の中心であった組織化政策は戦後どのように継承されたのか。米国占領による政策は，昭和24［1948］年の「中小企業等協同組合法」の制定であった。同法は中小企業の相互扶助精神に基づく民主的組織としての組合を事業協同組合，信用協同組合，企業組合から成るものとして規定した。その後，昭和32［1957］年に「中小企業団体法」が制定されたことで戦前型の組合制度が継承された。この二つの中小企業政策立法によって，わが国組織化政策は共同事業を行う協同組合とカルテル結成によって生産・販売などの調整活動を行う商工組合との複線構造となりつつ，これらの組合は政府のさまざまな中小企業制度の受け皿としての業種別政策単位となっていった。このような組織化政策は所期の政策効果を収めた場合もあったし，また，必ずしもそうでなかった場合もあったが，業種別政策単位としての組合制度そのものは継承されていった。

こうした制度は復興期から高度成長期の近代化促進政策の内実を支える政策手法となっていった。これは反独占政策という政策論理では，不特定多数の中小企業が対象となるが，昭和30年代に顕著となる産業政策という政策論理では不特定多数の中小企業から特定少数の中小企業集団の選定ということが重要になったためであった。ここでは政策が制度を生み，その制度が政策の方向を生み出すという関係がみられた。

　わが国の中小企業政策史でいえば，昭和35［1960］年の「中小企業業種別振興臨時措置法」をへて昭和38［1963］年の「中小企業基本法」や「中小企業近代化促進法」による産業政策的色彩の強い中小企業政策の登場である。この時期，わが国の中小企業政策論理は戦後復興期の米国型論理（＝外生的）であった反独占政策から，高度成長期になり戦前来の内生的論理であったこのような産業政策を強く含んだものへと転換し始めた。ここでの政策論理では，日本経済の復興から成長路線への継続には，特定産業，とりわけ，輸出型産業に直接あるいは間接的に関係する中小企業性業種の国際競争力の強化を不可欠ととらえた。この場合，政策実務上で重要なのは具体的な政策目標に合致した政策被対象の選定であった。

　では，「中小企業近代化促進法」ではどのような制度運用がみられたのか（第1図参照）。ここで確立された政策手法はその後のわが国のさまざまな中小企

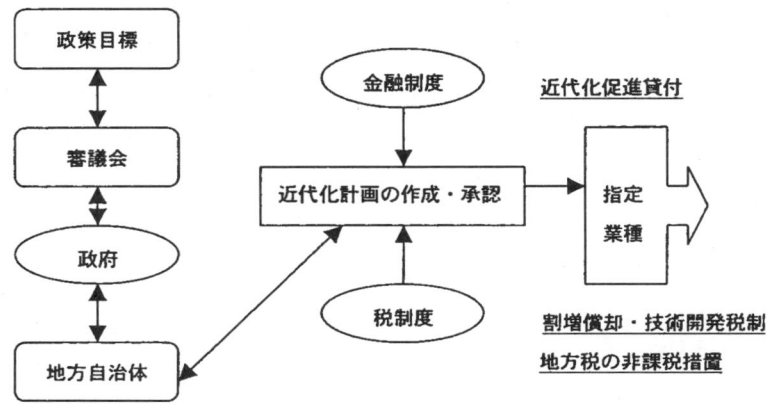

第1図　中小企業近代化促進政策における助成制度の構図

業政策の実質的運用方法として継承された。中小企業近代化政策における政策目標である「中小企業近代化計画」については，主務大臣が審議会の意見を聴いて決定する手法が導入された。とはいえ，こうした計画の枠組みと内容は事前に官主導でほとんど決定されており，この方向に沿った委員の人選が行われるので，審議会の主導性は低い。ここでは官主導という色彩を弱めるために審議会という形式論理が優先された。また，近代化計画には「目標年度における製品の性質又は品質，生産費その他の近代化の目標及び製品の供給の見通し」が盛り込まれたが，これに関連する情報もまた官において独占され，審議会の自主性は元来確保できない構造であった。また，現実の最終決定権はあくまでも主務大臣にあった。

　近代化計画が作成・決定されると，地方自治体にその内容が示され，実際の指定業種が決められる。この過程は極めて政治的であり，業種指定をめぐる政治力学が大きく働いた。また，近代化計画作成の指導および承認は主務大臣の所管事項とはいえ，地方自治体首長への機関委任事務であり，国と都道府県，都道府県と市町村との間の指定獲得をめぐっての競争を激化させた。と同時に，地方自治体の役割は全国一律的な政策・制度の交付金をいかに獲得するかであり，地方の現状に応じた政策の立案・実施という地方自治体の役割意識を希薄なものにしていった。この過程では，中小企業組合や中小企業関連団体に加え，地元選出国会議員，県会議員などの入り乱れての業種指定の陳情合戦が繰り広げられた。業種指定は地元利益還元政治と利害調整政治を醸成し，結果において総花的な業種指定を生み出した[31]。

　このように政策と制度の間には政治が介在する。これは別段，中小企業政策だけに妥当するわけではない。また，わが国のみに固有の問題ではない。政策と制度の間にある政策被対象の選定には必ずなにがしかの政治が存在する。

第4節　政策と論理

　政策とは，ある目標への到達を意識した目的志向的手段であると同時に問題発生に対する解決のための具体的方法論でもある。通常は，後者の問題発生への対応型政策が多い。この場合，問題がなぜ生じ，どのようにして生み出され

ていったのかによって，選択される政策の内容も異なる。もし，問題が社会的，経済的あるいは政治的な不平等な条件の存在のために発生しているとすれば，政策はこうした不平等を生み出す条件の是正，あるいはそれらを廃止する目的で立案・実行されねばならない。

問題発生ということであれば，その典型例は中小企業の脆弱な経営体質ゆえに不況期に増加する倒産問題であった。もちろん，個別経営主体としての倒産は，市場経済体制に付随するものであって，その処理は法的措置に沿って実行される。個別中小企業の倒産自体が中小企業政策の直接的な対象とはなりえない。だが，それが中小企業に集中して発生し，それへの対応を求める政治圧力が高まることにおいて中小企業政策の対象となる。だが，この政策はあくまで短期的あるいは対症療法型であり，いわば急性疾患への対応である。二つめはこうした問題を生み続ける構造そのもの是正・解消という慢性疾患への手術型となる。

したがって，中小企業政策に関しては，中小企業問題を生み出すものが何であるかによってその方向も変わる。戦前期の代表的中小企業問題は，中小企業の「安かろう悪かろう」という粗製濫造体質であった。これがわが国産業，とりわけ，輸出工業の健全な発展の大きな阻害要因とみられた。この原因をめぐる代表的な論議は，機械化による品質安定を図ることが困難な中小企業の資本蓄積の低位性に関するものであった。これが「悪かろう」の面である。「安かろう」の面では，中小企業の過多性による過当競争に加え，問屋による買い叩きによって，中小企業が労務費を切下げることで対応したことに起因したとみられた。つまり，より低賃金の未熟練労働力の活用という問題である。

ゆえに，いつまでたっても中小企業の脆弱な経営体質が改善されず，不況期に倒産というかたちなどでその脆弱性が露呈するとみられた。

戦前において中小工業製品への検査制度が導入されたのは，こうした問題への官の認識の所在を示す。これは前述の政策範疇でいえば対症療法的政策である。他方，慢性疾患への対策は工業組合制度の導入であった。共同事業（＝機械導入）などを通じての品質安定化が図られたが，実際には大きく進展しなかった。こうした中小企業問題の解決は戦後に引き継がれた。この種の問題は昭和20年代や30年代の輸出中小工業の典型な問題として再燃した。

やがて，こうした問題は相対的に解決されていくのだが，これが中小企業政策，就中，中小企業近代化政策の及ぼした効果であったのかどうか。この問題設定は重要である。たとえば，既述の経営診断制度にしろ，また，近代化融資制度にしろ，こうした制度の恩恵を受けた中小企業は全体のわずか一部であり，政策効果が中小企業全般に波及したとは言い難い。むしろ，こうした一連の中小企業政策は，中小企業経営者への自ら取り組むべき課題とその方向性を示すビジョンの提示という面で重要であり，一定の有用性をもった。他方，現実に中小企業の近代化を支えたのは，一つにはわが国の機械工業が発展したことにより，良質な機械が中小企業の手の届く価格で提供された意味の方がはるかに大きかった。戦前では困難であった高性能の工作機械などが中小企業に導入されていったことが，中小企業製品の品質の安定につながった。同様なことは素材や中間財についても妥当した。二つめには，下請・外注取引関係が広範に形成されたことにより，大企業から中小企業へと技術移転が行われ，中小企業の品質管理技術が向上した。

　ここから得られる教訓は，政策主体で認識された問題への対応策が，実際に政策被主体において現実に実施に移されなければその効果は極めて薄いものとなるということである。この意味では，政策は「中小企業のあるべき姿」を指し示すビジョンの提示と，それを通じての政策被主体における問題認識の深化とその解決意識を植え付けるアナウンスメント効果をもつ。なぜなら，現実には中小企業政策の困難性はつねにその対象層の絶対的多数性に関連しているからである。ゆえに，政策被対象として選ばれる層は中小企業数全体からみればつねに少数である。また，つねに適切な中小企業が選定されるとは限らない。そこには政治的な利害調整が常に働く。ときとして，このことは政治的に政策被対象が選定され，助成制度が結果的に広く薄く運用され，政策効果が拡散することを示唆する[32]。

　戦後も戦前と同様に，中小企業政策の最大目的の一つは中小企業の経営脆弱体質の是正と解消であり，このためにその資本蓄積の低位性を改善することであり，このための手段が近代設備機械導入の促進であり，その生産性と品質の向上を図ることにあった。これを個別中小企業への助成を通じて図るには，予算あるいは人的配置において大きな制約がある。この意味では，中小企業政策

においては，アナウンスメント効果によって中小企業が目指すべき方向を示唆する政策目標を掲げつつ，個別中小企業での資本蓄積を可能とさせるマクロ経済の持続的拡大を進める財政政策あるいは金融政策が重要となる。このことは，高度成長期に中小企業の品質管理水準あるいは生産性向上が進んだのは，組織化政策や近代化政策といった個別中小企業政策の成果だけでなく，むしろその最大の貢献は日本経済そのものの持続的高率（高度）経済成長に起因した。この時期の持続的な高率（高度）経済成長こそが中小企業の近代化を促進させた。

では，中小企業政策の政策論理はどのように位置づけられるのであろうか。この問題を検討する上で，松下圭一の指摘する「シビルミニマム」（＝市民生活基準）の概念が有効である[33]。松下は「都市型社会の生活・政策構造」についてつぎの構図を示す。すなわち，市民の権利としてもっとも優先されるべき社会権は，生活権と労働権から構成される。生活権はシビルミニマムの保障のことであり，①生存権，②共用権，③環境権から成り立つ。具体的にはつぎのようになる。

① 生存権――これは社会保障制度のことである。老齢年金，健康保険，雇用保険，生活保護などがこの内容である。

② 共用権――これは社会資本（インフラ）の整備であり，市民施設，都市装置，公営住宅などのことである。

③ 環境権――市民が安全に生活できるための公共衛生，食品安全，公害防止を意味する。

他方，労働権は経済活動を通じた地域経済の活性化による雇用保障である。こうした社会権は4つの分野の公共政策によって保障される必要があるというのが松下の考え方の中核である。具体的には，1）雇用の維持と創出を目的とする雇用政策，2）貧困問題に対する福祉政策，3）都市問題に対する都市政策，4）公害など環境問題に対する環境政策。

松下の政策論理を中小企業問題と中小企業政策で再構成してみると，重要なのは松下のいう「市民」と「市民基準」（＝シビルミニマム）との関連では，どのような規模の「企業」であろうと保障されるべき「ビジネスミニマム」という「企業基準」が企業規模にかかわりなく，すべての企業に平等に保障されることである。これにはa）市場経済基準，b）社会経済基準，c）経済活動保

障の3つの領域がある。

　市場経済基準は市場規則であり，「独占禁止法」による公正・公平取引の保障・維持，および市場での競争促進がその具体的内容である。社会経済基準は公共財や公共サービスなど各種インフラへの平等なアクセス権のことである。経済活動保障は，たとえば，わが国でのバブル崩壊後の銀行の貸し渋り問題が象徴化したように，企業規模にかかわりなく合理的かつ適切な経営内容をもつ企業に保障されるべき金融市場などでの資金調達の平等な機会確保のことである。ただし，こうした基準を満たす政策は特定規模の企業を対象にして実施される性格の政策ではなく，あくまでも企業全体を対象とする公共的性格の強い公共政策としての経済政策の一つである。

　他方，企業規模により企業の現実的な存立状況は大きく異なる。大企業や中堅企業は競争力を保持あるいは強化するために，国内再立地あるいは海外立地という経営戦略を選択し得る。これに対し，再立地が困難な中小零細企業の場合，その存立基盤は地域経済に大きく依存する。この意味では，中小企業政策は地域経済政策と交差する。中小企業はその立地する地域がもつ競争力の維持・強化を目的とする政策にも大きな影響を受ける。この地域競争力は，その地域がもつ種々の経営資源，関係機関，諸企業の活動状況，業種構成を集約化したものである。このことは中小企業政策が地域経済政策と交差するといっても，中小零細企業のみを対象にした政策が必ずしも地域経済の活性化（＝地域の競争力の強化）にはつながらない可能性も示唆する。

　この意味で，地域経済政策とは，その地域のもつさまざまな産業の集積，研究開発ネットワークといった情報，経営資源，関係機関，企業間の結合を高める政策であり，この一環として中小企業政策がこの地域経済政策に含有される関係にある。また，地域経済政策と中小企業政策がどの程度重なり合うかは，その地域の中小企業の集積度に大きく依拠する。

　では，中小企業政策と市民基準に関係する雇用保障を含めた地域における生存権とはどのような関係を有するのか。地域での雇用保障は，いうまでもなく，その地域経済の活性化によって促がされる。その地域の産業全体の競争力が低下し，再立地能力をもつ大企業や中堅企業が他地域に移転した場合，こうした企業群に取引関係をもつ再立地能力の低い中小零細企業は大きな影響を受け，

その多くが事業縮小を余儀なくされ，失業者を排出した場合，どのような政策がとられるべきなのか。この場合，雇用を維持・促進するため，そこに立地する個別企業への助成のみが必ずしも有効とは限らない。

これを労働政策の観点からみた場合，その政策対象は個人かあるいは企業かという問題がある。問題は個別企業への助成が当該企業の経営基盤の強化につながり，その雇用維持力を高めるとは限らない場合であり，やがて雇用問題を再燃させることである。この意味では，個人を対象とする雇用保険，健康保険の維持に加え，職業能力の向上を目的とした再訓練制度を含む労働政策は，企業の規模に関係なく，あるいは個人の所属企業にかかわりなく，その該当者（＝失業者など）を対象にしうる。この意味では，労働政策は中小企業政策よりもはるかに広範な政策であり，社会政策的論理に傾斜する中小企業政策のあり方についての再検討を必要とさせる。

では，中小企業政策は広義の地域政策に含有されつつ，反独占政策との整合性との下で，産業政策や労働政策とは区別されて実施されるべき政策論理と政策領域はなんであろうか。次節でまとめておこう。

第5節　政策と範囲

中小企業政策の政策論理と政策領域を再検討する必要がある。以上の議論では，つぎのような論理と領域が存在する。

① 産業政策型論理——これはしばしば後発国の経済発展における戦略的産業（この典型は輸出産業あるいは輸入代替産業である）の育成政策と重複する。政策対象が幼稚産業の段階にあるときは，中小零細規模企業が対象産業における基本的な経営単位である。この場合，産業政策の領域と役割は中小企業育成政策のそれらでもある。と同時に，エネルギー分野や資本財，素材産業においては，産業政策は大企業育成政策と重複する。この意味では，産業政策はより実態的には企業政策という形態をとり，歴史的にはその産業特性によって大企業性業種で大企業政策，中小企業性業種で中小企業政策が取られる。もちろん，その産業が自立的・自律的に発展し始めると，政府の介入が減じ，その対象産業は常に変化していく。とはいえ，政府の介入が全く行わ

れないかというと，わが国の構造不況業種対策でも顕著であったように，産業構造転換政策という政策論理の下で中小企業のみならず，大企業もまた政策対象となる。また，世界競争の中で既存産業の国際競争力が低下するなかで，新たな産業群の育成が産業構造転換政策という政策論理の下で既存中小企業の振興，あるいは新規企業の促進が政策目標となる。

② 社会政策（労働政策）型論理——戦前の大恐慌に発する社会的混乱に呼応した中小企業への応急的諸措置は社会政策的色彩をもたざるを得なかった。これは集中的に高率失業が顕著となる地域においては，中小企業の倒産・廃業を防止しつつ，その雇用維持を図る中小企業政策は労働政策という側面がもっとも強い。この意味では，こうした中小企業政策は後述の地域経済政策と重なる政策領域を形成する。

③ 反独占（競争）政策型論理——市場経済体制の利点と考えられているのは資源の有効な配分機構であって，ここにおいて独占化あるいは寡占化が進展することはそのメカニズムの有効性を著しく減じるものと考えられる。このためには，市場での競争メカニズムが作用するように公正・公平な取引の監視に加え，大企業による著しい経済集中の防止と是正，新規企業の参入の障害となる規則などの規制緩和もまた政策目標となる。ここでは消費者主権と起業が強調される。

④ 地域政策型論理——立地移動性の高い大企業に比して，立地移動性の潜在性が低い中小企業の地域経済への依存性という構造が存在する。このため，地域経済の発展あるいは活性化が中小企業を直接的に，間接的に振興することにつながるものといえる。現実には，ここでの政策論理は上記の①〜③を横断的に貫くものである。

ここで重要であるのは時間の概念である。他の諸政策と同様に中小企業政策もまた時間（＝国民経済発展の歴史的段階）とともにその領域と役割を変化させてきた。それは対象となる産業や企業層自体が変化することで，政策の中心と目的も変容することに起因する。つまり，対象産業が自立的発展までの保護を必要とする段階にあるときには，中小企業政策は産業政策としての役割が大きいものの，産業が自立的発展段階に達すると，むしろその市場競争での種々の問題を解決するための反独占政策型論理を含んだ政策へと移行せざるをえない。

また，当該産業の国際競争力の低下につれ，こうした産業群が集中立地する地域経済の雇用問題などを生じることになり，そこには社会政策型論理と地域政策型論理を含んだ中小企業政策を浮上させる。こうした政策は，その対象となる層の中心を為すのが中小企業であるという意味において，中小企業政策の色彩が強い。

とはいえ，政策効果の点からすれば，中小企業のみを対象とする政策が所期の政策目的を達成させることができるかどうかは議論の分かれるところである。たとえば，中小企業のみを対象とした産業政策でなくても，その影響が中小企業に及ぶという範囲では，その政策は中小企業のもつ諸問題への解決に有効な効果を発揮しうる。この例については，すでに紹介したような高度成長期でのわが国機械産業や素材・中間財産業への振興政策が中小企業にとっても導入が可能な機械装置や品質の高い素材・中間財を提供し，中小企業の競争力を高めた。

こうしてみると，中小企業政策の範囲はつぎの二つの領域に分けて理解するほうがより現実的ではある。

① 中小企業政策の直接的領域──純粋に中小企業のみを対象として実施すべき政策。

② 中小企業政策の間接的領域──中小企業がその政策によって便益を受ける政策。

ややもすれば，産業政策の対象とする産業が，実質上，中小企業性業種であるという意味において，その政策が中小企業政策であると等値される。とはいえ，本来は，それは②の領域に属する政策である。同様に，社会政策や地域経済政策は②の領域を構成する。これに対して，市場経済制度ではその優勝劣敗競争の結果，あるいはその影響で中小企業が大企業に比して市場で不利な立場に陥りやすく，このために本来の事業活動が阻害される局面において，企業規模に関係なく保障されるべき既述のビジネスミニマムが侵害されている場合にその是正措置が①の政策領域を形成する。

1) 詳細はつぎの拙著を参照のこと。寺岡寛『中小企業政策の日本的構図─日本の戦前・戦中・戦後─』有斐閣，2000年。

2) 詳細はつぎの拙著を参照のこと。寺岡寛『日本の中小企業政策』有斐閣，1997年。
3) 寺岡寛『中小企業と政策構想―日本の政策論理をめぐって―』信山社，2001年，26頁。
4) 米国型中小企業政策の背景にある政策論理についてはつぎの拙著を参照のこと。寺岡寛『アメリカの中小企業政策』信山社，1990年。
5) わが国でも情報公開制度が整備されつつあるが，その進捗は必ずしも順調ではない。また，長期一党支配は議会での審議を空洞化させ，法案の実質的修正や決定が政党内での利害調整に委ねられたことで，立法府や行政府の保有する政策情報の非公開が政策過程の透明化を阻む結果となっている。とはいえ，いずれにせよ，第四過程の重要性は今後益々高まるであろう。
6) 中小企業政策の形成段階の分析の重要性については，寺岡2）前掲書および4）前掲書を参照。
7) 豊田雅孝は明治31［1898］年に愛媛県松山市に生まれ，大正14［1925］年に農商務省から分離独立したばかりの商工省に入省した。豊田は同省の文書課長，企業局長，軍需省の東北地方軍需管理局長官，工務局長を経て，敗戦時の昭和20［1945］年に商工次官に就任した。戦後の豊田の軌跡は，昭和22［1947］年に商工組合中央金庫理事長，商工協同組合中央会会長，翌年に日本中小企業連盟（その後，社団法人日本中小企業団体連盟）の代表となった。他方，政府とのつながりということでは通産省顧問の傍ら，復興金融委員会，税制委員会，国民金融公庫設立委員会，産業合理化審議会の委員などを歴任した。また，昭和28［1953］年には参議院全国区から立候補して当選，昭和37［1962］年に再選を果たした。昭和31［1956］年には，豊田は全国中小企業等協同組合中央会の会長，中小企業振興審議会委員，全国中小企業団体総連合顧問となっている。政党活動などでは自民党の中小企業基本政策調査会の副会長，商工局長，参議院自民党政策審議会の商工部会長，自民党中小企業議員連盟代表世話人，参議院商工常任委員会の委員長などに就いていた。このように，豊田は戦前，戦後を通じてわが国の中小企業政策の形成に深く関わった人物の１人であった。詳しくは3）拙著の第２章「中小企業政策と政策構想」補論「豊田雅孝と戦後」を参照。
8) 豊田雅孝『産業国策と中小産業』（『戦時経済国策体系』第10巻，昭和16年）復刻版，日本図書センター，2000年，１～２頁。
9) 同上，２頁。
10) ここで外交転換というのは，昭和15［1940］年の７月の第二次近衛文麿内閣の成立後の軍の南進政策の追認，北部仏印進駐，松岡外相による日独伊三国同盟の調印によるわが国の総力戦への移行のことを指す。
11) 豊田前掲書，２頁。
12) 中小工業者の製品は小規模生産のゆえに，産地問屋や集散地問屋を通じて一定の数量に集約され販売された。また，銀行取引が困難であった中小工業者は問屋から原材料の購入費やつなぎ資金などの面で信用供与を受け，必然，製品価格の決定などで不利な立場にあり，その自立的発展に必要な内部資金の蓄積は大きな制約を受けていた。こうした見方は豊田のみならず，商工省にあって中小工業政策の形成に大きな足跡を残し，第一次近衛内閣で商工大臣となった吉野信次を始めとして商工省幹部が共

通してもっていた当時の認識の一つであった。詳細は寺岡3）前掲書を参照。
13) 　商工官僚が当時の欧米諸国における産業合理化の動きをわが国にも適用するために種々の政策の導入を図っていた。これは大工業だけを政策対象にしたわけではなく，中小工業をも対象としたが，現実には資本力において制約がある中小工業では困難であった実態があった。当時の産業合理化については，寺岡3）前掲書の第2章「中小企業政策と政策構想」を参照。
14) 　日本百貨店協会が発足した大正13［1924］年には，三越など11企業が同協会に参画した。昭和12［1937］年の日本百貨店商業組合の設立時には，25企業（保有店舗数65店）が同組合に参画した。これらの百貨店は大正12［1923］年の関東大震災を転機として，昭和4［1929］年の昭和恐慌以降において廉売政策を導入し多くの顧客を吸引した。わが国に特徴的な駅近くに立地するターミナル型百貨店もこの時期に拡大し始めた。
15) 　大不況下の中小商店の行き詰まりは，わが国だけでなく米国やドイツなどでみられた。この背景にはデフレと失業者の増大が消費を落ち込ませ，さらにこれをデフレと企業収益の悪化による失業者のさらなる増大をもたらす悪循環を生んでいた。消費者はより安い商品を求めつつ，米国ではチェーンストア，日本やドイツでは百貨店がこれに応じた価格政策をとったことから，中小商業問題を深刻化させた経緯があった。なお，わが国の産業組合制度は明治33［1900］年に導入され，当初は信用組合を中心に普及し，その後，販売組合，購買組合なども組織されるようになった。昭和期では，政府は昭和7［1932］年に産業組合を一層普及させるために5か年計画が実施に移された。また，消費組合に関しては，昭和恐慌による消費低迷という環境の下で，小売業界での中小商店との競争を一層厳しいものとさせた。他方，公設市場は大正7［1918］年の富山県での米騒動に端を発した米価高騰から各地に普及していった経緯があった。なお，米国での中小商業問題の詳細については，寺岡4）前掲書を参照のこと。
16) 　豊田前掲書，9頁。
17) 　同上，10～11頁。
18) 　同上，12頁。
19) 　もちろん，こうした問題は当時の参戦諸国にも共通した。とはいえ，物資不足の影響が軽微であり，大工業を中心とした軍需生産拡大を図った米国もまた中小企業への発注減という面で中小工業問題を引き起こしていた。これに比して，日本の場合，米国とは異なり大工業のみで軍需生産力の拡大を図ることが困難であり，中小企業を動員せざるをえない事情があった。しかしながら，軍事物資不足のために大工業を優先せざるをえないという矛盾があった。米国については寺岡4）前掲書，日本については寺岡1）前掲書を参照のこと。
20) 　工業組合制度はその後も改正された。昭和8［1933］年には工業組合中央会の法的規定，第8条の強制命令に対する罰則強化。昭和12［1937］年の改正では，組合員の債務保証，組合権限の強化，統制工業組合制度の新設，罰則額の増額などが盛り込まれた。昭和14［1939］年には，工業小組合の導入，行政官庁による組合役員の選任及び解任，統制事業を行う工業組合の定款などの変更における行政官庁の権限強化など

が付け加わった。同制度の変遷など詳細については寺岡1）前掲書を参照。
21) 参考までに，共同事業についての予算措置を紹介しておこう。「商工省に於ては共同設備設置助成として昭和2年以来毎年約20万円の補助金を支出し，又支那事変後に於ては集団的転業促進の目的を以て昭和13年以来同15年迄毎年約4百万円の補助金を支出し，又特に弱小工業者の転換促進の為昭和14年度及15年度に於て特に補助率の高い補助金を若干支出している」と指摘された。豊田前掲書，150頁。なお，この他の組合の公益事業としては講習会の開催，業界の発展を目的とした指導・研究・調査などがあった。
22) 豊田前掲書，160頁。
23) 同上，175頁。
24) 転業技術指導交付額は，「中小工業製品高級化補助金」として昭和12［1937］年度で12.5万円，昭和13［1938］年度で19.3万円であり，内訳は指導職員設置費，指導職工養成費，設備改善費であった。「中小工業者技術指導補助金」の交付額は昭和14［1939］年年度で39.2万円であった。この内訳は職員設置費，指導職工養成費，設備改善費，講習会費であった。同上，379頁。
25) 同上，188頁。
26) 商業報国運動の「綱領」は皇民精神，公益優先，機構革新による経済新体制の確立を訴えた。工業者と異なり，商業者は圧倒的多数に上り，ゆえに官民協調体制による政策的取り組みは重要な鍵を握った。これはその後の転業政策の推進にも妥当した。
27) 運用実態については，たとえば，通商産業省編『商工政策史・第12巻（中小企業）』（昭和38［1963］年）を参照。
28) これは米国における中小企業向け公的融資制度の導入時も同様な問題が生じた。詳細は寺岡4）前掲書を参照のこと。
29) 豊田前掲書，272〜273頁。
30) このメカニズムの概念についてはつぎの拙稿を参照。寺岡寛「アメリカ社会と中小企業政策—問題認識と対応のメカニズム—」『中小企業季報』1992年第3号，同「日本の中小企業政策—問題認識と対応の『日本的』メカニズムをめぐって—」『中小企業季報』1995年第3号。
31) この具体的な推移については，寺岡2）前掲書を参照。また，地方自治体の政策立案能力の衰えについては，中小企業政策に事例をとって，大阪府のケーススタディーを取り扱ったつぎの拙論を参照のこと。「中小企業政策と地域構想」寺岡前掲書『中小企業と政策構想—日本の政策論理をめぐって—』第3章。
32) ゆえに政治的関与—具体的には地元選出議員の地域指定，あるいは選挙区の産業の業種指定，さらには特定後援者の業種指定など—を排除する規則などが重要である。米国の場合，中小企業融資制度において多くの除外規定や汚職防止規定が織り込まれていることは，過去において政治家の関与が多々起こったことを反映した。こうした規定が導入されたことは，一定周期の与野党の交替があり，その都度ごとに新与党が前与党の享受した汚職構造を正常化し，これが繰り返された結果であった。この点，わが国の一党長期政権の問題性をいまさらここで強調するまでもない。わが国でも，業種指定や業者指定について汚職，収賄で国会議員や地方議員が逮捕されていること

は，この問題の所在を示唆している。したがって，政治的関与を避けるには，政策被対象の資格要件について厳密な基準の導入と運用が必要である。米国については寺岡4）前掲書を参照。

33) 松下圭一『政策思考と政治』東京大学出版会，1991年。

補　論　対応から政策への論理

　政策自体についてみれば，それは対応と密接な関係をもつものの，それは対応とは異なる概念範疇を形成している。

　対応は個別発生した諸問題への対症療法的措置の総称であり，それは総じて短期間での応急的措置である場合が多く，問題の発生原因やその背景への長期にわたる調査などを前提として実施されるとは限らない。しかしながら，こうした個別的対応措置はやがてある一定の型を形成していくようになる。こうして類型化された対応はのちに一定の政策論理に束ねられ，一定の政策体系を形成する。これは欧米各国のみならず，アジア諸国や日本でも歴史的にみられる[1]。もちろん，個別対応的段階から統一的政策論理の形成，さらにはそれに基づく政策体系の整備までの期間についてはその国の政治体制や社会的規範により当然ながら長短が生じる。

　中小企業を対象する政策概念についてみると，その対象は中小企業とその問題性である。中小企業問題には大別して，個別経営主体としての経営問題と中小企業に集中してみられる経営問題がある。この問題の具体化は倒産に関わるものである。個別経営主体としての倒産問題は市場経済体制に付随するものであり，その処理は通常の法的措置に沿って行われ，このこと自体が中小企業政策の対象とはなりえない。とはいえ，それが集中的に発生し，その緊急的な対応を求める政治圧力が高まることにおいて中小企業政策の対象領域となる。事実，各国の中小企業政策史において，中小企業政策の端緒は米国の大恐慌に発した世界恐慌の影響を大きく蒙った各国で展開した対応策に見出しうる。特に大幅かつ短期間に進んだ信用収縮により，多くの金融機関が行き詰まり，これに関連した大量の中小企業倒産が生じた点において，政府あるいは立法府が政治的空白として放置できない問題があった。

　とりわけ，中小企業金融問題が深刻したことにより，各国ともに中小企業への公的金融支援が中小企業政策の中心課題となっていった経緯があった。それは米国においては，連邦議会の多くの議員が地元の窮状から中小企業金融助成法案を提案したことからも理解できよう[2]。また，日本においても地方商工会

議所あるいは地方庁からの要望に大蔵省などは応じざるを得ないなど，地方銀行の破綻による中小商工業者への影響は大きく，応急的かつ臨時的な金融助成措置の実施が迫られていった。疲弊した中小企業への応急的かつ臨時的措置はやがてその恒久化をめぐる賛否両論を生み出していった。とりわけ，中小企業への金融助成措置は，その対象とせざるをえない中小企業数自体の多数性，そこから真に政策目的に合致した中小企業を選定することの煩雑性，さらには融資後のモニタリングコストの膨大性を伴う。つまり，中小企業の多数性は常に政策要求の政治圧力を膨大なものにし，中小企業政策に関わる予算もまた限りなく膨張させる潜在性を生み出す。ゆえに，明確な政策論理を必要とする。こうした政策論理の形成にはつぎの段階が想定される。

① 第一段階——中小企業を何故，政策対象とせざるを得ないのか。
② 第二段階——どのような中小企業を政策対象とするべきなのか。
③ 第三段階——具体的に中小企業を選定し，どのような政策を実施すべきなのか。

第一段階においては，何故，一定規模以下の民間企業層の経済活動に政策（＝政策の介入）を必要とさせるのかという政策論理の内容が問われる。これは当該国の市場経済の仕組みと役割に関する社会的規範に大きく依存し決定される。たとえば，企業の存立については市場での優勝劣敗競争に委ね，市場からの退出者は雇用保険など社会政策によって対応すべきとする社会的規範とその政治力学が強い国では，中小企業を対象とした政策の比重も軽いことになる。他方，独占あるいは寡占が進行した市場では市場競争そのものが制限を受け，この結果，消費者が極めて限られた選択権しか与えられず，たとえば，価格引上げの影響を受けることが公益の侵害とみなされる社会的規範が強い国にあっては，中小企業を対象とするよりも，大企業を対象とする政策が中小企業政策の政策論理を形成する。つまり，ここでは中小企業政策は独占禁止政策あるいは競争政策の領域に含まれ，それ独自の政策領域を形成しているとは限らない。

中小企業政策が社会政策あるいは独占禁止政策（競争政策）という政策領域と重複せず，それが独自の政策領域を形成しうるのか。そうであれば，それは何なのか。つまり，そこには，社会政策あるいは独占禁止政策では解決しえないような中小企業問題の独自領域性があって，その解決あるいは少なくとも是正

において中小企業政策の必要性があることが前提となる。この場合，中小企業政策論理にはつぎの二つの根拠がある。一つめは中小企業への助成が市場経済制度の保持と存続に重要な役割を果たすこと。二つめは個別的緊急性である。社会政策や独占禁止政策は，事後的措置であるところに特徴がある。これに対し，中小企業政策において，社会経済的に不利な立場にある中小企業に対する事前の緊急的な是正措置がその問題の深刻化あるいは広域化を防止する役割が明確であることが重要である。時間の概念においては，前者型の政策論理は恒久的政策立法でその政策根拠が与えられ，後者型の政策論理は臨時立法において政策根拠が与えられる。

　前者型の問題はしばしば構造問題と呼ばれる。これには二つの側面がある。一つは中小企業の内在的経営特質に関連する。二つめは中小企業経営の場である環境に関連する。最初の点は，大企業との対比において中小企業の資本力の低位性に関わる。概して，零細規模である経営形態では，家計と企業会計の未分離という面において存立の強靭性がみられる。他方，中小規模である程度の常用雇用を抱える経営形態では，資本力の低位性は不況期などの外部環境への脆弱性と等値される[3]。この資本力の低位性ゆえの中小企業の倒産が政府の助成を引き出すわけではない。それはあくまでも個別中小企業の経営問題であって，このこと自体が中小企業政策を導くものではない。ただし，不況期が中小企業の著しい数の倒産を生み出し，他方において，大企業においても不採算部門などの合理化によって雇用削減が大幅に行われた時期には，失業率の上昇が顕著であり，社会的緊張度も上昇する。歴史的には，こうした状況の下で中小企業政策の端緒的実施をみた。

　つぎに問題となるのは第二段階と第三段階である。すべての中小企業を政策対象とするのは困難であるゆえに，対象中小企業の選定が大きな課題となる。これには二つの課題がある。一つめはどの産業を対象とするのか。もう一つはどのような中小企業を対象とするのか。その基準は何であるのか。また，この二つの課題が交差する領域において，中小企業政策が対象とすべきは中小企業性業種か，あるいは大企業と中小企業の併存業種などであるのかという課題が生じる。また，何をもって中小企業性業種の基準（たとえば，雇用数あるいは出荷額など）とするのかというのも重要な点である。こうした諸基準や規定があ

いまいである場合には，その調整の政治コストは膨大なものである[4]。したがって，明確な政策論理や目標と政策の対象選定基準の明示が対応から政策への移行において，きわめて重要な分水嶺を形成する[5]。この際には，基準は「公平・公正の原則」を当然満たすものでなければならない。

1) たとえば，日本における中小企業「対策」から中小企業「政策」にいたるまでの歴史的経緯については，つぎの拙著を参照。寺岡寛『日本の中小企業政策』有斐閣，1997年。同『中小企業政策の日本的構図―日本の戦前・戦中・戦後―』有斐閣，2000年。同『アメリカの中小企業政策』信山社，1990年。
2) 米国については，寺岡寛『アメリカの中小企業政策』信山社，1990年を参照。
3) このほかにも，中小企業の脆弱性は経営管理技術の低位性などに起因するものとされる。
4) これはわが国においても，新たな中小企業政策が打ち出される度に繰り返される業種指定や地域指定に関わる利益団体や自治体の陳情運動の激しさを思い浮かべればおよそ想像がつくであろう。
5) 実際のところ，こうした明確な基準がなければ，政策対象の選定にかかわる行政事務量（時間とコスト）は膨大なものである。

第2章　中小企業政策と地域政策

第1節　地域概念と地域経済

　第1章でみたように，中小企業は地域経済の大きな構成要素であり，地域経済のあり様は中小企業に影響を与えつつ，また，中小企業の動向もまた地域経済のあり様に影響をもつ。

　ここで中小企業政策と地域政策との関係そのものを論じる前に地域と経済という関係をみておこう。地域という空間範囲を経済活動の潜在的可能性を高めうる範囲という視点からみると，それは現実の行政空間や国家的空間の範囲と必ずしも同一ではない。

　まず，行政空間ということでは，現行の都道府県とさらにその下位に位置する市町村などはしばしば政治的決定の結果であり，本来的な経済空間の実状や歴史的潜在性により決定されたものでないことも多い。

　また，国家的歴史空間ということでは，欧州地域を典型として，国家の空間的割振りは軍事，外交をめぐる支配・被支配の政治の結果としてのそれであって，もとより本来の経済空間と一致していないことが多い。

　やや意識して，多層な概念をもつ地域という「用語」を避けて，直截的に理解しやすい「空間」を使用してきたのはこのためであった。ただし，この空間の範囲もまた大きく変動してきた。

　これは，従来，一部の先発国の企業活動が後発国のもつさまざまな経営資源

とのコスト差を利用して，その経済活動を外延化させつつ，相互依存性を高めてきたことに起因する。さらに経済活動の空間的外延性と相互依存性は，後発国がその経済成長を通じて同様の対応を行うことにより一層強まりつつ，多層化，複雑化してきた。この結果，さまざまな空間を意味する地域という概念もまた多層化，複雑化した。

こうした動きの端緒はまず国内的空間において創始された。つまり，国内の企業の再立地，とりわけ，工場などの再配置はその経済合理性を追及した結果，既存の行政的空間を一挙に飛び越え，新たに広域的な経済空間を作り上げてきた。やがて国家間の空間をこえた範囲で進展し，いまも進展しつつある。これは経済の「グローバル化」という用語に置換される。

ただし，経済活動の広域化は必ずしも新たな動きではない。たとえば，英国資本主義はインドなどへの植民地支配なくしては，その展開速度と内実は異なったものになっていた。この広域経済活動は極めて一方的な利益をもたらしたことにおいて，その双方向性は限られていた。また，この経済広域化は原材料と製品という財ベースの展開を機軸とした。もちろん，いまは異なる。

現在は双方向性が強まり，財ベースから金融などサービス・ベースへの転換という面へ移行しつつ，各経済主体間の関係は情報通信技術により質量ともに緊密性を増してきた。とりわけ，空間相互の物理的距離は，物的流通という面はともかく，情報流通という面で加速度的に縮まった。とりわけ，情報交換が決定的な位置を占める金融における世界的連動性がいかなるものかは，アジア通貨危機の事例を思い浮かべれば容易に理解できる。

経済の緊密化はこのように促進され，こうしたなかで経営資源の異なる空間相互の流動性は必然高まってきた。資本，土地，労働力という伝統的な経営資源の三分類のうち，資本は直接投資資本のみならず，特に投機資本としての流動性が著しい。これに比して，土地と労働力のそれは大きく落ちる。

土地と労働力の低い流動性に地域経済の抱える問題性が集約できる。換言すれば，土地と労働力を外部空間へ排出することが困難であるがゆえに，その活用をはかることができなければ地域経済は活性化し難い。経済の「グローバル化」による全体空間の広がりは，「ある空間」では押し込められ，「ある空間」ではさらに外部に押し広げられることとなる。

こうした諸空間の間に資本が流入しつつ，土地と労働力の活性化する経済空間とそうでない経済空間は分断される。このような状況が一定期間内に自律的に解消されるのかどうか。そうでないとすれば，地域経済の活性化は，政策主体の介入を前提とする政策の対象にならざるをえない。活用されない土地，活用されない労働力のもたらすところの問題発生は失業者の増大などに集中的に現われることは自明であろう。経済主体面からみれば，とりわけ，中小企業の経済活動空間は大企業よりは狭く，その移動性も格段に落ちる傾向にある。こうした中小企業の不安定さがもたらす問題発生が倒産や転廃業という面で表面化することもまた自明であろう。必然，何らかの地域経済政策あるいは中小企業政策が浮上する。また，歴史的に見ても，英国をはじめとして多くの国で政策対応がみられてきた。

　経済の「グローバル化」という経済単位の広域性のもとで，地域経済政策の必要性はむしろ急浮上する。中小企業政策もまた同様である。本章では地域経済の活性化とはいかなる内容を指し示すのか。また，地域経済活性化の政策は何であるのか。それと中小企業政策とはどう関連するのか。これを論考するのが本章の課題である。その際に重要であるのは「地域」の概念である。まず，これをみておこう。

　「地域」は単一あるいは単層の空間概念から構成されてはいない。日本語表記においても，地域はしばしば中央に対する地理的近接性の対抗概念としての「地方」という用語で解釈される。これはいわゆる国土的概念である。反面，地方とその周辺空間を含む広域概念としても地域が使われてきた。これとは別に一定の文化性を共有する歴史的空間として，地域が使用される。これは文化「圏」などと同義である。この圏は言語，生活習慣などが冠されて地域と表現される。

　他方，英語表記では，地域を意味するものとして Region, Local, Area などがある。Region は他の多くの英単語と同様にラテン語に語源する。原義は王国や領域など政治的統治の組織的社会空間であり，この対抗概念は国家(State)ということになる。ただし，現在的な語感と用語において，国家を超えた空間として Region が用いられてきた。

　Local はこの Region より狭い空間的意味をもつ。つまり，その Region におけ

るさらなる地域ということになる。Areaは既述の圏のように文化性や歴史性を巻き込んだ空間的抽象性の高い概念である。

しかしながら，私たちが意味する内容を際立たせるために，英語表現のようにRegion, Local, Areaというような異なる用語を使っているわけではない。「地域」という言葉で済ます。だが，実際には「地域」はこのように多層的な概念である。渡辺尚は「地域」概念をその属性からつぎの二側面と三面性によって整理している[1]。

① 地域——自然空間（気候，地勢，生態など）による個体性＝地域性。
② 地域——社会空間（三面性＝政治空間，経済空間，生活空間）。

このうち，政治空間を支配するのは「公権力」であり，その動因は「支配原則」であるとされる。経済空間の主体は「企業」，その行動基準は「営利原則」である。生活空間の主体は住民であり，その行動様式は「生活原則」に沿っている。ここでは，社会空間のなかに，軍事・安全保障空間が挙げられていない。ただし，やや広い概念で，これは外交などに絡んだ政治空間に含まれる。

渡辺はこうした社会空間の三面性がそれぞれに保有する作用と反作用効果が，「地域」概念と「地域」そのものの実態を多層的かつ動態的なものにしていることを見通している。すなわち，

「公権力，企業，住民それぞれの固有の行動様式に規定されて，三面それぞれの動態様式が異なる。そのために地域動態が複雑な様相を帯びるだけでなく，そもそも三面の空間単位が一致するとは限らず，それが地域の境界を不明確にし，その検出を困難にするのである。」[2]

この指摘は直截的に首肯されうる。企業の経済空間は，住民の生活空間に限定された局地的市場の大きさと比例していない。経済空間の広がりは，他方においてその制御を必要とさせ，交通，輸送，情報交換という面での種々の技術革新はこれを可能にしてきた。とりわけ，コンピュータ間の情報交換技術の著しい発達は，インターネットの普及に象徴されるように，「飛び地」であった各経済空間の緊密性を著しく高めてきた。そして，企業，とりわけ大企業の多国間にわたる経済活動は，それを妨げる政治空間との衝突や角逐を通じてより広域かつ制約の少ない政治的空間を要求するに至っている。

この流れは，従来の国民経済という単位に固有であった政策論理や政策手法

のあり方に変容を迫ってきた。と同時に，国民経済のなかの地域経済という視点と，そこでの地域を対象とした政策論理と政策手法の有効性についての再考を促している。

すこし従来の政策手法をふりかえる。たとえば，従来の地域政策では，そこでの土地や労働力をベースに地元資本や国内資本を呼び込む工業団地の造成などが重視され，実行されてきた。繊維や衣服など労働集約的分野では，立地企業が競争力維持のために，都市地域の高コスト労働力に代わって，地方からの安価な若年労働力を引きつけてきた。だが，これが困難となると，同産業は国内他地域のより安価な土地や労働力を求めて地方（東北，山陰，四国，九州など）へと再立地していった。

このため，地方自治体などは工業団地というハード面での整備をすすめつつ，誘致分野を資本集約的，さらには知識集約的なものに移行させていった。しかしながら，実態的に，この方向は，とりわけ加工組立という裾野の広範な分野を地方圏に必ずしも集積させたわけでなく，それらは依然として都市とその周辺空間に集積し続けた。

しかしながら，労働集約的産業が国外を出てアジア諸国へ展開したことにより，こうした産業群の再立地地域も大きな転機を迎えてきた[3]。その後，加工組立型のうち，相対的に労働集約部分が地方へ再立地展開するが，これもまた同様にアジア諸国などへと展開したことにより，さらなる変革の過程にある。

ただし，繊維や衣服などと比べて迂回生産の度合いが高い加工組立型産業の場合には，製造工程別の再立地が国内の地域経済空間との間で展開しつつ，国内外の経済空間との間にも同時に展開するという経緯を辿ってきた。要するに，開発—試作設計—試作—製造技術確立—基本設計—生産ライン組上げ—部品の内外製決定—部品調達体制構築—生産ライン稼動という一連の国内工場での流れが，国内の工場と部品製造業のみならず，国外とも連動して展開する度合いが著しく高まってきた[4]。

これは最終製品にいたるまでの生産ラインが一地域工場内から国内，さらには国外へと外延的拡大を遂げたことにほかならない。つまり，地域における経済活動が従来の国内の単一地域内あるいは複数地域内の分業関係から，国外の他地域との分業のなかで成立してきたためであった。

この事例だけでみても，地域の概念は生活空間から経済空間へと昇華するにつれ，その範囲は極めて広く，地域と地域が支え合う空間の拡散と緊密性が同時に内包されるものへと変化してきている。では，私たちが中小企業政策や地域政策といった場合，一体全体，どの地域を指すのか。地域政策の対象は従来からの固有の生活空間なのか，これより広範囲の経済空間なのかにより，その有効性が異なるのは当然ではある。

第2節　市場競争と競争段階

　地域政策の対象範囲はどの空間なのか。それは産業別にみた集中立地空間の範囲がもっとも妥当な範囲の設定ではある。つまり，資本が有効に提供されつつ，土地，労働力が効率的に利用されている産業群の一定範囲の立地空間地域ということになる。ただし，この範囲は当該産業群が国際競争力を保持・増進できる空間においてこそ有効性をもつことはいうまでもない。

　日本についてみれば，それは既存の道府県単位の行政空間をはるかに超える経済空間となる可能性が高い。ただし，現実には飛び地的に，たとえば，北海道と九州という経済空間を結合させることには種々の困難がともなう。より近接性をもち，経済合理的に経済空間の交差しうるのは補完的な関係が成立する場合であろう。いずれにしても，現在の政治空間あるいは行政空間よりはるかに広域の経済空間が対象とされた地域の行政権の設定と，この空間領域を対象とした政策が重要性と有効性をもつことができる。

　では，地域における国際競争力とは何であるのか。坂本重泰は製造業における研究開発から製造までの段階を視野に入れ，国際競争力をつぎの4つの段階においてとらえる[5]。

① 事業競争力——これはその地域に立地する企業群がもつ基礎研究力，研究開発力などにおける他地域に比しての卓越した競争力優位性。
② 技術競争力——①の事業を実際に展開しうる商品化段階における競争力優位性。
③ コスト競争力——同一商品において生産技術，製品化技術による高付加価値の製造工程によって，製造段階のコスト優位性・利益率を確保しうる

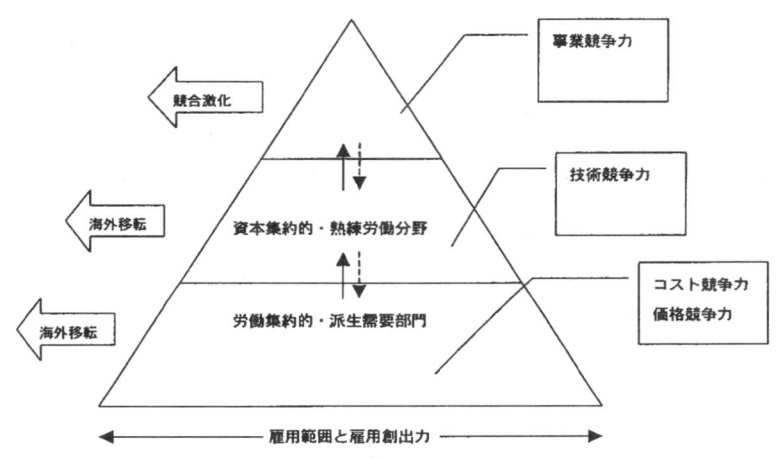

第2図　地域の産業集積と雇用構造

- 事業競争力
- 技術競争力
- コスト競争力／価格競争力
- 競合激化
- 海外移転
- 海外移転
- 資本集約的・熟練労働分野
- 労働集約的・派生需要部門
- 雇用範囲と雇用創出力

競争力優位性。
④　価格競争力——市場での価格対抗力であり，競合商品に対する競争力優位性。

　この坂本の競争力類型は地域のもつ競争力構造の分析にも有益な視点を提供している。この競争力分類による地域特性に関しても，幾つかの類型化が可能である。従来の①〜④までの自己完結型地域を保持している地域は現在では少ない。①から④までの機能が分化してきたのが実態である。たとえば，①と②を地域内で保持しつつも，③を国内他地域，④を国外地域に依存したような存立型。①のみが国内に残存しつつ，②以下が国外他地域に機能分化しつつある存立型など。このほかにも，①から④までのさまざまな組み合わせによる地域の類型化が析出可能である。
　一般に①の事業競争力を構成するのは，つねに技術革新を生み出すさまざまな個人（起業家のみならず，研究者や技術者なども含め）の集積と個人の集団である学術機関や研究機関のその地域での歴史的な集積の度合いである。ここでの学術機関の代表的な組織は大学などの高等教育機関である。研究機関は大学の研究所のほか，公的研究所や民間企業の研究組織までを含む。重要なのは，こうした事業競争力が技術というハード面だけに限られるのではなく，その地域

の生活空間(自然景観や社会的関係も含め)を形成してきた固有の消費形態などがもつ文化性なども含んだソフトな概念であることである。

②の技術競争力は商品化に必要とされるさまざまな関連情報がその地域に集積され、その情報が広く関係者に公開・交換され、現実の商品としてのプロトタイプ形成に必要な種々の役割をもつ企業群の集積に依拠する。技術サービスから製造までの異種の業種と企業の多層的堆積性を意味する概念である。③のコスト競争力は製品の生産に関わるその地域の企業群総体としての生産性概念である。④の価格競争力は、その地域がもつエネルギー価格、原材料価格（地域内調達費用だけでなく他地域からの輸送費なども含め）、土地や労働力のコストに関わる概念を構成する。

経済発展をこうした競争力段階からとらえると、後発国では先発国と比べて有利性がある労働力コストをモーメントとして④から開始され、やがて③へと移り、順次、上位の②、そして①へと展開してきた。これを先発国側から眺めれば、同一産業では①から④へと上方移動を迫られつつ、労働集約的産業では④を残し、ほかは後発国へと移転しつつ、産業構造としては①～④を維持しうる分野へと移行してきた経緯がある。

その結果、物的生産を担う③と④、あるいはその一部は後発国へと移転されてきた。さまざまな製造支援サービスから、研究開発関連サービスの拡充が①と②を支えてきた。日本や欧州諸国は、米国の経験したこうした変化をアジア諸国や中東欧諸国（＝移行期経済諸国）の経済発展とともに経験してきた。また、かつて中進国といわれた韓国などについてもまた中国やアセアン諸国との関係において同様の傾向がみてとれる。必然、先発国では①と②での優位性をめぐって、後発国では③と④の競争力保持をめぐって市場での競争が展開してきた。

問題は、上記の①～④といった競争力段階が、それぞれにどのような雇用維持力あるいは新規創出力の大きさをもっているかである。つまり、雇用波及力の問題である。③と④の国外経済空間への移転による雇用喪失が、①と②の拡充による雇用創出によってどの程度相殺されるか、あるいはそれ以上に補填されているのかどうかが重要な政策課題を形成することになる。このことを単純化したのが第2図である。

①から④までの段階をめぐる世界のそれぞれの経済空間がどのような関係にあるかにより，この回答である地域政策の方向も違ってくる。それは①から④までの連鎖が市場競争での競合と相互補完関係のあり方をどのように構成しているかにより，雇用への影響とその関係は異なるものとなるからだ。

　この点を米国経済についてみておくことにする。1980年代の米国経済は，③と④において国内製造業の再編がアジア地域，とりわけ，中国などの「世界の工場化」によって急速に促進された時期であった。これに伴い，コンピュータなど情報技術面における①と②の競争力が急拡大しつつ，他国を大きくリードし続けたことにより，製造業自体のサービス化が進展し，その効果は1990年代の雇用拡大に結びついたとみられる。多くのコンピュータ技術は基礎技術の研究，これに関わるさまざまなソフトウェアの開発を生み出した。ただし，実際の生産はアジア地域の生産拠点において展開するような経緯を辿ってきた。

　つまり，米国は事業競争力と技術競争力の自己完結性を米国内の経済空間で高めつつ，実際のコスト競争力と価格競争力をアジア地域の効率的な経済空間に依存することで，米国企業は高い収益を維持するような構造を築いてきた。これを雇用面からみると，本来ならば①から④までが米国内で自己完結したならば，その雇用創出力は一層大きなものであったことはいうまでもない。同様の傾向と企業行動は，欧州諸国や日本に関しても指摘することが可能である。

　ここでは，企業行動と地域経済が同一論理のなかで共存しうる時代は過ぎてしまった。とりわけ，多国籍展開を行う大企業にとって，社内での事業展開は即，他地域空間内の事業展開でもあることを意味する。このような世界的企業がもつ経済空間ははるかに広範囲である。したがって，産業内の雇用分配は従来の一国経済における経営空間内で行われるのでなく，国の枠をこえた経営空間との間で展開し，雇用の移転が容易に起こる。

　問題はより狭い地域空間に依拠する③と④の事業段階での競争力を構成してきた再立地ポテンシャルの低い国内中小零細企業群のあり様であることはいうまでもない。地域政策は中小企業政策の領域と交差することはこのためである。以上のことを踏まえると，地域経済の活性化という点での政策には，二つの方向が想定されうることになる。一つは③と④における競争力の維持・強化。二つめは①と②への移行。これらの方向はいずれも他地域との関係がどのような

ものであるのかに依存する。それが競合的であるのか。あるいはそれが相互補完的であるのか。結局のところ, こうした問題設定に対する回答は, その地域がもつ競争力構造そのものに依拠することになる。つぎにこの点をみておこう。

なお, 以上は製造業を中心に検討したが, 中小零細企業分野としての商業や個人や事業所サービスという分野もまた地域経済において大きな位置を占める。しかしながら, 地域内の経済循環を考えた場合, あくまでもそれらは派生所得関連分野である。まずは製造業での付加価値創出や観光など外部からの所得移転があってはじめて, 小売業や人的サービス分野が成立する。この意味では, 地域経済にとって製造業は重要な連鎖効果の最初のさらに重要なモーメントを形成する。

第3節　産業集積と地域連結

前述の①から④の個々の競争力は, これを支える経済主体の一定空間への集中立地によって形成されていることから, しばしば集積（クラスター）という概念で指摘されたりする。

たとえば, ①や②はイノベーション・クラスターに関して論じられたりしている。ここでは, 既存企業などの経済主体だけでなく, いままで非経済的主体とみられていた大学などの保有する技術やアイデアが既存企業でなく, 新規設立の企業へと移転されつつ, そうした新規企業が相互に, あるいは既存企業との間に濃密なネットワーク連関の密度と範囲が高められることによって, その経営空間の技術革新集積度が向上することが確認されている[6]。③や④は東京の大田区や東大阪市がその典型例を為す事例であり, 中小零細企業の集積が効率的モノづくり集積を形成してきた。

このように, ①から④が結合された競争力の総和が, その地域のもつ産業競争力を形成する。歴史的に見て, 各経済空間は相互依存性を高めることによって高い経済効率性を達成しつつ, これを通じてその地域の産業発展を形成してきたことを考慮に入れると, 現在でこそ, 集積という概念で論じられるものの, 地域空間の内外にわたる集積と連結はいろいろな形態で展開してきた。これは, 欧州における16世紀後半以降の小国間の経済空間結合とそれにともなった共通

政治空間創出のさまざまな試みの歴史でもあり，現在の欧州統合の底流をなす動きでもあった。

また，第二次大戦後における欧州諸国の経済復興の過程をみると，戦場とはならなかった米国の圧倒的な生産力とそれを吸収しえた巨大な消費市場に比べて，小国から成る分断された欧州市場は内部統合による大規模な欧州市場の創設が経済復興とその後の持続的な経済発展に不可欠であった。たとえば，ベネルクス（ベルギー，オランダ，ルクセンブルク）は，一国経済内での経済発展の制約を三国間の関税政策を通じて市場統合をはかり，さらには上位の大規模共同・共通市場を生み出すための地域経済の連関度を高めてきた。三国間における産業集積の相互依存性の高まりと連結された地域空間のもつ①から④にまたがる競争力の形成が目指された。

もっとも，こうした地域間の結合は，前述の渡辺尚がドイツとその周辺地域を含んだライン空間を念頭におき指摘する既存国境にとらわれない「原経済圏」[7]でもある。それはそれぞれの地域がもつ経済空間としての競争力を相互に補完・連結し合うことで自然成立したより広域の経済空間である。渡辺がこの事例として紹介する国境（＝政治空間）を越えた非政府組織間の取り組みはまさにこれを象徴する[8]。

たとえば，1949年にロッテルダムで組織されたライン商業会議所連盟（現在，ライン，ローヌ，ドナウ河領域，アルプス地域の90会議所加盟。今の名称はヨーロッパ商工会議所連盟ライン・ローヌ・ドーナウ・アルプス）や，現在において56を数える「国境を挟む自治体や商工会議所により発起された『下から』の国境縫合というべき自主努力の典型が，EuregioまたはEuroregionという共通呼称を冠する国境地域組織」[9]という存在は興味を引く事例である。

日本の場合はどうであろうか。文化的均質性の高い単一の大規模国内市場を戦後も維持したわが国では，国境を越えた統合による統一市場圏を前提とした経済空間相互の集積と連結という視点（＝問題意識）は必ずしも強くなかったし，また，戦後の経済復興からその後の経済成長過程においてもアジア諸国との間に経済格差があったことから，欧州諸国間のような経済空間の合理性に沿った政治空間設定を意味する政策が生み出されなかった。経済空間をめぐる政策は，もっぱら国内政策としての役割が与えられてきた。

それは何よりも戦前からの歴史的集積を誇る地域とそうでない地域との連関による経済力格差の是正という政策ではなく，もっぱら既存の集積をさらに高密化させることとなった。もちろん，この是正策は地方に大企業などの分工場などの立地を促す開発政策（産業基盤整備を含む）が行われたりした。とはいえ，一方で，既存の高密化集積地への経済活動の集中を抑制する政策が必ずしも強いものでなかったことは，種々の是正政策の効果を減じた。

この意味では，地方の工場群は日本の都市とその周辺部の集積地の飛び地であり，それ自体が集積を必ずしも有効に形成させてこなかった[10]。換言すれば，それは既存の集積を基本にしつつも，国家レベルでの産業政策という観点から，既存集積空間においてそれ以上の高密度が制約を受けた産業群を対象とした分工場型の地域展開であった。つまり，それは産業政策論理を強く内包させた地域政策でもあった。

日本の経済空間相互の広域連関への自立的な発展潜在性が低いことの一端は，この点に起因している。したがって，経済空間と経済空間の自立展開を促し広域的な行政空間を求める政治的動因も小さいものにとどまってきた。そして，一方における過剰集積と他方における飛び地経済的空間という流れは，地方経済活性化という現実的側面で，公共投資の地方配分という現行の政策展開を生んできた。また，過剰集積空間と地方との関係は双方的でなく，時として一方的方向によって位置づけられるものであった。

このような特徴をもつ国内地域空間の下で，アジア諸国への展開がすすんだことは，二重の意味で日本の地方空間のもつ問題点が浮き彫りになってきたといえよう。第一の面は国内の経済空間相互の連関性であり，もう一つの面は日本の加工組立産業が海外展開を顕著に行ってきたアジアなどの経済空間との連関性である。こうした国内外にわたる二面性のなかで地方経済のあり様がいま問われているといえよう。

以上，地域経済のもつ問題点を整理してきた。これは地域経済の諸問題を政策的にどのように解決しうるのかという課題を浮上させる。

地域空間もまた一国の国土的空間と同様に，あるいはそれ以上に自然空間（気候，地勢，生態など）と社会空間（三面性＝政治空間，経済空間，生活空間）の個別性を伴ったものであり，さらには自然空間や社会空間が相互に影響し合っ

た文化空間―あるいは「風土」という広域概念―をも作り出してきた。

したがって，地域政策もまた単なる地域空間政策と同義のものととらえるのでなく，地域のもつ自然空間，社会空間や文化空間のもつ歴史的個別性をも視野にいれた総合政策としての意味をもつものでなければならない。これは経済的集積の反映でもある地域空間のもつ競争力の保持と強化にとっても重要であるからである。この競争力の構築は既述の③のコスト競争力や④の価格競争力の段階だけでなく，より上位の技術競争力や事業競争力の促進にとって，こうしたより広義の意味での地域政策をどう構築していくのかが大きな課題となりつつある。

たとえば，地域のもつ歴史的個別性に関連した起業文化や企業文化も「見えざる」ものとしての地域の資産的価値を有する。こうした見えざる資産は，その地域に所在する大学などの学術・教育機関，公的あるいは民間の研究機関，既存企業の集積と連結から生み出される技術の実用化と商品化，デザインなどの洗練化にとって不可欠な触媒作用をもつ。この意味では，これからの地域政策は，従来のわが国の産業政策論理に偏した政策論理から，地域内の集積と連結が一国内の他地域空間集積との連結により一層強められ，アジア地域など国外経済空間との連結のなかで事業競争力面といったより高次の競争力を促進するより広義の政策論理をもつものへの転換が迫られている。

本来は，わが国のテクノポリス構想とこの促進政策もまた以上のような政策目的に沿ったものであった。だが，現実にはその根拠立法であった「高度技術工業集積地域開発促進法」の廃止は[11]，地域空間内の事業競争力（同構想では，知識集約化）を向上させることの困難さを物語る。技術立国を前面に出したテクノポリス構想の困難性は，すでにみたようにその対象として地域空間のもつ集積を短期間に，しかも中央集権的な画一的政策手法によって確立させることの困難性そのものに起因した[12]。

集積は個別空間の歴史的形成過程の結果である。それゆえに，地域独自の集積（経済主体である企業などだけでなく，すでにみた大学や研究機関なども含め）などに依存しつつ，それを核として漸進的に形成される内発的なものでなければならない。と同時に，テクノポリス構想が提示された時期と比べて，はるかにすすんだ海外生産の実態などを踏まえて，アジア地域などとの相互互恵的連携

性を視野に入れたものでなければならない。

　こうした集積内あるいは集積間の結合による相乗効果は，単に税制や補助金など従来型のインセンティブ手法だけで促進されるわけではない。これには知的所有権の保護という政策に加え，その集積での経済主体間の情報交流と交換を促す信頼財としての公共性をもつ媒介機関あるいは人的集団を必要とする。そうでなければ，ゲームの理論でいうところの「囚人のジレンマ」という状況が発生し，地域内の有益情報や技術をもつ個々の経済主体間の協力がもっとも最大の成果をもたらす均衡が形成されないことになる。もし，互いにそれぞれのもつ有形・無形情報や技術の提供度合いに疑心暗鬼になれば，お互いにそれらを交換することなしに終始し，地域内の将来の事業競争力を強化することにつながりうる可能性をもつ芽が摘まれてしまうことになる。

　ただし，事業革新を促すような一定レベル以上の情報の地域内堆積性に加え，その集積効果を高める役割をもつ仲介機関や人的集団の形態を，ここで一律に定義することはできない。この促進要素を多く有する地域空間の存在は重要であり，この内実こそがその地域がもつ個別の歴史的文化性であり，その地域がもつ総合性であろう。集積のもつ外部効果は，こうした地域空間内の密度の濃い情報交換とそれを事業展開という形ですすめるさまざまな企業群の集積度合いに基づいている。

　これを単なる中央集権的な政策によって促進することは容易ではない。それゆえに，それは地域政策の大きな範疇を占めることになる[13]。地域政策の新たな役割と課題がそこにある。さらにそこにどのような形態で中小企業を参加させうるかという点において，中小企業政策の新たな役割もまた問われている。

第4節　集積概念と中小企業

　わが国の中小企業研究史では，地場産業や特定経済空間での下請・外注関係の密接な連関性が集積とみなされた[14]。この集積概念は，集中立地の中小零細企業のもつ相互依存的な分業関係に依拠する競争力に関連した。つまり，個々の零細企業群が近接立地することで効率的な生産分業効果を享受することができる。効率性とは個別企業間分業のもつこうした機能性に起因するとみな

された。と同時に，企業間の情報交換や意思疎通の効率性も注目された。

 とはいえ，企業の立地する空間範囲により，産業の集積範囲は大きく異なる。たとえば，関東圏という産業の集積状況と，府県という行政単位空間，さらには大田区という最小行政単位空間で鳥瞰した場合の産業の集積状況は明らかに異なる。したがって，どこまでをもって産業の集積範囲と定めるかは必ずしも容易なことではない[15]。現実には，生産での自己完結性の度合いが高い範囲で産業集積の空間が認識されている。産地内の加工工程の一部が他地域に移転しても，通常はその遠隔地を含めて産業集積を拡大して解釈はしない。例示的に大阪南部の繊維関係の産地をみてみよう。ここでは地元業者に設備がないために一部の特殊な受注品については縫製を遠隔地に外注している。この場合，大阪南部と外注先の岡山を包括して繊維産地の集積範囲とはしない。産業集積の概念とは，企業者にとってあくまでも日常的な取引や生産がほぼ同一地域内で完結しうる範囲内の暗黙知でもある。

 この背景には，産業集積の利便性の一端が「接触の利益」と解釈されているからである。通常，集積の利便性は原材料や半製品の搬送，あるいは取引上の情報交換での時間短縮による費用節約のあり方に連動して派生し発生する。こうした財や情報の交換が数時間に及ぶ空間範囲よりは30分以内の方が効率的である。だが，人間の空間意識あるいは空間認識は，通信や交通技術の発達によって，実際の空間距離と心理的に感じる空間距離とは大きく異なる。たとえば，情報技術の発達による電子メールやインターネットの普及は，従来の物理的な空間範囲を著しく狭めてきた。こうしたなかで，あらためて集積の利益とは何であるのかが問われている。つまり，情報技術の発達などにより，集積利益を形成した諸機能が独立し，情報が短時間に広範囲に転送可能となってきた。情報交換可能な範囲も国内同一地域内，国内地域間，さらには国内外の地域間へと拡大した。

 さらに，海外生産の拡大は同一地域内の自己完結的な生産体制にも大きな影響を及ぼす。地域内の生産体制は海外工場に連動している。こうした地域間の情報交換や生産体制維持に情報通信技術はいまや欠かせないものとなってきている。こうしたなかで，従来，特定地域への関連産業の企業集積が享受していた集積の利益が減少してきたのかどうかが当然問われることとなる。同時に，

これは集積の利益とは何であるのかという基本的な問題を改めて提起している[16]。この場合，国内あるいは地域のもつ競争力の概念をまず明確しておく必要がある。

　一般に競争力は価格競争力と非価格競争力から構成される。価格競争力は製造段階でのコスト上の優位性を確保・維持することである。非価格競争力は事業競争力と技術競争力の2段階で構成される。これを既述の競争力段階と連動させるとつぎのような構図が描ける。

① 　何をつくるのか——事業競争力。つまり，これは基礎的な技術力，研究開発力における優位性。

② 　それをどのようにしてつくるのか——技術競争力。①の段階で確立された基礎技術に対して，事業化のための製造技術や品質管理技術など。

③ 　それをいかに安くつくるのか——価格競争力。これは②の製造技術をさらに量産化技術まで高め，実際に工場生産として立ち上げつつ，もっとも効率的な部品調達体制をどのように構築していくのかという面での競争力。

　①の事業競争力とは戦略的研究を遂行できる能力であり，これに関わる個別企業の内部経営資源を補う外部経営資源がその地域に集中あるいは集積しているかどうかに依拠する。②の技術競争力は応用研究あるいは市場志向度の高い製品開発の遂行能力であり，これに関わる個別企業の内部経営資源を補う豊富な外部経営資源がその地域に集中あるいは集積しているかどうかに依拠する。ここで経営資源というのは，人材，資金，情報などである。人材については直接的には科学者，技術者だけでなく，製造技術などにおいて熟練度の高い従業者までを含む概念である。また，人材の供給組織としては，単に民間企業だけでなく大学や研究機関などの学術組織もここに含まれる。

　資金は投資機関や金融機関の存在という量的充足度だけでなく，リスクの高い段階での投資に豊富な経験を有する人材蓄積にも依拠する。また，情報面では，研究開発から製造，さらには販売という多方面にわたる専門的な情報をもつ民間企業や学術機関の存在を前提として，さまざまな情報が交換されうるネットワークが形成されていることが重要である。多くの有益な技術情報などをもつ人材の集積がどのようなかたちで外部性をもつかという点がここでの鍵である。

とはいえ，企業，資本提供者としての金融・投資機関，学術機関，人材，そして情報が個別独立的に存在しているだけでは，集積の利益を通じての競争力を形成することはありえない。それぞれの存在が外部経済効果をもち，それらが内部化されることにおいてはじめて集積の利益をもたらし，競争力を構成する。このためには個別存在である企業や関連諸機関などが情報流，資金流，人材流という面においてリンクされている必要がある。この鍵をにぎるのが媒体である。こういう役割を担うのは個人であるのか，機関であるのか。この点においては，通常の経験則では，相互補完的あるいは相互依存的な関係の成立においてキーパーソンがいるかどうかが重要である。この意味では，民間企業のような経営主体，あるいは大学や公的研究所のような機関の存在をメインシステムとすると，これらの組織を結び合わせるサブシステムこそがその特定空間における人的資源の堆積である。

　とはいえ，人的資源といってもそれがサブシステムとして有効に働くには，いくつかの前提がある。

① ビジネスマッチングされるに足る情報が集積空間のメンバーにおいて共有されているのかどうか——現実には困難な場合が多く，それゆえにコーディネーター的役割を担うキーパーソンが存在しているかどうかが重要である。

② 秘密の保持性——研究開発や技術に関わる情報は個別機密性が保持される必要がある。したがって，こうしたことに関わる情報の交換などについては，上述のコーディネーター的キーパーソンにはこうした役割が求められる。

③ 知的所有権——②に関わって特許やノウハウなどの知的所有権に関わるルール作りが重要である。

④ 紛争処理システム——集積の利益はさまざまな経営行為における共同的取り組みから生じているとすれば，それぞれの段階，たとえば，共同研究，共同開発，共同販売などからその利害をめぐって紛争が生じる可能性が多い。このため，これを解決する処理システムを必要とする。

　こうした取り組みを促進するための政策が国や自治体において実施されてきた[17]。とはいえ，必ずしも大きな成果がみられたとはいえない。これは先に

第3図　産業集積とネットワーク形成

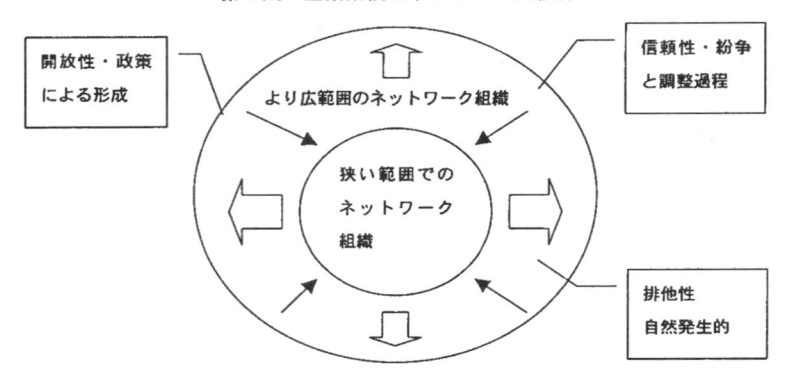

- 開放性・政策による形成
- より広範囲のネットワーク組織
- 信頼性・紛争と調整過程
- 狭い範囲でのネットワーク組織
- 排他性　自然発生的

みた①から④の条件がいずれも狭い個人間のネットワーク的関係に起因していたためである[18]。きわめて逆説的ではあるが，集積内の利益は排他性と関わって形成される。この第一類型は地縁関係である。何世代にもわたってその地に居住することによって生じるネットワークである。それは村型社会であり，そこで形成されてきた共同体の共同目的に反する「裏切り行為」をすることは致命的である。この擬制的関係は，長期取引をもつ企業間関係において生じる。第二類型は血縁的ネットワークである。親兄弟，親戚などがそれぞれの分野で事業を展開しており，こうした関係のなかで生じる利益である。

第三類型は学窓的ネットワークである。これは同じ小学校，中学校，高等学校，大学などで学んだ先輩・後輩関係が典型例である。第四類型は同業者的ネットワークである。たとえば，協同組合や商工業組合などの会員間に生じるネットワークである。同業者であれば，それぞれの事業の守備範囲，得意あるいは不得意分野はいわゆる暗黙知であり，それゆえに協力関係が生じる。もちろん，こうした関係が独立的に個別に成立する場合もあるし，すべてにわたって生じる堅固なネットワークとなる場合もある。

実は，産業集積から生じる利益は，単に関係する産業が集中的に一定空間内に立地することで発生する接触等の利便性に起因するようにみえるが，現実には排他的関係が中核にあって発現している場合が多い。こうした狭いネットワークは新製品などの開発などにおいてしばしば時間節約的かつ資本節約的で

あるが，産地間競争や海外製品との競合の激化，取引先の企業の海外展開という条件の下では，必ず有効とは限らない。排他性と非広範囲性がその限界となっている。このためには，従来の狭い範囲での産業集積内の接触利益が広範囲でも生じるような仕組みがますます重要である。このためにはどのような仕組みが整備されるべきなのか。それが伝統的あるいは従来的なネットワーク組織から脱皮したものを，政策的に産み出すことがどの程度可能であるのかという課題がある。

産業集積内の従来型ネットワーク関係による接触の利益は，産業集積内における企業の海外生産の拡大，あるいは部品輸入，情報通信技術による遠隔地との情報交換の迅速性によって，より広域な地域空間を取り込むことで再構築される必要性を高めてきた。このためには，第3図に例示したように，開放性，信頼性，紛争と調整の過程が重要な役割を果たす。これらが政策的に実行可能かどうかが問われる。いずれにせよ，今後の問題はこうしたネットワークをより広範囲に生じさせ，産業集積が本来もつ接触の利益をその一定空間における事業競争力，技術競争力，価格競争力の強化・向上にどのようにむすびつけるが大きな政策課題である。これはその背景に地域における産業の競争力と雇用問題との関係があるからである[19]。

既存の産業集積のもつ各段階での競争力をどのように促進し，あるいは維持をするのかが地域経済政策の役割として重要性をもってきている。この鍵をにぎるのが産官学連携を推進する政策のあり様である。そこにどのようにして中小企業の参加と活性化を図るのか。大事な政策課題がそこにある。

第5節　競争力と産学官連携

産学官連携はわが国で新しい政策ではない。明治国家における殖産興業に象徴される産業政策は，まぎれもなく官を頂点する産学官政策であり，官のもつ資金，人材，独占的購買力を梃にしつつ，学のもつ西洋諸国からの情報を取り込み，起業家に刺激を与えつづけた。

もっとも明治期の産学官連携モデルと現在のそれとを同一次元で論ずることは必ずしも有益ではない。明治期においては，「産」の占める範囲は小さく，

第 4 図　産業集積と産学官連携モデル

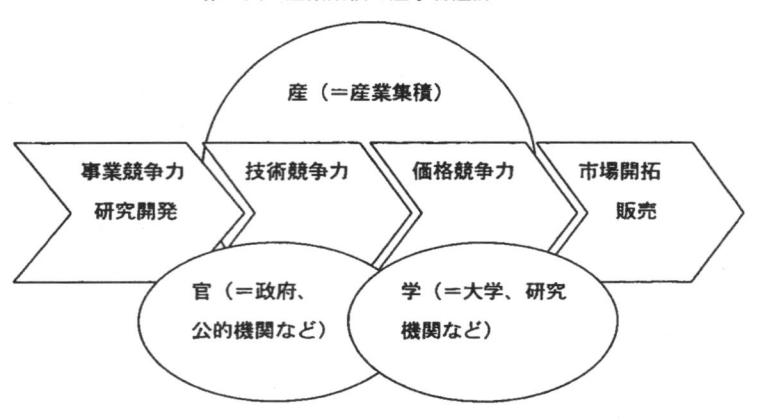

```
                    産（＝産業集積）

事業競争力  →  技術競争力  →  価格競争力  →  市場開拓
研究開発                                    販売

         官（＝政府、      学（＝大学、研究
         公的機関など）    機関など）
```

「官」の占める範囲が大きかった。その後，わが国の経済発展は，産の自立的発展により東京や大阪などの地域において産業を集積させていった。こうした地域には，現在も高度かつ広範囲な産業集積が見られている。反面，企業城下町型の地域経済などにおける産業集積度は大都市圏でのそれとは大きく異なる。したがって，産学官連携政策モデルのあり方は，大都市圏と地方圏において同様な形態ではありえない。

　たとえば，既述の事業競争力（＝研究開発），技術競争力，価格競争力，市場開拓，販売という流れ（第4図）では，こうした機能を個別の経営主体内部で行うことが可能な企業が大都市圏では多く集積しつつ，これを補完あるいは協業できる多くの企業もまた集積している。また，大学や政府機関の集積密度も圧倒的であり，産官学の接触密度も極めて高いのが通例である。他方，地方圏の企業はしばしば単一機能に特化した工場である場合も多い。それは大都市圏あるいは周辺に立地する事業部や母（マザー）工場の一支流を形成し，必然，その周辺に関連する企業群や産業群の集積度は劣る。

　こうした地域において，価格競争力が衰退している場合，それを事業競争力や技術競争力をもつ企業や大学などの研究機関の誘致によって産業集積の形成促進が可能であるだろうか。こうした事例は，わが国の場合，米国のシリコンバレーを念頭において導入されたテクノポリス政策（昭和58［1983］年の「高度

技術工業集積地域開発促進法」，通称「テクノポリス法」）において見出すことができる。同政策は電子・機械などの高付加価値産業における企業群と大学や研究機関を同一空間内に配置することにより，その有機的結合を通じてその集積のメリットを引き出すことを意図していた。当初，モデル的に数か所が予定されていたが，各地方自治体の誘致合戦の結果，北海道では道央地域，函館地域，東北では青森地域，北上川流域地域，秋田地域，山形地域，仙台北部地域，信濃川地域，郡山地域，信濃川地域，関東では宇都宮地域，甲府地域，中部・北陸で浜松地域，浅間地域，高山地域，関西では西播磨地域，中国・四国では吉備高原地域，広島中央地域，宇部地域，香川地域，愛媛地域，九州では県北国東地域，久留米・鳥栖地域，環大村湾地域，熊本地域，宮崎地域，国分隼人地域が指定を受けた。

　こうした地域のその後の現状はあらためて産業集積度の低い地域において，企業や研究機関の誘致における高度な産業集積形成を促進させる産官学連携という梃の力の弱さをむしろ表面化させた。このことは，すでに問題提起した産学官メカニズムの有効性は単に集積を担う個別主体の立地促進というメインシステムだけでなく，産業集積のもつ内発性あるいは自立性をいかに促進するのかというサブシステムの重要性を強く示唆している。

　既存の産業集積であっても，あるいは産業集積の途上段階にある経済活動空間内のネットワークの促進には，単なる建物の建設，企業や大学，研究機関の誘致だけでは限界がある。事業競争力や技術競争力などを高めるために産業集積の密度性を促進する場合には，すでに述べたようにこれを担う人材の産業集積内での堆積が大きな鍵を握っている。これはいわば公共財としての人材ネットワークが産業集積内のさまざまなアクター（企業，大学，研究機関など）の個々の活動のみならず，相互の相乗効果を引き出すために「整備」される必要がある。通常，こうした機能を促進する組織としては公的機関，たとえば，地方自治体などが設置する工業技術センターや中小企業振興センターなどの機関がある。現実には，そこに常駐するのは公務員であり，ビジネスや技術分野で経験を有する人材は極めて少ないのが現状である[20]。

　公的機関がこのような役割を担うのは，民間機関では利害関係があり，必ずしも公平あるいは公正な立場が維持できないという前提がそこにあるからにほ

かならない。しかしながら，実際には産業集積内の異なる機関の研究開発促進には産官学におけるマッチング情報を握るキーパーソンの存在が不可欠である。このためには，産業界での企業活動，官における政策立案・監督・実施の経験，さらには学における研究開発活動の経験を有する人材の確保が重要である。こうした人材を公的機関が特別公務員職として雇用し，その役割を担ってもらうことが効率的である。とはいえ，わが国ではこうした人材の層が極めて薄い。必然，この場合，官学あるいは，産学の経験者を複数配置して，産官学のビジネスマッチングなどのサービスを充実させていく必要がある。

この場合，既述の要件，すなわち，産業集積内における情報の共有度の高さ，秘密の保持性，知的所有権の設定，紛争処理システムなどの構築が必要である。さらには，こうした人的ネットワーク構築というサブシステムには信頼が要求されることはいうまでもないことである。でなければ，いわゆるゲーム理論における囚人間の疑心暗鬼によるもっとも悪い均衡が生じることになる。

ところで，わが国において産業集積の利益といえば，内発性と自立性の高い関係は企業間関係あるいは系列関係で象徴されてきた大企業と中小企業，または，中小企業相互の下請・外注関係であり，その地域内自己完結度は著しく高かった。日常的かつ長期的な取引関係を通じて，効率的な受発注関係と調節コストを低廉化させた生産システムが，その産業集積のメリットとして有効に作用してきた。これはわが国の価格競争力をささえた。同時に，中小企業も単独では困難な経済活動を，その業界のキーパーソンなどを中核に集積内の同業者などと協同事業を行うことによって産業集積のメリットを享受してきた。

しかしながら，わが国の産業集積地域における価格競争力の低下とともに，事業競争力や技術競争力の一層の引上げが必要になるにつれ，共同研究開発関係，ジョイントベンチャー，さらには技術提携などの構築も重要になる。これを先にみた人をベースとしたサブシステムの導入によって，どのように構築していくかが大きな政策課題となっている[21]。

1） 渡辺尚編著『ヨーロッパの発見―地域史のなかの国境と市場―』有斐閣，2000年，347～349頁。
2） 同上，349頁。
3） 労働集約的分野の典型である繊維や衣服の場合，繊維が先行しつつ，衣服もまた

海外展開がとりわけ1980年代後半からタイ，フィリピン，インドネシア，中国へと活発化してきた。現在までのところ，大都市圏の業者数の減少に歯止めはかからず，地方では現状維持というところもみられるが，島根県，愛媛県や徳島県などで減少が進み，他産業が少ないこともありその影響は決して小さくない。衣服業での経緯についてはつぎの論文を参照のこと。冨沢木実「アパレル縫製業の空洞化と地域経済」『産業学会研究年報』第12号，1996年。

4) 詳細はつぎの拙稿を参照。寺岡寛「日本企業の『アジア太平洋圏』への進出―生産リンケージの観点から―」，赤木攻編『アジア太平洋圏文明の構築をめざして―相互認識を通しての共通の価値観の模索―』（文部省科学研究費・基盤研究成果報告書），1998年。

5) 坂本重泰「製造の収益性向上とネットワーク」，太田進一・阿辻茂夫編『企業の政策科学とネットワーク』晃洋書房，2001年。

6) この概念と実例分析については，たとえば，つぎの論文を参照。西澤昭夫「米国におけるベンチャー企業支援策の展開とハイテク産業集積地の形成―イノベーション・クラスターの形成過程―」『研究年報・経済学』（東北大学），第62巻第3号，2000年12月。

7) 渡辺尚『ラインの産業革命―原経済圏の形成過程―』東洋経済新報社，1987年。同「現代ヨーロッパの企業行動と地域経済の精神」渡辺尚・作道潤編『現代ヨーロッパ経営史―「地域」の視点から―』有斐閣，1996年。

8) 渡辺「越境する地域」，前掲書1）。

9) 同上，313頁。渡辺はこのユウレギオをつぎのように位置付ける。「ユウレギオは一種の領域空間であるが，単なる政治空間とは異なり，生活空間および経済空間それぞれの結合の均衡を図りながら，療育空間としての凝集度を高めようとする一種の地域統合の試みであることが窺われる。」同，319頁。

10) わが国の立地政策の推移とその特徴にふれる紙幅の余裕はない。詳細はつぎの文献を参照。川島哲郎・鴨澤巌編『現代世界の地域政策』大明堂，1988年，辻悟一編『変貌する産業空間』世界思想社，1994年。

11) ただし，旧通産省は同法の趣旨が「新事業創出促進法」に継承されたとしている。

12) わが国のテクノポリス政策（＝ハイテク型開発政策）の問題点について，鈴木茂は日本型地域開発政策の典型とその限界という視点から，次のように総括する。「テクノポリス政策は日本型地域開発政策の典型的事例であり，その特徴がよくあらわれている。日本型地域開発政策とは中央集権的行政財政機構の下で，金融資本の立地戦略に対応した国土・産業政策の一環として地域開発政策が推進されるものであり，誘致外来型開発を基本とし，集権性と画一性を特徴とする。（中略）中央政府の科学技術政策の課題はこうした基礎的先導的研究を推進するとともに，その成果を地方へ移転するシステムを構築し，全体としての技術水準を高度化することにあることはいうまでもない。しかしながら，地域産業の多くは在来型産業であり，技術水準は相対的に低く，ローテクが主体である。ここに地域産業政策固有の政策課題がある。地域産業の技術的享受能力，すなわち，ローテクとハイテクとの融合の可能性の検証を抜きに，技術移転システムを構築しても，円滑な技術移転が生じないのは当然であり，テクノ

ポリス政策が地域技術政策として失敗した大きな要因がここにある。」鈴木茂『ハイテク型開発政策の研究』ミネルヴァ書房，2001年，iii 頁。

13）　興味あるのは1980年代以降の米国におけるハイテク政策の展開である。それは，直接的な補助金や助成金を伴った特定産業をターゲットとした産業政策でなく，多彩に富むそれぞれの地域のもつ集積をベースにそこでの組織間の連携・連結を促進するネットワーク政策としての意味合いが強かったことである。これはいうまでもなく米国社会の文化性に基づいたものでもあった。宮田由紀夫はこの点をつぎのように分析する。「過去20年で実際に行われてきたことは，特定のハイテク政策をターゲットとして支援する政策でなく，組織間協力，ネットワーク化の強化を行いやすい環境づくりであった。（中略）組織間の連携を強化する一連の政策は，企業が協調と競争とは両立するということを認識し，何でも自分で行うのでなく外部ソースと連携しながら競争していくという戦略をとることへの雰囲気づくり……」。宮田由紀夫『アメリカの産業政策』八千代出版，2001年，215～216頁。

14）　田村はわが国における産業集積論の展開をつぎのように位置づける。①「日本における産業集積に関する近年の関心の高まりは，中小企業研究の分野からの複数の参入からもたらされた側面が強い。……専ら製造業に従事する中小企業のイノベーションに注目しているという点ではほぼ共通している」，②関満博の大田区を立論根拠とした「一国，あるいは地域，さらに，ある生産集団が『創造的なモノづくりを実現していける技術的な最小限の組み合わせ』という意味である「マニュファクチャリング・ミニマム」論。これに対して，田村は「大田区における基盤技術の『歯槽膿漏』は日本全体の問題にはなりえないのである」，③マニュファクチャリング・ミニマム論のさらなる問題は，製造業の比重が下がり，第三次産業の拡大が続く中で，「製造業で語り得ることにはおのずから上限がある」こと，④以上のことから，モノづくりからイノベーションへと産業集積に関する議論が移っていること，⑤とはいえ，「イノベーション集積は，……今後とも重要な概念となろう。……（ただし），事後的に『成長した地域はすべてイノベーションを生み出していた』とするような不毛な議論を未然に防がねばならない」，⑥集積概念の多様化—それは製造業集積か，都市集積か，イノベーション集積か。田村の問題提起は，集積があらためて「集積形態」と「集積の実質的利益」との間にある関係をきちんと概念づける必要性が生じた結果としての形態であるのかどうかを問いかけている。また，費用節約の構成要素は「規模の利益」「接触の利益」なのかを明らかにする必要があろう。田村大樹「産業集積と都市集積」『経済学研究』（九州大学）第67巻第4・5合併号，平成12［2000］年12月。

15）　先行研究では，たとえば，企業城下町型立地産業のケースが典型的である。この場合，集積範囲は県内といった行政空間が暗黙知となっている。しかし，これは国内での工場再立地や海外工場への移転などによって集積の空間的範囲は大きく異なる。これを金原のように「産業集積は，個々の企業の業務活動の体系としての価値連鎖の集合である。価値連鎖とは，価値を生み出す業務活動の連鎖である」ととらえれば，現在のわが国の産業活動の価値連鎖はその経済空間をかなり広範囲のものとさせる。なお，金原は産業集積の「属性」をつぎのように提示する。①「地域の産業には高度な技能や専門知識をもつ人材がいる」，②「専門化した技術・技能の蓄積がある」，③

「事業経験，ノウハウがある」，④「製造技術，販売などに関する情報の蓄積がある」，⑤「人や企業のネットワークがある」，⑥「新しい製品や事業のコンセプトを開発する能力がある」，⑦「信用の基盤がある」。金原達夫・榎本悟・日下武史「広島県における産業集積の変容と課題」『地域経済研究』第12号（広島大学・地域経済システム研究センター），2001年3月。

16）　小論では産業集積の類型化を試みてはいない。ちなみに，中小企業庁『中小企業白書』では，「企業城下町型」「産地型」「大都市圏加工型」の三類型が提示される。第一類型は単一企業を頂点とする特定産業内の分業型モノカルチャー（あるいはブティック型）である。第二類型は地場産業を典型とする零細企業の社会的分業型である。第三類型はあらゆる産業が立地するデパート型である。しかし，こうした集積概念が有効な分析概念を形成しているだろうか。結局のところ，すべての面にわたって第三類型である大都市圏加工型が優位に立つ可能性が高く，ここからは災害へのリスク，あるいは快適な生活空間確保の困難性といった集積のデメリットへの分析を手薄なものとさせる。いずれにせよ，産業集積類型はある種のタイプ分けであり，類型そのものが集積の内部メカニズムを明らかにしたことにはならない。なお，既存集積の場合，ある時点からその人口規模そのものの大きさが市場を生み，また，集積のメリットはさらなる集積を促進するという内発的なメカニズムが働く。現在，地方経済の活性化として集積形成を促がす政策が模索されている。この場合，北海道ではさまざまな産業集積促進「創造」活動が展開されている。こうした政策のメカニズムの有効性もまた重要な研究課題である。北海道のケースを参考までに紹介しておこう。北海道では平成8［1997］年に道内経済4団体が「北海道産業クラスター創造研究会」を組織した。翌年にはその活動の一環として，地域産業クラスター第1号「産業クラスター研究会オホーツク」が創始された。以降，約20ほどの同様の組織が北海道内に誕生した。このねらいは地域に眠るさまざまなビジネスアイデアを研究開発，市場性など可能性の検討，具体的なビジネスプラン，そして事業化につなげることにある。この一連の流れを促進するのが㈶北海道地域技術振興センタークラスター事業部である。具体的なクラスター形成とその内容についてはつぎの文献を参照のこと。大橋祐二「産業クラスター創造活動の現状と課題─北海道経済の自立を実現するために─」『地域開発』432号，2000年9月。

17）　こうした取り組みの前提にその地域のもつ本来的あるいは内発的な発展性あるいは潜在性があったのかどうかは，重要な点である。1980年代に高度技術工業開発地域（いわゆるテクノポリス）の指定が行われ，「器」つくりが進められ，これを支援する機関が設けられた。たとえば，地方国立大学に設置された地域共同研究センターなどに加え，技術移転機関（TLO）も設置され，さらには種々の連絡会議が開催されてきた。しかし，これは産学官のうち官主導であり，どれほど民という産業界や企業者，地元のNPOなどの内発的資源と関連していたのか。地域の具体的な取り組み状況については，たとえば，つぎの調査資料を参照のこと。日本政策投資銀行『山口県の産学官ネットワークの現状と課題』2002年1月，伊藤敏宏「地域における産学官連携」『季刊中国総研』第24巻第5号，1998年。なお，テクノポリスのもつ問題については，つぎの熊本県のケースを取り扱った文献に譲る。伊藤維年「テクノポリスと研究開発機

能」経済地理学会西南支部編『西南日本の経済地域』ミネルヴァ書房, 1995年。同『戦後地方工業の展開』ミネルヴァ書房, 1992年。また, テクノポリスの歴史的展開とその問題点については鈴木茂『ハイテク型開発政策の研究』ミネルヴァ書房, 2001年を参照。

18) この問題はシリコンバレーなどでの研究開発型産業集積がどのように形成されたのかという研究課題を浮上させる。米国ではハーバード大学やMITが立地するケンブリッジ地域（とりわけ，東地区）ではどうであったろうか。ここにはバイオ関係の研究機関が集中立地する。では，こうした諸機関を複数立地させれば産業集積が容易に形成されるのだろうか。重要なのは世界的な水準にある人たちが研究機関に集まり，彼等同士の接触が促進され，また，こうした人たちとの情報交換を求めて多くの企業家や事業家がさらに集まり，これらの人たちのさまざまな組み合わせが新規創業を促がしたことであった。同様の傾向はニューヨーク市内のシリコンアレー，テキサス州オースチン，そしてカリフォルニア州のシリコンバレーにも共通する。この場合, 研究者の量的充足よりもいかに質の高い研究者を集積させるかが重要である。やがて, こうした人たちの集積はさらなる内発的な集積をもたらす。また, ほとんどの研究者は大学や大学院での教育を経るわけであり, 学窓的ネットワーク, 特に師弟ネットワークが大きな鍵を握る。同時に, これは密室的な閉鎖性をもたらす危険性を生じさせる。つまり, ここでは若い研究者の研究成果の帰属をめぐってその師である教授との関係から, ゲーム理論でいう「囚人の罠」が発生する危険性もある。師弟間ネットワークと研究開発にいかに開放性をもたせるのかという暗黙の社会的ルールをいかに構築するかも重要な課題である。

19) 雇用面からみて, 研究開発や技術開発に関連する産業集積がどの程度の雇用創出力あるいは雇用波及力をもつのだろうか。たとえば, フィンランド経済は1990年代前半の不況から1990年代央には抜け出し, 失業率も低下した。しかしながら, これには地域差がかなり存在する。たとえば, 首都ヘルシンキ地域は携帯電話で成長を遂げたノキアとその関連企業や取引先のビルが建設され, また, 各国の企業や研究所も立地し始め, このための建設需要が発生し, 周辺人口なども増加し, これに関連した第三次産業の成長も可能となり, 失業率が大幅に改善した。他方, ノキアの技術を支えてきた大学町のオウル市などはいまも失業率が高く, ハイテク企業のみの頭脳立地のもたらす雇用創出力は限定的である。フィンランドのハイテク事情についてはつぎの拙稿を参照。寺岡寛「フィンランドにおけるハイテク振興策の現状」『中小企業研究』（中京大学中小企業研究所）第22号, 2001年, 同「フィンランドのハイテク政策—産官学協力体制をめぐって—」『中小企業研究』第23号, 2002年。

20) この鍵を握るのは産官学を経験した人材の存在である。このためには人材の流動化が不可欠であり, 流動化人材が不利にならない年金制度, 退職金制度などの制度整備が重要であろう。こうした改革こそが官の重要な役割であって, 官の設けた産学官交流センターに専門性の低い公務員（しばしば退職者）を配置することではない。

21) この課題は製造業における集積に関わるものでなく, 商業集積に関わって問題視されているまちづくりと小売商業にとっても大事である。商業でも人間関係が希薄になった空間において, いかに施設が集積しようとそこには人をベースにした集積が自

律的に形成されるとは限らない。ニュータウンのような商業集積について，石原武政が指摘するつぎのような問題は産業集積政策を考える上で重要な視点を提供している。「わが国でも成功したといわれるニュータウンをもつ都市の関係者によれば，ヘルパーの派遣割合はオールドタウンの3倍くらいになっているといわれる。……間違いなく高齢者を支え合う仕組みがオールドタウンでは埋め込まれているのに，ニュータウンでは30年たってもそのような人間関係が生まれなかったことを意味している。……何らかの施設をつくってみたところで，このような関係がうまく処理できるわけではない。施設面からみれば，おそらくはニュータウンの方がはるかに整備されているはずである。それでも，その施設を使いこなす人間関係ができない。……緊急時にはワンタッチで連絡がとれる。商店街と消費者との間に長年にわたって築きあげられてきた信頼関係があるからこそできる事業である」。石原武政『まちづくりの中の小売業』有斐閣，2000年，124～126頁。

補　論　前田正名と地域政策

　明治政府にとって日本の産業発展をどのようにすすめるべきなのか。それを担う経済主体はどの層であるのか。具体的にどのような政策選択があるのか。当時，農務省にあって，わが国のさまざまな地域において独自の発展を遂げてきた在来産業の潜在性に注目した政策官僚に前田正名（1850－1921）がいた。

　前田正名は旧薩摩藩士であり，貿易実務を経験し，維新後は大久保利通等のはからいで20歳にしてフランスで約7年間にわたって勧業政策を勉強する機会に恵まれた。前田は明治10［1887］年に帰国し，わが国の産業発展を目指す政策構想に着手した。明治17［1884］年にその具体策として『興業意見』が発表された。この背景には，維新以降すでに10数年経過し，明治政府の試行錯誤的産業政策の修正と新たな経済環境への対応を織り込んだ政策構想を産業発展の視点から打ち出す必要性があった。前田等の政策官僚は，松方正義（1835－1924）のデフレ政策によって疲弊した地方産業（農業を含む）へのてこ入れ策の導入を迫られ，また，明治23［1890］年に予定された国会開設に先立つ産業政策上の「国是」の策定も重要な課題となっていた。

　前田は『興業意見』の編纂に先立って短期間に地域産業調査を精力的に実施した。同時に，欧州諸国の産業振興制度，政策立法などの翻訳作業を行った。こうしてまとめられた報告書は，まず『興業意見・未定稿』として関係者に配布されたが，松方財政への批判部分の削除を求められ，この4か月あとに『興業意見』（定本）が公刊された。

　30巻にわたる『興業意見』の構成を『定本』からみておくと，第1巻から第4巻までが政策提示であり，第5巻から第10巻あたりまでが日本と外国にかかわるデータを収録している。第11巻から第14巻までは政策構想，日本の重要物産，地方の現況の総括，予算などを取り上げ，第15巻から第30巻までは府県ベースでの産業の現状とその問題点を詳細に紹介した。

　前田は『興業意見』を通じて，直接輸出の重要性を強調しつつ，いたずらに外国事例や政策をわが国へ適用することを戒め，地方産業の潜在的成長性に着目した産業政策の必要性とその具体的制度を提案している[1]。『興業意見』から

1世紀以上経過したいまでも，前田の構想はその強烈な国家主義と国家主導の産業保護・育成政策であるとはいえ，さほど古さを感じさせない。

 この理由の一端は，欧米型の政策もまたその産業発展の歴史的所産であり，これと異なる日本においては日本の歴史的文脈において既存の産業を捉えなおし，新たな経済環境の下でその潜在的成長力に着目した上で政策を構想しているためであろう。前田のこうした接近方法は，現在も地域政策を考える上で有益であることはいうまでもない。

 1）　この具体的な内容については，つぎの拙稿を参照。寺岡寛『日本の政策構想をめぐって―前田正名とその時代を中心に―』(1)(2)(3)(4)『中京経営研究』第11巻第1号～第12巻2号，2001年9月～2003年2月。

第3章　中小企業政策と技術政策

第1節　中小企業と経営特質

　昭和38［1963］年に制定された旧「中小企業基本法」は，平成11［1999］年の新「中小企業基本法」に取って代わられた。これは昭和30年代以降の高度成長期を支えたわが国中小企業政策論理の再構築の必要性を象徴した。旧法は大企業と中小企業との間にある諸格差，とりわけ，生産性格差の是正なしにはわが国の国際競争力の強化が困難であるとの認識の下でその近代化路線を政策課題とした。前章での表現を再度持ち出せば，そこではわが国産業，具体的には地場産業などの中小企業や大企業への部品供給や加工を受け持つ下請型中小企業の価格競争力と品質競争力の向上が中小企業政策の大きな政策論理を占めた。
　とはいえ，アジア各国の成長と発展はわが国産業の国際競争力を相対的に低下させ，繊維や雑貨などの労働集約的中小企業分野の縮小に加え，大企業による海外生産移転は下請中小企業の存立に大きな影響を与えてきた。こうした経済環境の変化は，わが国の国内産業，とりわけ，労働集約的分野の中小企業，大企業の海外生産移転の進んだ加工組立型産業における下請中小企業の競争力をより高次な段階をもつものへと移行することを迫ってきた。また，新規開業においてもより高度な技術力や革新的なビジネス方法をともなう事業形態が重要となってきた。新法が経営革新や技術革新を強調しているのはこれを背景としている。

現在においても，中小企業の経営特質は，小規模な経営体であるゆえに資本，人材，情報などの経営資源での脆弱性に関連して論じられている。その資金調達においては，株式公開などを通じて社会的遊休資本を資本市場などで調達する機会は限定され，また，経営資源の制約性，とくに人材不足などはこの典型であるとされる。したがって，中小企業は中小企業から脱皮できない。とはいえ，中小企業という概念は，時間的概念であることにも留意する必要がある。つまり，いまは大企業であっても，こうした大企業は最初から大企業であったことは少ない。大企業もまた創業という初期段階とその後の中小企業という段階をへているわけである。では，どうして既述のような経営特質が克服されたのかが論じられなければならない。

　この一つのモデルが中小企業は内部資源において貧しいがゆえに，外部資源への接近とその活用が人材や情報不足を補い，それを稀少な内部経営資源と結合させることにより悪循環を抜け出すというものである。もちろん，このためには内部経営資源の潜在性の高さが証明，保持される必要がある。こうしたことがあって，初めて，中小企業が本来的にもつ資本不足の隘路から自らを解放でき，外部投資家あるいは金融機関からの投融資という更なる外部資源の活用ができるのである。この視点ではベンチャーキャピタルに関わる店頭市場の充実，ビジネスエンジェル税制などの点でわが国でも大きな進展があった。こうした点についてはすでに多くの論稿が為されてきている。以下では，技術および技術移転に焦点を絞って中小企業の経営特質とその隘路性の克服という中小企業政策の課題をとりあげる。

　ところで，ここで外部資源という用語を定義しておく必要がある。これらには民間企業といった経営主体のほかに，公的機関も含まれる。ここでいう公的機関は政府系の種々の研究機関，地方自治体の公設研究機関，さらには大学等の学術研究機関をいう。小論では，とくに，このなかで地方自治体のもつ公設研究機関と中小企業の役割を検討していきたい。ここでの分析対象の技術移転モデルはつぎのようなものである。

① 民・民モデル——民（＝中小企業）・民（大企業，中堅企業あるいは中小企業）というベースでのいわば市場の経済原則に沿った形態で内部経営資源と外部経営資源との結合というモデル。このモデルは現実の企業活動にお

いて広範囲に事例を確認できる。たとえば，共同開発，販売委託，ライセンシング生産，下請・外注生産などがこの事例である。

② 民・公モデル——民（＝中小企業）・公（＝地方自治体の公設研究機関など）のモデル。これが果たして①のような経済原則とはどのように異なった論理をもち，どのような成功事例と失敗事例を生み出しているのか。この場合，成功事例を生みだした要因は何であるのか。また，失敗事例をもたらした要因は何であるのか。

以下では，政策論としては②のケースをとりあげるものとする。民・公モデルでの作業仮説はつぎのようなものを想定している。

1）有効かつ効率的なマッチングシステムの存在の有無—民のもつ技術上のシーズあるいはニーズと公のもつシーズあるいはニーズが一種の暗黙知としてマッチングされていくために，民・公モデルが効力と有効性をもつ。

2）マッチングは組織対組織において自然に生じる問題でなく，基本的には人的ベースにおいて起こり得ることにおいて，卓越したキーパーソンが存在していることによって，民・公モデルが効力と有効性をもつ。

3）とはいえ，特定の人に多くの情報と権限が集中することで，他方において汚職などの負の効果が発生する可能性がある。この防止のためには，情報公開制度と並んで，キーパーソンが職務上のトラブル等へ巻き込まれないような保護システムが整備されていることによって，民・公モデルが効力と有効性をもつ。

4）キーパーソン（この概念は技術分野などで卓越した研究能力あるいは開発能力をもち，その実用化などにおいて内外の有効な人的資源ネットワークを形成している人を指す）は横並びの人事制度・給与制度で育成が困難であり，抜擢人事，能力給などの人事・給与制度が整備されていることによって，民・公モデルが効力と有効性をもつ。

5）技術における研究・開発分野は変動が激しく，研究機関はつねに研究分野などの組織形態を変化に対応できるように柔軟なものにしておくだけでなく，民間などから有能な人材をつねに招聘できるような人事システムが整備されてはじめて，民・公モデルは効力と有効性をもつ。

研究機関，とりわけ，中小企業向けの技術政策の一環を担う地方自治体のも

つ公設研究機関は，ややもすれば，中小企業が個別経営主体として購入できないような試験検査機器や設備などを導入することによって，その役割が評価された時期もあった。だが，研究開発という側面においては，公設研究機関のもつ上述の1）から5）までの人的資源をベースにした研究開発マネジメントの必要性が高まっている。この意味では，ハイテク振興はハイテクをイメージするようなビルを建てることではなく，それを担いうる人的資本への効率的な投資が求められている。このことは，公設研究機関のマネジメントにとっても自明であろう。

もし，公設研究機関が民・公の有効な連携を推し進める役割を与えながらも，一定以上の成果（＝成功事例）を収めていないならば，それは上述の作業仮説のうちどこに大きな問題を抱えているのかが問われることになる。いま，わが国の技術政策が大きく動こうとしている。これは国家予算の配分面からも確認しうる。しかしながら，新しい酒（＝技術政策）が古い革袋（＝従来型の制度）に入れられるならば，それは活発な発酵を通じて美酒へと変化するのであろうか。実は，一国における研究開発予算が一定の成果に結びつく「打率」を高めるには，施設整備，研究機器といった面だけでなく，研究開発を効率的に促進する人的資源を中心とした研究開発制度（イノベーションシステム）そのものの「開発」を不可欠とする。

本章ではこれらのことを念頭におきつつ，民・公モデル，あるいは，産学官のうち，産官モデルのあるべき姿への手がかりを探ってみたい。

第2節　中小企業と技術移転

一般的に，民・公の間に技術移転が起こり得るとしたらつぎのいくつかの場合が考えられる。ただし，このケースを想定する前に，公の民への働きかけにおける3つの類型を想定しておく必要がある。すなわち，

　第一類型——公設研究機関が保有する技術を自社に移転することによって，明確に経営力の強化あるいは保持につながると認識されているケース。

　第二類型——公設研究機関が保有する技術の移転が自社において大きな効果を生ずるわけではないが，公的研究機関との共同研究という「社会的ス

ティタス」を得ることで制度金融あるいは補助金の獲得，社会的信用（これは取引上の対外的信用力）の強化という面である程度の利益が確保されることが認識されるケース。

第三類型——第一類型と第三類型の双方の条件が満たされることが認識されるケース。

では，どのような場合に公・民間に技術移転が生じるのであろうか。具体的には第一類型のように，公設研究機関から民間企業への技術移転はどのような条件で発生するのであろうか。これには公設研究機関が民間企業よりも高い技術あるいは研究成果を有していることが重要である。技術移転は水が低いところから高いところへと流れないのと同様に，それは特殊な場合をのぞき必ず高いところから低いところへというように起こる。これを時間の概念で換言すれば，いまの時点で公の研究成果が民のそれより高く，移転されるべき研究成果が情報として外部に認識されている場合である。これに対して，いまは研究開発段階であるものの，ある程度の時間的経過とともに具体的な研究成果に結びつくことが考えられる潜在性が高い場合にも，第一類型のようなケースが起こりうる。

ただし，この場合，研究開発の早期の段階で民間企業への技術移転が起こり得るのかどうかという問題が残る。つまり，このことは技術移転の概念そのものの特定を迫っている。技術移転の対象となるのは具体的な研究開発成果が，特許化あるいはノウハウ化（これには加工工程，設計技術，治具，加工機械の改造なども含まれる）されている場合にはわかりやすい。ところが，研究開発段階における個別研究者が有する理論的あるいは経験的な知識などといった人的属性の高い領域については，共同で研究開発に従事することによって日常的に移転するいわば「見えない」技術である。このような技術移転をどのように扱うのかという問題がある。つまり，こうした段階で人の有する理論的あるいは経験的知識，さらにはアイデアが「移転」され，実際の具体的な研究成果が外部において特許化される可能性が生じる。

この場合，どのような段階で公設研究機関が外部との共同研究という形態で技術移転が可能かどうかの問題が設定される。もっともこれが現実に起こり得るには，既述のように公設研究機関が高い研究開発力をもっていなければなら

ない。ただし，これは相対的なもので，技術移転を望む民間企業の技術力に依拠する。ある分野で高い技術力をもっている民間企業は，別段，公設研究機関から技術移転を受ける必要はない。反面，そうでない場合，民間企業間で技術移転を受けるよりも，公設研究機関から受けるメリットが大きければ技術移転が生じることになる。

　いずれにせよ，技術移転の前提となるこの種の議論は必然，公設研究機関の役割を中心として，その現実的な状況，あるいは潜在性を考慮した上で将来果たし得る機能について再考を促がす。一般に研究開発には第5図で示したような段階が考えられる。いわゆる第Ⅰ段階は戦略的研究であり，応用研究あるいは具体的な製品化のための研究に先行するきわめて理論的な段階あるいは先端的な研究段階である。必然，社会的認知度は低いゆえに，成功すればその初期段階における先行利益は計り知れない。反面，不安定度（リスク）は非常に高く，膨大な研究開発投資が回収されない可能性も高い。第Ⅱ段階では戦略的研究の成果を元に，その技術の製品への応用性をめぐって開始される研究開発である。そして，第Ⅲ段階では基礎研究，応用研究の段階を踏まえて，実際の製品づくりをどのように行うかを開発する。期間的には，第Ⅰ段階がもっとも長期的であり，ついで第Ⅱ段階，第Ⅲ段階となるのが通常である。

　こうした研究開発の諸段階において，公設研究機関がどのように関与すべきであるのか，あるいは，関与することができるのかということが問われる。第5図の縦軸にとった不安定度という基準では，民間企業が戦略的研究などを負担するにはかなりのリスクが要求される。この意味では，公的資金によるリスク軽減の余地が大きい公設研究機関が担うべきという論理も成り立つ。そして，民間企業はより市場度の高くなる第Ⅱ段階の応用研究あるいは第Ⅲ段階の製品開発に従事すべきとする。ただし，ここでつぎの二つの点が問題となる。

　一つは公設研究機関がそもそも戦略的研究を遂行するに足る学術研究レベル―たとえば，研究者，施設などの面―にあるかどうかという点である。もう一つは公設研究機関の研究方法に関わる点である。たとえば，戦略的研究が公設研究機関単独で困難であり，大学あるいは民間企業との共同研究という形態で行った場合，その研究成果がどのように公開されるかという問題が生じる。これは公設研究機関の役割の根幹にかかわる問題でもある。公設研究機関が公的

第5図　研究開発の諸段階

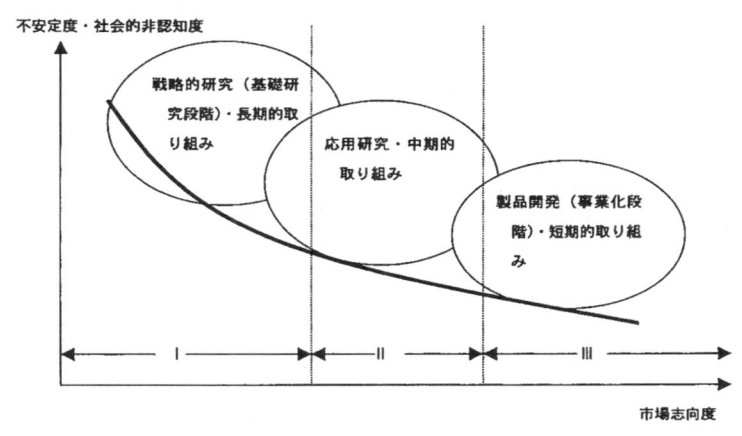

縦軸: 不安定度・社会的非認知度
横軸: 市場志向度

- 戦略的研究（基礎研究段階）・長期的取り組み（I）
- 応用研究・中期的取り組み（II）
- 製品開発（事業化段階）・短期的取り組み（III）

資金で研究開発を行い，その成果をあげた場合，それは公共財としての意義を有する。具体的にいえば，研究成果が特許化された場合，その利用は広く一般に提供される必要がある。では，共同研究の場合はどのように研究成果の利用が進められるべきなのかという問題がある。いずれにせよ，これは第一の点である公設研究機関の研究レベルがある一定以上の場合において生じる課題であって，現実にそうでない場合は，これは不毛な問題設定となる。

このようにとらえていくと，公設研究機関がどのような研究レベルにあるかによって，その役割と公設研究機関から民間企業などへの技術移転の可能性が決定されていくことになる。たとえば，中央研究所あるいは専門研究所を有する大企業の場合，自ら戦略的研究を行う人材と資金を有する。他方，研究資源において劣位にある中小企業においては，第II段階あるいは第III段階で公設研究機関と中小企業との間に技術移転が生じる可能性がある。では，具体的に公設研究機関の現状はどうなっているのか。つぎにこの点をみておこう。

第3節　中小企業と技術政策

たとえば，兵庫県の場合，現在，公設研究機関としては兵庫県立工業技術センターがある。この機関の沿革については第1表にまとめている。

第1表　兵庫県立工業技術センターの沿革

年	事　項
大正6［1917］年	兵庫県工業試験所および同三木分場を設立
大正9［1920］年	兵庫県工業試験場西脇分場を設立
昭和8［1933］年	兵庫県工業試験場を兵庫県神戸工業試験場に改称し，各分場を兵庫県三木金物試験場，兵庫県西脇染織試験場として独立させる
昭和15［1940］年	兵庫県西脇染織指導所に改称
昭和18［1943］年	試験場を廃止し，兵庫県（神戸，三木金物，西脇染織）工業指導所，出石窯業支所を設立
昭和23［1948］年	兵庫県神戸工業試験場，兵庫県繊維工業指導所に改称し，立杭支所，皮革工業研究所（当初は兵庫県皮革工業指導所）を設立
昭和25［1950］年	試験場，指導所，研究所を兵庫県立中央工業試験場として統合
昭和29［1954］年	兵庫県西脇繊維工業試験場に改称独立
昭和31［1956］年	兵庫県中央工業試験場は兵庫県工業奨励館として，各指導所は兵庫県機械金属工業試験場，兵庫県繊維工業指導所，兵庫県皮革工業指導所，兵庫県丹波窯業指導所として独立させる
昭和43［1968］年	兵庫県工業奨励館を兵庫県立工業試験場とし，兵庫県丹波窯業指導所を統合
昭和62［1987］年	兵庫県立繊維工業指導所に改称
平成2［1990］年	試験場，各指導所を兵庫県立工業技術センターとして統一

出所：同センターのパンフレットより作成。

　兵庫県の場合，工業試験場は大正6［1917］年に設立されている。わが国では，農事試験場などの創設は明治初期においてすでに行われていることに比べると，工業生産額が飛躍的に伸びた大正期に創設されたことは時代の要請に沿ったものであったことが理解される。兵庫県工業奨励館編『工業試験研究機関50年史』（昭和43［1968］年）によれば，明治37［1904］年に勧業技術補助費を予算計上して，県下各郡の費用において工業技手を設置させて当時の地場産業への指導を進めていた。明治40［1907］年度には，県勧業予算で工業改良費が計上され，化学技師1名を嘱託して，染色などの指導にあたらせ，その後，実験室などを設置している。技師についてもその後，兵庫県は増員をはかったようである。こうした経験を踏まえて大正6［1917］年の工業試験場開設を迎えている。その後，兵庫県工業試験所の拡張と戦時下での組織再編成が行われ，敗戦，戦後における再出発へとつながっている。

　同センターの具体的な業務は第2表に示している。研究開発業務には工業技

第2表　兵庫県立工業技術センターの業務内容

業　務	内　　容
研究開発	独創的で先端的な研究開発や高付加価値化，生産工程の合理化などのための研究開発。開発技術は技術指導により企業に技術移転し，企業が保有する潜在的技術を掘り起こし，新技術・新製品の開発を進める。研究開発にあたっては，企業，大学，国公立の試験研究機関などと連携して共同研究を行ない，技術課題の効果的な解決に努める。
技術相談・指導	中小企業の技術向上，技術革新を図るため，製品・材料の製造および評価，加工技術，デザイン開発，情報収集などの技術的問題について，巡回技術指導，技術アドバイザーの派遣・実地指導などを行っている。
依頼試験・加工・設備利用	企業からの希望により試料（サンプル），試験片，製品について試験・分析・加工などを行ない，成績証明書を発行する。また，一部の設備は企業の技術者が直接利用できる。
技術者養成	企業の技術者を養成するための研修制度（技術講習生，研究者養成研修，産業技術大学，デザイン大学，皮革大学校）により，専門技術の実践的な指導を実施
技術の普及啓蒙	研究成果を普及するため，研究発表会，先端技術あるいは基礎技術をテーマとした講習会を随時開催。企業や各種団体の要請に応じ研究員を講師などとして派遣。
技術情報の提供	技術情報誌の発行，オンラインによる情報検索の代行，専門書の閲覧。センターの保有技術，機器設備などのデータベースの閲覧。
国際交流	海外研修生の受け入れ。

出所：同センターのパンフレットなどより作成。

術センター独自のものに加え，民間企業との共同研究，民間企業からの受託研究がある。こうした研究開発業務については，共同研究や受託を行える中小企業の技術レベルの問題や制度自体の知名度もあり，必ずしも活発に行われてきたとは言い難い。

　むしろ，中小企業への技術移転に関連して重要な業務は技術相談・指導である。このなかには中小企業の現場への技術開発指導員（いわゆる技術アドバイザー）派遣業務が含まれる。技術アドバイザーとして技術開発などの実務経験者のほか，技術士，大学教授などが登録されている。現在の制度では，1企業あたりの年間指導日数の上限と企業側に指導料負担と旅費の一部負担が課されるが，金額的にそう大きなものではない。同センターには，機械，電機・電子，金属，公害，化学，窯業，包装，エネルギー，品質管理，デザインといったほかに県下の地場産業に関連の深いゴム，ケミカル，鞄，食品，繊維といった分

野で技術アドバイザーが登録されている。このほかに，工業技術センターの研究員を中心とした指導チームによる中小企業への巡回技術相談制度もある。

　依頼試験・加工・設備利用のうち，依頼試験は中小企業では導入困難な試験機器による試験を同センターが行うものであり，加工・設備利用は中小企業の技術者に対して同センターの保有する高度な分析機器・測定機器・加工機の「開放」制度である。後者に関しては，こうした機器の使用経験のない申込者を対象に「高度機器利用研修」を受講した上で使用許可が得られる。現状では，依頼試験や加工が大きな割合を占め，設備利用の件数はそう多くない。

　技術者養成については特定テーマを設定し，講義と実習から構成される。これには工業技術センターの研究員が一対一で行う研修事業に加え，中小企業での研究開発に必要な分析，試験，測定評価などの技術習得を目的としているコース，地域デザイン講習会，既述の高度機器利用の研修コースもある。技術の普及啓蒙は工業技術センターの研究員による研究開発成果の外部移転を目的とする。技術講習会の開催に加え，政府や技術団体などが主催する技術展示会や特許流通フェアなどへの出展がその具体的な取り組みである。技術情報の提供については，ホームページ（ウェブサイト）上での情報公開，広報誌の発行，科学技術情報データベースのオンライン情報検索システムの活用，技術研究会などとの講演会，講習会，見学会などの共催が行われている。

　国の研究機関と同様に，地方のこうした公設研究機関もまた独立行政法人化の方向にある。この方向が一定の成果を挙げうるのは，すでに中小企業への技術移転の方法が示され，独立行政法人化することで一層の効果を促進することが一定のシステムとして作動することが保障されている場合である。

　さらに，この視点の重要性は中小企業にとって技術開発とは何かということが明示的でなければならない。現実的に，中小企業の多くにとって技術開発は，一部の大企業のように基礎研究でなく，あくまで市場に投入される商品にもっとも近いかたちでの「商品開発」あるいは製造における「工程改良」である。この意味では，中小企業にとって研究開発とはプロセス・イノベーションを意味する。問題は中小企業のもつ本来的な制約性である小規模の経営単位であることの必然結果である研究開発人材の不足である。こうした研究開発人材の不足を補うのが公設研究機関の役割の一つである。これは公設試験研究機関の技

術移転の成功事例から忖度される中小企業への関与のあり方に合致する。

　つまり，こうした意味での中小企業のもつ研究開発面での隘路を，地域中小企業の技術的蓄積のあり様とその限界性について経験知をもつ公設研究機関が補える余地が極めて大きい側面がある。とはいえ，現実には，公設研究機関をその歴史からみると，その役割は大きく変わってきている。それは公設研究機関をとりまく外部環境の大きな変化にともなったものである。大正期から昭和初期におけるその役割の大きな部分では，公設研究機関のもつ科学的製造技術の知識普及を人材養成というかたちで行う，いわば人的ベースでの技術移転が重要な位置を占めた。こうした機能は，中小企業にも工学系大学の卒業生もある程度の堆積をみることによって，あるいは外部の関連機関の充実や素材や設備機械メーカーなどからの技術情報も整備されてきたことによって低下してきた。技術移転をめぐって「移転する」方と「移転される」方との格差が縮小したことによって，公設研究機関の果たすべき役割が終焉したことにもなる。

　これは政策の目的一般にも該当することであり，政策の終局的目的はその政策が不要になることである。この意味では，公設研究機関の役割の終焉は，その機関の統廃合をもって政策の完結となるべきであるのだが，実際には公設研究機関は存続してきた。必然，その役割の変容が求められてきた。その方向の一つが地域中小企業の研究開発支援機関としての役割であった。

　では，実際に公設研究機関がこうした役割を現実に担いうるのか。そうでないとすれば，どこに制度上の問題点があるのか。また，こうした問題点を取り除くにはどのような政策課題があるのか。これについては序章でふれた政策のそれぞれの段階において適切な人材配置が行われているかが大きな鍵を握っている。とりわけ，中小企業政策のなかで技術政策は専門性が高いゆえに，従来の事務系職員の年功的人事配置では大きな成果を産み得ない。つぎのような政策における人事配置が必要である[1]。

１）政策立案段階——各地域の産業集積の特質に連動しつつ，個別企業間のネットワーク効果によって技術開発力の潜在性の高い部門に造詣の深い研究経験あるいは技術移転実務を経験して博士号など専門学位をもつ人材による政策立案が重要である。地方自治体のこのレベルの意思決定のインナーサークルには，いろいろな部門の事務を担当した事務系職員が年功的

に人事配置されており，これは過去のわたしの経験からしても早急に変革すべきである。
2）政策監督段階——効率的な技術政策には，モニタリング機能が重要である。この評価にも専門的な知識と経験をもった人材配置が必要である。また，地方自治体内部での人材登用が困難であれば，きちんとしたルールの下で外部人材の活用が重要である。とりわけ，技術進歩は急速であり，終身雇用制度をとっている現在の公務員制度では多様化する，学際化する分野での専門家養成は困難であり，こうした外部人材資源の活用は必要である。このためには，1）での段階での外部人材資源の活用のための制度づくりもまた技術政策の大きな柱となってくる。
3）政策実行段階——地方自治体の研究機関では，専門家がこの役割を担っている。ただし，ここでも技術の進歩により大学の若手研究者，あるいは企業でのベテラン開発者など外部資源の活用が不可欠となっており，研究機関によってすでにこうした制度が活用されている。今後，こうした制度の充実が重要になっている。

第4節　技術政策と産学官連携

　一国の製造業における競争力は幾つかの段階の競争力の総和においてあらわされる。第2章でも指摘したように，まず，第一段階は「何をつくるか」である。これは基礎研究あるいはこの上に立脚した応用・開発研究における競争力である。概念用語としては研究・開発競争力と表現することが可能である。第二段階は「それをどのようにしてつくるか」である。これは製造技術力であり，非価格競争力と表現することが可能である。
　これらは最終的には個別経営主体である企業において担われる。とはいえ，その基礎原理あるいは応用原理において，そのすべてが企業内で発見あるいは開発されるわけではない。むしろ，その原初的な原理や実用化への応用原理はしばしば大学などの学術研究機関や公設研究機関などにおいて確立される。この場合，発見あるいは開発と具体的な製品やサービスというかたちでの事業化の間にはさまざまな事業活動が展開される。その一つは開発者が大学などから

自らスピンアウトして事業を展開するケースである。もう一つは，開発者あるいは開発機関が特許を取得し，そのライセンシングというかたちで企業などの外部組織に事業化が委ねられるケースである。
　いずれにせよ，技術の事業化などは既述の公設研究機関や大学と企業との間にある種のマッチングシステムが形成されてはじめて可能性が高まる。こうしたマッチングシステムには①非機関的な狭い範囲での人的関係である場合，②以下に検討する技術移転機関（TLO, Technology Licensing Organization）を通じての機関的かつ公式的な場合がある。小論では後者のケースをとりあげ，大学保有技術の移転にかかわる問題の所在を検討するとともに，その解決のための政策的課題を探りたい。
　わが国の研究開発力を強化・促進するには，適切な科学技術政策の立案・実行の必要性が強く意識されてきた。この一環として「総合科学技術会議」が平成13［2001］年1月に組織された。参画者は議長を内閣総理大臣として，内閣官房長官，科学技術政策担当大臣，総務大臣，財務大臣，文部科学大臣，経済産業大臣，日本学術会議会長，ノーベル賞受賞者，企業人，議員などである。同会議は同年3月末に第2期「科学技術基本計画」を政府に提出，閣議決定を受けている。この内容はつぎのおよそ6項目である。①世界最高水準の科学技術創造立国の実現，②政府研究開発投資の拡充，③世界最高水準の科学技術の実現（ノーベル賞受賞者の増加），④科学技術の戦略的重点化―ライフサイエンス，情報通信，環境，ナノテクノロジー，材料と基礎研究重視，⑤競争原理の促進―競争的研究資金を5年で倍増，⑥産学官連携の強化と地域の科学技術振興。
　これを政府予算でみても，一般歳出が削減されるなかで，科学技術関係経費の増額が目立っている。とくに，このなかでも科学技術振興費の増額が突出している。ここでは大学等の研究機関での研究開発力の強化とともに，その研究成果を産業界へいかに移転させるかに政策の重点が置かれている。この政策目的の達成を阻害している日本の大学，とりわけ，国立大学がもつ科学技術研究体制の問題点がつぎのように指摘される[2]。1）非弾力的な研究体制，2）個人的関係中心，3）企業との結びつきを問題視（高い敷居・低い評価）する土壌[3]，4）大学も教官も外部資金獲得に努力するインセンティブの欠如，5）講座制の下での教授支配のピラミッド構造。他方，私立大学については，自然

科学系の研究体制そのものの脆弱性が指摘され，国立大学と対等な競争に立てない構造的な問題が指摘される。

こうした大学の現状に対する政策として提示されているのは，いわゆる産学官連携の促進である[4]。この方向についてはつぎのように大別整理できよう。

① 大学など学術・研究機関の研究機能強化——大学間の競争原理の導入による産学官連携の強化。

② 国立大学改革の推進——産学官連携を促進するための国立大学の独立行政法人化。

③ 私立大学の潜在的能力の活用——国立大学と対等な競争を促進するための，私立大学への受託研究費の非課税化の実施。

④ 大学発ベンチャーの育成——このための支援体制の整備。

ここでは技術移転する側としての大学のあり方が問われているとともに，活用する側としての企業との間にどのような仕組みをつくるのかが官の重要な役割としてとらえられている。総合科学技術会議が平成13［2001］年8月から11月にかけて「産学官連携の推進に関する制度改革等」についてまとめた『中間報告』（平成13［2001］年11月19日）は，「技術移転に関する明確なルール整備」としてつぎのように整理している[5]。

a）研究開発成果の活用促進——「特許等の知的財産について，大学等の機関管理への転換を進める［引き続き措置］。また，国等からの委託研究の成果につき，日本版バイ・ドール[6]条項の適用を促進する」。

b）知的財産の帰属・権利化など——「各大学等において，研究用材料，試作品，リサーチツールなど有形の研究資産を含む知的財産の帰属・権利化・ロイヤルティ配分等に関し具体的なルールを策定し，取扱いの明確化を図る。このため，各大学等に通じる最小限度必要な共通の考え方について検討する」。

c）学内で生まれた新技術の権利化の促進——「大学における本人発表を新規性喪失の例外とすることを明確にすること，並びに論文をベースとした特許出願を容易化するための環境整備を行う」「新規性のある研究成果の論文発表に際しては，予め特許等の出願に努めるよう特に配慮することが必要である」。

第 6 図　技術移転機関（TLO）の機能

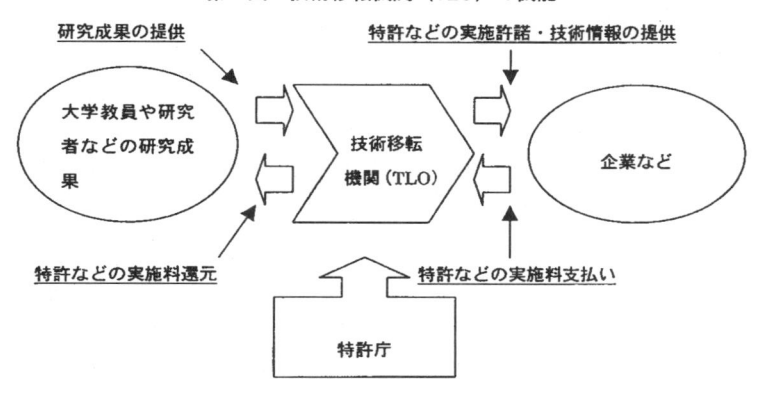

研究成果の提供　　　　　　特許などの実施許諾・技術情報の提供

大学教員や研究者などの研究成果　→　技術移転機関（TLO）　→　企業など

特許などの実施料還元　　　　　特許などの実施料支払い

特許庁

d）TLO——「TLO の設置促進を図る。また，大学等の産学官セクションは，共同研究の内容等の専門的交渉にあたり TLO の積極的活用を図る」。

　ここでも産学連携促進政策の実現において，大学の保有する研究成果などを移転する技術移転機関（TLO）の役割が重要視されている。この TLO は産業における競争力を強化することを念頭においた産学官連携政策の一つのモデルを形成する。この政策の特徴は基礎技術の研究における民間企業のリスク軽減を図り[7]，大学のもつ基礎技術の応用性を民間企業によって高めつつ，それを産業発展に結びつけ，さらに大学における研究開発資金の確保を TLO を媒介として同時に成立させようという点にある。この仕組みは単純化すれば第 6 図のようになる。

　TLO は大学など研究機関の保有する研究成果とこれを利用し事業化の可能性を探ろうとする企業との間に立ち，そのマッチングの役割を担う。具体的には，TLO は大学やそこに属する教員などが開発した技術などを特許化して，その許諾権を企業に斡旋し，そのライセンシング収入などを大学や研究者個人に還元する。具体的な手順としてはつぎのようなものが平均的である。

(A)　発明（＝研究成果）の特許権化についての相談——大学教員からの連絡，あるいは定期的に開催される相談会によって研究成果の特許権化の可能性に関するシーズの確認。

(B)　発明提案書の提出——大学教員からの正式な発明提案書の提出である。

(C) TLO の技術評価——技術優位性（＝新規性），特許性（＝有用性），市場性（＝製品化）の観点からの分析と評価。特許出願すべきかどうかの決定と申込者への通知。
(D) 特許の出願——特許請求範囲についての申請者との相談と弁理士事務所への依頼。特許出願，権利化，権利維持に要する費用についての TLO 負担。特許を受ける権利の譲渡契約締結と発明者，TLO，大学などとの持分割合の確認。
(E) 市場調査——出願特許のライセンシングのための市場調査。製品化に興味をもつ企業の発掘。
(F) ライセンス契約の締結——当該特許による製品化を行う企業との間にライセンス契約を締結。一時金やロイヤルティについては TLO 経費を控除した収入を発明者，大学へ還元。

　こうした新規の出願特許だけでなく，すでに保有している特許についても手順は基本的に同様な過程をへる。この場合，各 TLO はホームページに保有特許に関する情報を掲載し，会員（パスワードで閲覧可能）あるいは非会員（この場合は許可を求める必要がある）がアクセスできることになっている。実際にライセンス契約を締結するまえに，現実の製品化（＝事業化）が可能かどうか一定期間の検討が必要である場合，オプション契約が結ばれる。この場合，オプション一時金が徴収され，特許の独占実施権を盛り込んだオプション期間中については他社へのライセンス活動は差し控えられるの通常である。製品化が困難であると判断されれば，オプション契約後は他社へのライセンス市場調査が開始される。なお，後述のように，ライセンス契約の促進的措置として，特許提供者である大学教員と企業との事業化を目的とする共同研究の仲介もまた TLO の業務でもある。

　具体的に関西 TLO のケースでみておこう[8]。同組織は平成10［1998］年8月の「大学等における技術に関する研究成果の民間事業者への移転の促進に関する法律」（いわゆる「大学等技術移転促進法」）の施行によって同年12月に設立された。この法律の主旨は第1条につぎのようにある。

　「大学，高等専門学校，大学共同利用機関及び国の試験研究機関における技術に関する研究成果の民間事業者への移転の促進を図るための措置を講ず

ることにより，新たな事業分野の開拓及び産業の技術の向上並びに大学，高等専門学校，大学共同利用機関における研究活動の活性化を図り，もって我が国産業構造の転換の円滑化，国民経済の健全な発展及び学術の進展に寄与すること」。

関西TLOの出資者は京都リサーチ株式会社（大阪ガス）と学校法人立命館大学のほか，京都大学の教員や大阪中小企業投資育成会社であった。関西TLOは産学間の技術移転をより円滑に進めるために会員制の「関西TLO技術情報クラブ」を設けている。このクラブへの参加企業会員の所在地域は大阪府と京都府を中心として，その近隣県である兵庫県，滋賀県，奈良県，和歌山県のほかに，愛知県，三重県といった中部地域，東京都，神奈川県，茨城県，埼玉県というような関東地域，岡山県，徳島県，長野県にも散在する。ただし，この中心は関西圏である。大学に所属する会員は，京都所在の理工・医薬系学部をもつ大学，大阪大学など大阪所在の大学，滋賀県所在の大学，兵庫県所在の大学，奈良県や和歌山県における大学などの教員のほか，上述の企業会員の所在地にある大学も含む。関西TLO技術情報クラブの狙いと活動はつぎのようになっている。

(ア) 研究成果の権利化支援——大学に属する研究者が個人として研究成果を特許申請するには金銭的，事務的に困難なこともあり，代わって特許の出願・維持管理を行う。

(イ) 研究成果の活用支援——「関西TLO技術情報クラブ」会員などへ技術情報を流し，研究成果の活用を促進することが図られている。

(ウ) 研究活動支援——公的資金や企業の支援が必要な場合に，情報提供はそのコーディネートが図られる。

(エ) 特許情報の優先開示——会員は出願後2週間以内の特許情報を提供され，3か月間の優先開示サービスが受けられる。

(オ) 研究情報などの提供・研究斡旋——会員相互の研究情報のマッチングを通じて新規事業の創出・新製品開発ニーズを高める。

(カ) 講演会などの開催——原則として月2回の講演会などを開催。

このなかで重要であるのは(ア)から(オ)である。この仕組みでは，大学（組織および個人）の保有技術を特許というかたちで外部化および権利化を行い，この

出願特許の内容を2週間以内に優先的に会員に提示する（会員企業以外にはこれ以降に情報開示）。これに呼応した会員からの詳細情報の請求があれば，特許証明書の写し（無料），必要に応じ秘密保持契約が結ばれた上での有料のノウハウ提供が行われる。ここでマッチングが成功すれば，オプション契約あるいは実施契約の可否について調整がすすめられる。これは詳細情報開示から3か月以内となっている。契約ということになれば，製品の可能性を試作・試験研究によって判断される場合の契約期間6か月以内のオプション契約として，あるいは，ライセンス契約が選択される。契約が成立しなければ，会員企業以外への契約促進が図られる。ただし，特許の会員への先行的開示期間などについてはTLOにより異なる。

　関西TLOも他のTLOと同様に設立から5年間は国からの補助金を受けることができる。このほかにも，自ら資金調達を行うときには国の債務保証を受けることができる。また，特許に関する人材については，日本テクノマートから特許流通アドバイザーの派遣サービス，国から譲渡される特許に関しては特許料の免除などの支援措置も用意されている[9]。

　もう一つの事例としてTLOひょうごの活動状況をみておこう。同TLOは平成12［2000］年3月に㈶新産業創造研究機構（NIRO，平成9［1997］年設立）の一組織として開設され，翌月に承認TLOとなっている。NIROの設置母体は兵庫県，神戸市，地元の民間企業となっている。NIROはTLOのほかに，受託研究などを受け持つ研究組織，大学や研究機関と企業あるいは民間相互の技術移転および民間企業の共同研究を促進する技術移転センター（TTC，平成10［1998］年）の組織をもつ。TTCは特に地元中堅・中小企業への技術移転および技術移転後のライセンシー企業での事業化過程での技術支援を行う役割をもつ。他方，TLOひょうごの役割はいうまでもなく大学教員の研究成果を特許権化し，企業での製品開発などにつなげることにある。研究者会員は550名（平成14［2002］年1月末現在）であり，地元の神戸大学，姫路工業大学，神戸商船大学，兵庫医科大学などの国公立大学，高専，私立大学にくわえ，大阪大学などの教員も参加している。企業会員は207社である。TLOひょうごの場合は，関西TLOと異なり有料会員制度をとってはいない。特許アドバイザーについては非常勤106名を抱えている。

TLO ひょうごの技術移転実績（平成14［2002］年1月末）では，大学教員などからの発明提案数は149件のうち，新規性・進歩性・有用性に加え市場性をもつであろうと判断され，特許出願されたのは61件，出願検討中が19件となっている。実際にライセンス契約に至ったのは12件（11分野の技術，24社）となっている。ライセンス契約が6件，共同研究・技術指導が3件，ベンチャー創設支援が4件と報告されている。なお，現在，関西TLOやTLOひょうごのような組織は26機関を数えるが，今後も増加するものと思われる。

　以上のような機能を果たすことが求められているTLOの母体が大学であることにはつぎの二つの理由がある。一つめはわが国の科学技術研究費の配分において，大学が一定割合を占めること[10]。二つめは研究従事者においても大学が一定割合を占めていることである。大学が母体であるといっても，設立形態にはいくつかある。株式会社形式，有限会社形式，あるいは同窓会組織や地元関係機関の出資による財団法人形式などがある。参加大学方式では単独設立形式のほかに複数の大学による複数設立形式がある。設立時の資金については，既述のように当初の5年間は補助金を受けているTLOの場合には，これ以降はロイヤルティー収入などによって独立採算を迫られる。したがって，安定収入確保のために多くのTLOでは会員組織をつくり，関西TLOの場合に紹介したように会員に特許出願前の優先的開示を行うことで会員獲得を行っている。会費については各TLOで異なっている。なお，「大学等における技術に関する研究成果の民間事業者への移転の促進に関する法律」によるTLOとは別に組織されている機関もある。設置主体は大学，いわゆる第三セクター（地方自治体，商工会議所，民間企業），大学での教員有志などである。

　通常，技術移転というのはどのように行われるのであろうか。これは技術を保有する個々の経済主体あるいは大学のような学術機関の技術水準そのものによって規定される。たとえば，第7図に示したように，個別経営主体（＝民間企業）が保有する技術水準が高く，事業化に要する資本が十分にあり，また，事業化に必要とされる人的資源が豊富であれば，研究開発成果の事業化は単独で行うことが可能である。この場合には，排他的あるいは独占的な事業化は必然大きな利益をもたらす。この場合は，個別経営主体における外部からの技術移転を受け入れたり，あるいは技術移転を外部に行う必要性は生じない。これ

第7図　技術移転・事業化・移転形態

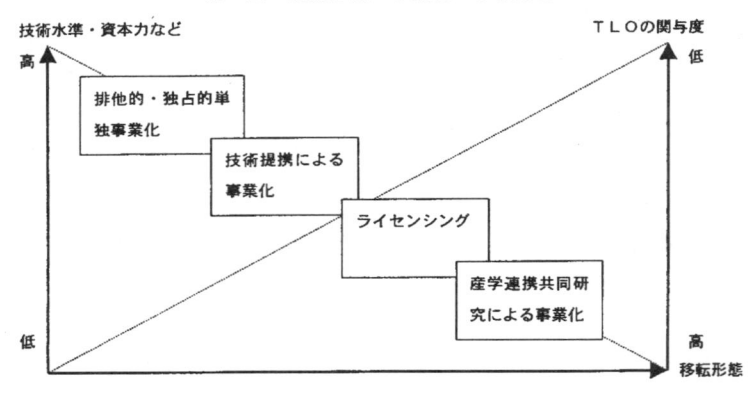

[図：縦軸左「技術水準・資本力など 高/低」、縦軸右「TLOの関与度 低/高」、横軸「移転形態」。上から順に「排他的・独占的単独事業化」「技術提携による事業化」「ライセンシング」「産学連携共同研究による事業化」が階段状に配置されている]

に対して，特定技術においてきわめて高度な研究開発成果を有しているが，それ単独で事業化に結びつけることが困難な場合，外部経営主体のもつ関連技術との組合せが必要となる。この場合は互いの優位性をもつ技術を核とする技術提携関係が生じることとなる。この場合，事業化を前提とする技術移転形態は技術提携となる可能性がある。

つぎに考えられるのはライセンシングである。たとえば，これは単に民間企業だけでなく，大学等の研究機関もその役割を担う。大学の保有する技術は既述のTLOを通して外部の個別経営主体へ移転される。他方，個別経営主体が保有する技術をライセンシングによって外部移転するにはいくつかの理由が考えられる。一つは現実に事業化するための資本や人材など経営資源において制約がある場合である。二つめはすでに確立された技術であり自らが事業化しているものの，たとえば，国外市場において技術移転することが経営戦略上で有利な展開が期待できる場合などである。

また，第7図で技術移転の最後の形態として掲げた産学連携研究による事業化は，厳密には技術移転とは必ずしも明確に定義できないものの，複数の個別経営主体あるいは学術機関などが参加する産学連携共同研究によって，将来，研究開発成果が期待できる場合である。これをTLOとの関係でみると，第7図の右端に示した縦軸となる。この縦軸において最上部に位置する排他的あるいは独占的な技術ではTLOの関与の可能性が極めて少ないことになる。反面，

技術提携,ライセンシング,産学連携共同研究などにおいてTLOの関与度,とりわけ,そのマッチング機能が高くなっていくことが考えられる。

　ただし,第7図で示したライセンシングなどがTLOを通じて促進されるには幾つかの前提が整備されている必要があろう。その一つは技術移転の前提となる市場の存在である。他方,需要面である企業の存在と供給側である大学などの研究機関の存在である。これには量的充足性と質的充足性がある。TLOが立地する地域に企業が数多く存在していても,大学保有の技術を事業化しうる技術力を確保している企業の数が少なければそこには大きな制約性がある。また,これに資金を提供する投資機関や,研究開発にかかわるさまざまな関連企業の集積度が低位であれば,技術移転が容易に促進されないこととなる。他方,供給側である大学や研究機関も同じような問題を抱える。もし集積度が少なければ特定技術に特化した高度な研究機関の存在がなければ,研究機関が多く立地し集積の利益が生じている都市地域とはポテンシャル格差があり,やはり技術移転上の制約がそこに生じる。

　このため,こうした技術移転市場における需給ギャップ,なかんずく,需要過少を補うために「大学発ベンチャーの創出」が政策課題として掲げられてきた。たとえば,政府の産業構造改革・雇用対策本部が平成13 [2001] 年9月20日に決定した大学発ベンチャー創出計画では,向こう3年間の目標が1,000社であるとされている。つまり,大学の研究成果や保有技術を移転する企業とのマッチングがうまくいかない場合は,TLOを媒介としつつ,大学の研究者などの起業を促進しようというわけである。こうした大学発ベンチャーを「孵化」する施設,いわゆる「インキュベータ」が各地域に設けられている。

　インキュベータ施設は1990年以前には多くなかったが,1990年代に入り増加し始め,2000年に入って急増していることが理解できる。特に公的設置インキュベータの増加が顕著である。公的設置のうち,都道府県が約半数,残りのほぼ同数が市町村およびいわゆる第三セクターによるものである。地域別では東京都や神奈川県を含む南関東,大阪府や京都府を中心とする近畿,九州,中国,東海,東北となっている。興味があるのは,名古屋を中心とする東海地域の大学の登録特許数は割合と多いにもかかわらず,インキュベータ数は東海地域には必ずしも多くはないことである。いずれにせよ,第4節の第6図で示し

第8図　TLOとその周辺拡張機能

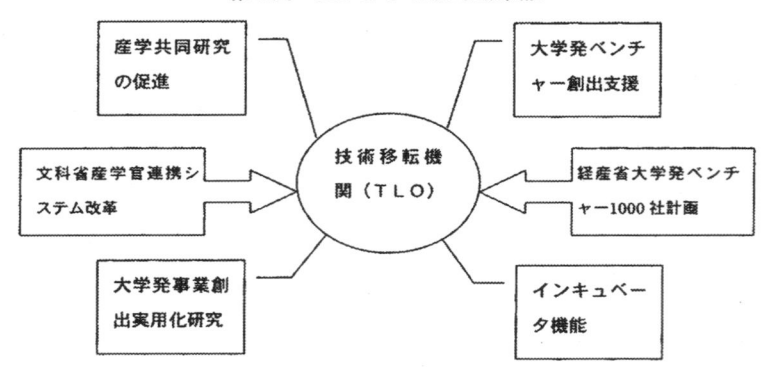

```
産学共同研究               大学発ベンチ
の促進                    ャー創出支援

文科省産学官連携シ    技術移転機関    経産省大学発ベンチ
ステム改革           （ＴＬＯ）      ャー1000社計画

大学発事業創              インキュベー
出実用化研究              タ機能
```

たように，TLO は大学など研究機関と企業との間に立ち双方のシーズとニーズのマッチングを行い，その事業化を促進することが求められているだけでなく，大学での事業化を意識した研究開発の促進，そこでの産学の共同研究の推進，さらには大学発ベンチャー企業の創出への働きかけ，さらにはこうしたベンチャー企業のインキュベーション機能まで，その機能の拡張がもとめられているといってよい。

　大学のもつ研究成果の外部化は日本のみならず，各国でも産業政策の大きな柱の一つと見なされつつある。この見える象徴は大学の周辺あるいは産業集積地域に建てられたいかにもハイテクをイメージさせたリサーチセンターなどの建物群である。とはいえ，こうしたいわゆる箱ものの整備が，産学官の技術移転を自生的あるいは内発的におしすすめるものではない。これには研究者という人的資源を中心として，その研究成果を事業化させる企業群とのマッチングが重要な鍵をにぎることはすでに述べたとおりである。さらに事業化においては，マッチングを支える投資家(機関投資家あるいは個人投資家)が結びついてはじめてハイテク促進の効果をもちうる。

　この仕組み（第8図）において，産（＝民間企業）・学（＝大学など）・官（＝政府）の密接な協力なくして，ハイテク政策は画餅となることは自明である。ハイテク政策がしばしば産学官連携推進政策と称される由縁である。こうしたハイテク政策の推進者は官においては文部科学省であり，経済産業省である。学

においては官の大学である。産においてはTLOなどへの出向人材は，現状において大企業中心である。こうした産学官連携においては，その参画主体である文部科学省や経済産業省など政府内の政策主体のあり方がまずは問われなければならない。つまり，官官連携の効率的運営性が本当に可能であろうか。いうまでもなく，従来の縦割り行政とさまざまな政策予算面における重複性が克服されなければならない。また，産官とはいいながら，それは政府の補助金などと特定企業との既存の結びつきが優先されてはいないだろうか。これはハイテク振興補助金などにおける学官の従来の結びつきにかかわりなく，必要な予算が必要な人材と機関に流れているだろうか。

要するに，産学官連携と技術移転の問題はTLOの仕組みやその効率的運営にかかわる領域でなく，その背後にある産学官のなかでのわが国のつぎの仕組みが根本的に改善されなければならない。

① 官官関係──縦割り行政とハイテク振興策の効率的運営問題。官官（たとえば，政府機関間，政府機関と政府系機関との間，あるいは政府系機関間）の連携推進問題。
② 官学関係──既存の予算配分システムとハイテク振興システムとの関係。
③ 産学関係(1)──従来型の産学共同研究システムとハイテク振興システムとの関係。
④ 産学関係(2)──従来型の補助金など利権システムとハイテク振興システムとの関係。

こうした諸関係の中で，従来，中小企業との連携や接触が比較的少なかった大学よりは，人的ネットワークや中小企業のニーズにあった研究開発成果をもつ地方公設研究機関の役割が見直される必要がある。また，地方の政策立案あるいは政策監督の段階において技術のわかる人材（民間出身者を含め）の適材適所配置が最重要課題である。

1） わたし自身の経験と知見からこの課題を分析しているが，米国のコールマンが日本のバイオ関係研究機関を中心に調査した結果もまた日本での専門家が大きな意思決定の場を与えられている現状を示唆している。コールマンは大阪市が中心となって設立した大阪バイオサイエンス研究所（OBI）についてつぎのように述べる。①「同じ職場で働くOBI研究員と科学のしろうとである管理職の間にはいさかいが絶えなかった。

……管理スタッフは多くの分野を総合的に管理する大組織から，科学への関心も基礎研究管理に必要な技術や知識もまったく考慮しないトップの指示で派遣されていた。……研究員のニーズをよく知らず，また知ろうともしなければ，彼らの要求が理にかなったものかどうかを判断することはできない。」②「OBIの状況は，複数の役割を持つ機関から，トップの命令で，短期間だけしろうとが送りこまれるという，中央の省の問題だらけの研究管理パターンそのものだった。博士号保持者が研究費の配分を管理するアメリカとは対照的に，日本の省庁の研究管理者はほとんどがしろうとである。最も信じ難いのは文部省が基礎研究の諸問題に対して独自のノウハウを持っていないことで，専門家も採用せず，実地研修・教育を行う気もないようだ。文部省のスタッフには博士号保持者はほとんどいないので，研究の経験をもたない人々が大学の研究者を管理することになる。むろん管理者が博士だからといっても必ずしも意欲ある研究者のニーズに応えられるとは限らないが，同じ研究のフラストレーションと喜びを経験した者として，研究者がこまごま説明しなくても彼らのニーズと問題を理解し，彼らの目標を自分の目標としてとらえることのできる可能性は高まるだろう。」③「OBIのある部長も中西（コロンビア大学センテニアル教授―引用者注）と同じ不満を訴えていた。省から派遣されてきた新人は開口一番よくこんなことを言う。『私は研究の「け」の字も知らないのです。どうかご理解を』。正直なのは結構だが，思わず聞きたくなる。『じゃあなぜ勉強しないんですか。……文部省がこうした批判を聞いたら，必要に応じて大学教員の科学官と審議会員から専門的アドバイスを受けていると反論するだろう。だがその程度ではとても満足とは言えない』。サミュエル・コールマン（岩舘葉子訳）『検証，なぜ日本の科学者は報われないのか』総合出版，2002年，200〜201頁，208，211頁，212頁。日本と米国では博士号や博士号取得者に対する社会的価値観あるいは雇用条件などの相違があり，コールマンの指摘をそのまま受け入れ難い点もあるが，その指摘のかなりの部分は，日本の中央政府の技術政策に内在する構造的問題であると同時に，地方自治体の技術政策にも色濃く反映している問題である。こうした問題は，わたしが行った地方自治体の研究機関の研究者を対象に実施した種々のインタビュー調査でも確認できた。

2）尾身幸次（科学技術政策担当大臣）「科学技術創造立国を目指して―産学官連携の飛躍的推進―」（中国地方産学官連携サミット資料），平成14年2月2日。
3）このため，日本企業が国内大学に提供していた研究資金の国外流出が問題視される。たとえば，日本の民間企業からの国内大学への研究資金提供は1990年の1,064億円から978億円に減額した。反面，国外大学へは同期間で681億円から1,562億円と増額されたことが紹介されている。同上。
4）注2）での広島で開催された中国地方産学官連携サミットで井村裕夫（総合科学技術会議メンバー，元京都大学総長）はわが国において産学官が進展しなかった理由をつぎのように指摘している。大学側―教員の低い関心（論文重視），連携のための組織の不備（個人から組織への必要性），公務員制度の障壁。企業側―自前開発主義，大学の研究を見極める努力の不足，博士号所得者の未活用。大学と企業のインターフェース上の問題―ベンチャー，インキュベータが少ないこと，産学官を連携させる人材不足。では，どのようにこうした問題点を解決すべきなのか。同氏はつぎのように産学

官連携を機能させるための方策を提示する。大学側—人事・処遇の弾力化，連携推進のマネジメント強化，知的所有権改革。企業側—大学との人材交流，委託研究制度活用による十分な研究費支援，迅速な交渉・契約の体制の構築。大学と企業のインターフェース—ベンチャーのスタートアップ支援，TLO の設置。インキュベータ育成，政府・自治体—マッチングファンドの拡充，私立大学の研究開発機能の支援。同上。

5） 総合科学技術会議・産学官連携プロジェクト『中間まとめ』平成13年11月19日，10頁。また，技術移転とは別に，技術指導についての兼業ルールにも言及されている。参考までに紹介しておく。「大学等と企業の間の契約に基づく共同研究等による連携のみならず，大学等の研究者個人が機関の外で自らの知見に基づき企業に対して技術指導を行うことも産学官連携の推進に向けて重要な手法である。このため，米国の大学における『勤務時間の20％の範囲内であれば，利益相反のおそれがない限り兼業が可能』とする取扱いを参考に，企業コンサルティング等に従事する場合の勤務時間や兼業に関する基準の明確化を含めた規制緩和を行う。また，兼業時間数・報酬などについて，規制を行っている大学においては，その規制を抜本的に緩和する方向で見直す。さらに公立大学についても，これらの趣旨を踏まえて所要の措置を図る［今年度中に結論］」。同，9～10頁。

6） バイドール法（Bayh-Dole Act of 1980）とは改正「米国特許商標法」のことで，この狙いは①連邦資金による研究成果の外部利用促進，②連邦資金による開発等への中小企業の参加促進，③大学と民間企業等との連携促進などである。なお，バイドール法の日本版とは「大学等における技術に関する研究成果の民間事業者への移転の促進に関する法律」（1998年4月）のことである。

7） なお，東北大学関係者が中心となってまとめた『東北地域における大学等からの技術移転促進に関する調査報告書』（東北通産局，1999年）は米国における大学からの技術移転の最近の特徴についてつぎのように指摘している。「企業にとっては，自社で膨大な研究開発投資を行うよりは，大学が『政府資金』により開発した『研究成果』のみを『特許等』として『つまみ食い』するほうがはるかにリスク低減効果がある。しかも，特許等の実施権は，バイドール法以前とは異なり，大学との契約で合意に達すれば『独占的実施権』を獲得することも可能となった。また，『政府資金』の出所の半分以上は『国立衛生研究所（NIH）』からであり，医学部を抱えている大学ほど NIH から『研究資金』を獲得しやすいわけであるから『目白押し』で出てくることとなった。このように，米国の技術移転は，連邦政府機関の資金に支えられた『バイオ』中心の構造であることが大きな特徴となっている」。なお，連邦政府による資金負担に関しては，この NIH のほかに全米科学財団(NSF)，国防総省(DOD)の3機関で全体の80％を占めるとされる。同報告書，13頁。

8） 個別 TLO のケーススタディーに関しては，特に出典に言及していない場合，会社概要パンフレット，同ホームページ（ウェブサイト）上の情報による。

9） 日本テクノマートは1985年に財団法人として設立された。この目的は「技術情報を総合的に収集管理し，かつ提供することによって，地域間，業種間および企業間の技術交流を促進することにより，技術格差の是正及び技術基盤の拡充を図り，もって我が国の健全な発展に寄与する」ことにあり，具体的には大企業から中小企業への技術

移転の仲介の場として機能することがその役割である。ここで地域間というのは主として東京本社の大企業から地方の企業への技術移転が想定されていた。日本テクノマートでの技術移転の仕組みは，技術情報を売りたい企業と買いたい企業を結びつけるためにオンライン検索・閲覧システムの運営にある。この有資格賛助会員の会員登録費用は決して安くはない。このため会員登録企業はそう多くなく，したがって技術移転の制約件数も決して多いものではない。なお，特許流通アドバイザーは，以前においては特許庁から，現在は工業所有権総合情報館から委託を受けて日本テクノマートが採用・研修を行い，各地の経済産業局特許室，知的所有センター，大学などのTLOなどに派遣されている。この役割は地域企業への特許についての普及・啓発に関わる講習，巡回指導，特許データベースへの登録勧誘，特許データベースへの登録案件の選定，登録情報リスト作成の指導などである。

10) 経済産業省産業構造審議会産業技術分科会産学連携推進小委員会『中間報告』（平成13年7月31日）で紹介されている数字によれば，大学所属研究者はわが国全体の約3分の1，大学の研究費は全体の約5分の1を占めるとされる（同数字はOECD, The Knowledge-based Economy, 1996からの引用数字）。

補　論　産学官連携の国際比較

　本章でもすでに述べたように，中国を中心とするアジア諸国の世界の工場化，あるいは東西冷戦の終結と中東欧圏諸国の市場経済体制への移行による欧州諸国との生産リンケージの形成によって，先進諸国の産業構造の転換が大きな政策課題となってきた。産業のもつ国際競争力のあり方によって，各国において停滞あるいは衰退分野が明確になり，その国の労働コストに見合った産業分野の育成が重要な課題となってきた。こうしたなかで，1990年代の東西冷戦，とくにソ連の崩壊とバブル経済の影響を大きく蒙ったフィンランドは，財政赤字と高失業率に苦しんだ。しかしながら，1990年代半ばにはフィンランド経済は大きく立直り，その産業構造を変化させてきた。

　とりわけ，目立つのはハイテク企業あるいはハイテク小企業の登場とこれを促進させた技術政策の「効率性」であった。とくに，フィンランドにおける産学官連携と技術政策の関係は注目される。以下では，その概要を紹介しておく[1]。

　フィンランドの技術政策の立案は技術庁であり，技術庁は貿易産業省や大学を所管する教育省や科学アカデミーと連携をとりつつ，産学官を結びつける研究プロジェクト資金を配分する。実際の戦略的技術開発を担うのは研究開発センターであり，その翼下に部門別の研究機関が位置する。こうした研究機関は大学に近接立地するサイエンスパークに立地し，さらにそこにはインキュベータ，技術移転機関（TLO），研究開発支援機関が入居する。

　これらの研究開発振興諸機関が近接立地することで，具体的な成果が効率よく生み出されるかどうかは別の問題である。ハイテクイメージに合致する建物が大学近辺に点在しても，それが面を形成するとは限らない。産学官というメインシステムは，日本のみならず，フィンランドやスウェーデンなど北欧諸国，ドイツやイギリスなど欧州諸国，そして米国やアジア諸国でも存在する。しかしながら，イノベーションクラスターというメインシステムは，実はこれを担うあらゆる人材の流動化を促がすサブシステムによる制御を必要としている。

　この点における日本とフィンランドの彼我の相違ということでは，つぎの側

面に着目しておく必要がある。フィンランドは米国ほどの流動化の激しいハイテク人材の労働市場をもたないまでも，日本のように流動化の極端に低い労働市場ではないこと。そして，フィンランドは小国(人口520万人)であり，このことは優秀な人材のリーダーシップとそのネットワークの梃の動きが大きいことを示唆する。すこし敷衍しておくと，日本でも，現在，大学発あるいはその保有する技術の移転機関としてTLOなどが組織されている。これにはいろいろな設立形態があるが，展開例の一つは地元有名大学の名誉教授，あるいは電力など公益事業の元トップなどが就く。その周辺には関係官庁から出向組みあるいは退職者が配置され，サークルが形成される。そして，ネットワークの強化という点から，公設研究機関や周辺に立地する大学などとの連携が形式的に図られる。また，自治体のベンチャー基金が設けられる。

　他方，フィンランドの場合には，こうしたハードを動かす人材において日本のような人材配置は一般的ではないであろう。こうした日本型組織のトップは1つの企業や組織に長期間勤めた地元や業界の人たちであり，既存組織そのものを象徴する。イノベーションはしばしばむしろこうした既存秩序とは相容れない，ある意味でラジカルなものである。日本の大企業経営者は「われわれは活発なベンチャー企業の出現を望む」という。だが，ベンチャー企業は成功するほど，それは大企業がいままで享受してきた種々の既存秩序を容赦なく破壊していく存在にもなる可能性があるし，またそうでなければイノベーションの役割も限られる。

　こうしたベンチャーを輩出させる可能性をもつクラスターの鍵を握るのは，自らの業界しか知らない安定した地位にあった人たちでははなく，自ら産学官の分野を経験した人材であろう。むろん，フィンランドでもこの3つの分野を経験した人材は多くないであろう。とはいえ，産学あるいは産官の経験者は実に豊富である。フィンランド技術庁でも民間へ転出，あるいは民間から転入する専門家は一定割合いるし，また，技術開発センターでも同様である。

　ただし，労働市場の流動性の高まったのは1990年代であった。それは1990年代前半の著しいフィンランド経済の停滞・低迷・不況が一挙に失業率を押し上げ，高止まりさせた。しかしながら，ノキアを中心とする携帯電話における急成長企業の登場がフィンランド経済に活況を与え，多くの雇用を生み出した。

とはいえ，フィンランド政府はノキアなどへの過度の依存を回避するため，情報通信だけでなく医薬，バイオ，環境技術などの分野でも技術開発の産学連携を進展させるための積極的な予算配分を行ってきている。こうしたハイテク分野での雇用が創出される他方で，フィンランドの労働市場のあり方そのものが大きく変化してきた。それは正規雇用が縮小しつつ，非正規雇用の比重が増してきたことである。こうしたなかで長期雇用の役割と意義は大きく変化し，優秀な人材は企業間，産官学間を横断するようになり，また，多くの分野で短期的な雇用形態が目立つようになった。

このようにフィンランドの研究開発政策においては，ネットワーク形成の密度の深まりが大きな鍵を握り，研究開発予算の適材適所に基づく配分には，これを担いうる産学官を経験した人材の流動化こそがその成功要因の大きな部分を占めてきた。

1) ここで詳細に紹介する紙幅はない。くわしくはつぎの拙稿を参照のこと。寺岡寛「フィンランドのハイテク中小企業政策」『中小企業研究』(中京大学・中小企業研究所)第22号，2000年，同「フィンランドのハイテク政策―産官学協力体制をめぐって―」『中小企業研究』第23号，2001年，同「フィンランドの地域経済とイノベーション―技術政策と産学官連携をめぐって―」『中小企業研究』第24号，2002年，同「フィンランドの中小企業政策―ハイテク振興策を中心に―」『中小企業季報』(大阪経済大学，中小企業・経営研究所) 2000年，No.3，同「フィンランドのハイテク群像―政策は起業家を生み出せるか―」『中小企業季報』2001年，No. 3。

第4章　中小企業政策と助成制度

第1節　中小企業政策と論理

　前章では，中小企業政策の基礎概念，そのわが国における歴史的展開，地域政策との関連における中小企業政策の課題をとらえてきた。ここでわが国の中小企業政策とこれに関わる現行制度の現状をみておく必要がある。

　1990年代は従来の中小企業政策体系の見直しが行われた時期であった。その結果，平成11［1999］年には新「中小企業基本法」の成立をみた。旧「中小企業基本法」にみられた中小企業政策の基本的な考え方を表明した前文はなく，新法はその目的をつぎのように「実務的」に記す。

　　「この法律は，中小企業に関する施策について，その基本理念，基本方針その他の基本となる事項を定めるとともに，国及び地方公共団体の責務等を明らかにすることにより，中小企業に関する施策を総合的に推進し，もつて国民経済の健全な発展および国民生活の向上を図ることを目的とする」（新法第1条）。

　このあとに，新法の「基本理念」が第3条において示される。すなわち，

　　「中小企業については，多様な事業の分野において特色ある事業活動を行い，多様な就業の機会を提供し，個人がその能力を発揮しつつ事業を行う機会を提供することにより我が国の経済の基盤を形成しているものであり，特に，多数の中小企業者が創意工夫を生かして経営の向上を図るための事業活

動を行うことを通じて，新たな産業を創出し，就業の機会を増大させ，市場における競争を促進し，地域における経済の活性化を促進する等我が国経済の活力を維持及び強化に果たすべき重要な使命を有するものであることにかんがみ，独立した中小企業者の自主的な努力が助長されることを旨とし，その経営の革新及び創業が促進され，その経営基盤が強化され，並びに経済的社会的環境の変化への適応が円滑化されることにより，その多様で活力ある成長発展が図られなければならない。」

他方，「基本方針」が第5条において，つぎの4点にわたって示される。

① 「中小企業の経営の革新及び創業の促進並びに創造的な事業活動の促進を図ること。」
② 「中小企業の経営資源の確保の円滑化を図ること，中小企業に関する取引の適正化を図ること等により，中小企業の経営基盤の強化を図ること。」
③ 「経済的社会的環境の変化に即応し，中小企業の経営の安定化を図ること，事業の転換の円滑化を図ること，事業の転換の円滑化を図ることに等により，その変化への適応の円滑化を図ること。」
④ 「中小企業に対する資金の供給の円滑化及び中小企業の自己資本の充実。」

では，こうした新法の基本理念や基本方針に沿って，わが国の中小企業政策はどのような助成体系を構築してきているのか。本章では，助成体系を中心にわが国中小企業政策の現状とその課題を探りたい。

第2節　中小企業政策と制度

現在のわが国の中小企業政策体系を，新法第5条の「基本方針」からさらに整理すると，つぎのようになる。

① 経営の革新及び創業の促進。
② 中小企業の経営基盤強化。
③ 経済的社会的環境の変化への適応の円滑化。
④ 資金供給の円滑化及び自己資本の充実。

ただし，こうした方針とは別に，5番目の点として新法でも旧法と同様に第8条で「小規模企業への配慮」が規定される。すなわち，

「国は，小規模企業者に対して中小企業に関連する施策を講ずるに当っては，経営資源の確保が特に困難であることが多い小規模企業者の事情を踏まえ，小規模企業の経営の発達及び改善に努めるとともに，金融，税制その他の事項について，小規模企業の経営の状況に応じ，必要な考慮を払うものとする。」

以上の5点にわたるわが国の中小企業政策体系は，それぞれの個別立法によってその具体的助成制度を構成する。まず，①の経営革新及び創業の促進については，従来の「中小企業近代化促進法」と「中小企業新分野進出等円滑化法」の後継法ともいうべき「中小企業経営革新支援法」（平成11［1999］年）がその中心立法をなす。「支援法」は第1条でその目的を「経済的環境の変化に即応して中小企業が行う経営革新を支援するための措置を講じ，あわせて経営的環境の著しい変化により著しく影響を受ける中小企業の将来の経営革新に寄与する経営基盤の強化を支援するための措置を講ずることにより，中小企業の創意ある向上発展を図り，もって国民経済の健全な発展に資すること」におくと規定する。

ただし，申請と承認という制度的な流れは従来どおりである。個々の中小企業，あるいはその各種組合，任意グループが「経営革新計画」を作成・申請し，国または地方庁からその承認を受ける。承認後の具体的な助成内容は，1）補助金，2）融資，3）税制，4）信用補完，5）直接金融にわたる。補助金には中小企業経営革新対策費補助金（同一都道府県内事業）と中小企業経営革新支援対策費補助金（複数の都道府県にまたがる事業）がある。前者には被承認者の「経営革新計画」に基づく事業経費補助に加え，都道府県の同制度の啓蒙普及や指導経費補助が含まれる。後者は一地域（都道府県）を超える事業計画への補助である。

融資制度は「経営革新計画」が承認された中小企業などを対象に，実際に事業を展開する際の設備資金や長期運転資金を低利で融資するものである。実施主体は中小企業金融公庫，国民生活金融公庫，商工組合中央金庫である。資金種類には経営革新資金，経営基盤強化資金（特定業種のみ），海外展開資金がある[1]。このほかに先端産業育成融資制度および中小企業総合事業団の高度化融資制度による融資も活用される。前者の制度では据置期間2年を含む20年とい

う極めて長期の設備資金の借入れが可能である。後者は中小企業のグループ事業への無利子融資制度である。

「経営革新計画」が承認された事業者への税制優遇策としては，生産額または取引額が相当程度減少している場合において設備投資減税が認められている。具体的には初年度の7％税額控除または30％の特別償却である。また，計画実施の事業年度に有する機械や工場用建物等の割増償却については，5年間で普通償却限度額の100分の27の割増償却も認められる。また，計画に基づく新商品や新技術の研究開発を行う場合には，その研究支出費の任意償却制度が適用される。このほかにも，欠損金の繰戻しによる還付特例や特別土地保有税の非課税措置が取られる[2]。

つぎに創業の促進である。これには「新事業創出促進法」（平成10［1998］年）と「中小企業の創造的事業活動の促進に関する臨時措置法」（「中小企業創造活動促進法」，平成7［1995］年）の個別立法に加え，「投資事業組合法」（平成10［1998］年）が適用される。「新事業創出促進法」[3]の目的は第1条につぎのように定められる。

「この法律は，技術，人材その他の我が国に蓄積された産業資源を活用しつつ，創業等，新商品の生産若しくは新役務の提供，事業の方式の改善その他の新たな事業の創出を促進するため，個人による創業及び新たに企業を設立して行う事業並びに新たな事業分野の開拓を直接支援するとともに，中小企業者の新技術を利用した事業活動を促進するための措置を講じ，併せて地域の産業資源を有効に活用して地域産業の自律的発展を促す事業環境を整備する措置を講ずることにより，活力ある経済社会を構築していくことを目的とする。」

基本方針については同法第3条で，①「新たな事業の創出を促進するため，個人による創業及び新たに企業を設立して行う事業の開始」，②「新事業分野の促進」，③「中小企業者の新技術を利用した事業活動に対する支援並びに技術，人材その他の地域に存在する事業環境の整備」が掲げられている。

このように，同法は創業だけでなく，新事業分野開拓の促進，中小企業者の新技術を利用した事業活動の支援，さらには地域産業資源を活用した事業環境の整備（高度技術産業集積地域などの活用など）も対象とする。創業支援について

は，経産（通産）大臣と各省庁大臣が共同で指定した分野での「特定補助金」（フィージビリティー・スタデイ段階から研究開発段階までを含む）の交付を受けた既存の中小企業（組合を含む）だけでなく[4]，起業家もまたその対象となる。この際には，「中小企業信用保険法」の特例措置（債務保証限度額や無担保枠の拡大，無担保の場合の第三者保証人不要枠）を受けることができる。また，「中小企業投資育成株式会社法」の特例も適用される。資本の額が3億円を超える中小企業を設立することになっても，また，既存中小企業で資本金が3億円を超える場合でも，中小企業投資育成会社から投資を受けることができる[5]。

　本法では元来，中小企業や起業者にとって困難であったエクイティファイナンスについてもその促進が図られている。同法第11条の4・5・6の規定である。「議決権のない株式の発行の特例」は，現行商法では発行済株式総数の3分の1しか発行できないが，これを2分の1まで可能としている。「新株の引受権の付与の特例」は現行商法では発行済株式総数の10分の1であるが，これを3分の1まで付与可能とさせた。また，「事後設立に係る検査役調査に関する特例」では，裁判所が選任する検査役による調査が必要であるが，認定事業者は弁護士，公認会計士，監査法人等の調査に代えることができる。つまり，特例を設けることで，いわゆるストックオプションなどの導入を促すことが図られた。

　新事業創出寄与事業については，「新事業創出促進施行令」（平成11 [1999] 年）は47分野を掲げた。この圧倒的多数は製造業分野であるが，総合リース業，産業用機械器具賃貸業，事務用機械器具賃貸業，ソフトウェア業，情報処理サービス業及び情報提供サービス業，広告代理店，デザイン業，機械設計業，経営コンサルタント業及びエンジニアリング業，ディスプレイ業，産業用設備洗浄業及び非破壊検査業，自然科学研究所といった専門サービス業分野も含まれている。

　なお，同法の施行にあたっては，厚生省，農林水産省，通商産業省，運輸省，郵政省，労働省，建設省の連盟で「新たな事業の創出を促進するための基本方針」が告示された（省庁の名称は当時）。創業を促進する意義については，「世界的に産業の競争力がますます重要となる中，我が国では経済の新陳代謝の速さを示す開業率が長期にわたり低迷しており，1990年代に入ってからは，全産業

ベースで開業率が廃業率を下回る事態から脱出できずにいる。……今後，我が国が，時代を担う産業を興し，良質な雇用機会を創出しつつ，将来に向かって引き続き発展していくためには，創業等が活発に行われることが必要である。……現実に創業等を行うに際しての最大の障害が資金調達にある事などを踏まえ，自らリスクをとって事業に挑む人々の多様な創業等を資金面，人材面等から促進するものとする」とその重要性が強調された。

「創業等を行うに当っての留意すべき事項」については，「本法の施行においては，創業者の自主的な努力や創意工夫を極力尊重する観点から，原則として行政庁による許可等の手続きを設けず，中小企業事業団等個別支援機関による金融・事業計画の審査等を基本に据えた支援スキームを採用している。創業者は，この審査等を受けるに当っては，新たに開始する事業に関し，市場状況を適切に把握した上で，必要となる資金，設備及び人材の確保の方策を明らかにし，特に中小企業事業団への助成金の申請に当っては新規性のあるアイデアを活かした具体的な事業計画を作成しておくことが必要である。また，既存企業からの分社化等による創業等に関しては，既存企業に蓄積された人材や技術，設備などの活用が，本法に基づく政策支援措置を受ける前提とされていること等，創業等の一形態として含められた趣旨を十分に理解することが求められる」とされた。と同時に，既存立法である「特定新規事業実施円滑化臨時措置法」「特定通信・放送開発事業実施円滑化法」「中小企業の創造的事業活動の促進に関する臨時措置法」との「効果的な連携」の必要性が指摘された。

各省各庁の特定補助金等の積極的な指定と中小企業等への機会拡大については，「技術革新に挑戦する中小企業者は，新規産業及び雇用の創出の大きな担い手であるが，バブル経済が崩壊して以降，その数が減少するとともに，雇用創出も伸び悩んでいる」と指摘しつつ，つぎの点を重視することが，「新事業創出促進法」よりも一歩踏み込んだ内容で示された。

a)「従来の企業間関係が変質する中で，独自の技術と商品を開発する自立した中小企業者が幅広い産業分野で育つことが求められている」。

b)「大企業の雇用が減少する中で，大企業から独立した高い技術力を有する人材による創業活動の支援の必要性が大きくなっている」。

c)「大学等における技術の種を新事業に結びつける機運が高まっていると

いう状況の下,中小企業者及び事業を営んでいるという個人(以下『中小企業等』)による研究開発活動及びその成果を利用した事業活動を支援する政策の必要性はますます高まっている」。

「中小企業創造活動促進法」の目的は,その第1条に「中小企業の創業及び技術に関する研究開発を支援するための措置を講ずることにより,中小企業の創造的事業活動の促進を通じて,新たな事業分野の開拓を図り,もって我が国産業構造の転換の円滑化と国民経済の健全な発展に資すること」とされる。ここでは,中小企業の創業促進と技術開発への支援を梃子に高付加価値を生み出す企業群を生み出しつつ,終局的に産業構造の転換をはかろうとする産業政策的論理が強調されている。第3条以下の規定には,従前の「中小企業近代化促進法」以来の事業計画策定のやり方が踏襲されている。第3条には「事業活動指針」,第4条には「研究開発等事業計画の認定」が規定されている。

具体的な創業支援の中身についてみておこう。対象は事業開始後5年に満たない製造業(印刷業を含む),ソフトウェア業または情報処理サービス業分野の中小企業であり,こうした企業は設備投資面での優遇税制措置や中小企業投資育成会社からの支援も受けることができる。他方,研究開発支援に関しては,「積極的に研究開発及び事業化を行う中小企業者」を対象として3つのタイプの助成措置が設けられている。一つめは売上額対試験研究費で3%を超える中小企業を対象とした設備投資への減税措置または中小企業投資育成会社の特例措置である。二つめは同3%(ただし,この場合の試験研究費には新技術,新たな経営組織の採用,市場開拓または新事業開拓のための特別支出費も含む)の創業5年未満または同5%を超える創業10年未満の中小企業者などを対象としたエンジェル税制による支援措置である。

上述の設備投資面での優遇税制措置は,取得金額250万円以上の機械・同装置を対象に7%の税控除または30%の特別償却を認める制度である。ただし,リース利用(費用総額340万円以上)の場合,その60%相当額を対象として7%の税控除を行う。他方,エンジェル制度では,いわゆるベンチャー型企業を対象に株式投資を行い,その株式の売却による損失に関して3年間繰越が可能であり,各年のその他株式売却益と損益通算できる特例措置が受けられる制度である。また,ベンチャー型企業の株式売却益に関しては当該利益を4分の1に圧

縮できる措置もとられる。

こうした研究開発型企業へは，既述の中小企業投資育成会社による投資のほかに，ベンチャーキャピタルによる直接金融支援も行われる。これは創造的中小企業創出支援事業であり，都道府県に設けられたベンチャー財団が高度化融資制度の無利子融資を活用して①ベンチャーキャピタル会社（ＶＣ）に対し，その投資原資を預託する，②個別企業へのＶＣ投資額（社債のみ）の70％を債務保証する。ベンチャー財団の実施した社債の債務保証については，中小企業総合事業団と塡補率50％保険契約を結ぶことになっている，③直接，個別企業へ投資を行う制度である。

三つめは研究開発事業計画に対する支援である。これは顕著な新規性をもつ技術・ノウハウに関する研究開発およびその事業化に従事する中小企業（組合を含む）を対象とする。この認定権者は都道府県知事となっている。認定企業に対しては，地域活性化創造技術開発費補助金（最長期間としては3年）が与えられる。また,「中小企業信用保険法」の特例措置として，信用保証協会による債務保証額の拡充，無担保枠の拡充も実施される。なお，こうした研究開発については，それが実際の利益に結びつくまでにはある程度の期間と損失が予想されるため，当該中小企業の欠損金は7年までの繰越が許容される。さらに，組合による取り組みの場合，組合員が負担した試験研究賦課金は一定限度の任意償却が可能であり，試験研究費が増加した際には中小企業技術基盤強化税制による税額控除の適用を受けることもできる。このほか，組合取得による研究開発用機器などの資産の圧縮記帳，研究施設などの土地取得への特別土地保有税の非課税措置もとられる。

こうした研究開発支援には，以上のほかにもさまざまな特例措置や支援策なども併用される。これらには，(a)機械類信用保険法の特例措置, (b)新事業開発保険, (c)新株引受権（ストックオプション）付与特例—商法の付与条件の緩和（10分の1から5分の1へ）, (d)テクノフェアーなどへの出展支援, (e)公設試験研究機関による技術支援, (f)特許取得支援，特許情報の利用促進支援, (g)中小企業総合支援センターの活用, (h)創業者研修の提供, (i)ベンチャープラザ事業（ベンチャー企業と投資家のマッチングなど）などがある。

つぎに経営基盤強化である。これについては「中小企業基本法」の第2節に

つぎのように規定されている。
　①「経営資源の確保」——1)「中小企業の施設又は設備の導入を図るため，中小企業者の事業の用に供する施設又は設備の設置又は整備を促進すること」，2)「中小企業の技術の向上を図るため，中小企業者が行う技術に関する研究開発を促進し，国が行う技術に関する研究開発に中小企業者を積極的に参加させ，国，独立行政法人又は都道府県の試験研究機関および大学と中小企業との連携を推進し，並びに技術者研修及び技能者養成の事業を充実すること」，3)「中小企業の事業活動に有用な知識の向上を図るため，経営管理者に対し研修の事業を充実するとともに，新たな事業の分野の開拓に寄与する情報その他の情報を促進すること」など。
　②「交流又は連携及び共同化の推進」。
　③「産業の集積の活性化」。
　④「商業の集積の活性化」。
　⑤「労働に関する施策」。
　⑥「取引の適正化」。
　⑦「国等からの受注機会の増大」。
　以上のように，経営基盤強化は多方面にわたる。①のうち，最初の機器等の導入に関する税制，金融，リース面ではさまざまな制度が設けられている。税制面では，中小企業等新技術体化投資促進や情報通信機器即時償却などの制度がある。金融面では，たとえば，情報化対応についてみても情報化基盤整備貸付（中小企業金融公庫），中小企業情報化促進貸付（国民生活金融公庫）などの制度がある。中小企業の研究開発促進については，さまざまネットワーク促進措置がある。最後の研修や情報提供に関しては，地域中小企業支援センター（広域市町村），都道府県中小企業支援センターと中小企業総合支援センターによるさまざまなサービス提供がある。ここでは助言，相談，情報提供，研修事業などが行われている。また，中小企業総合事業団も研修事業（中小企業大学校），情報提供（エネルギー使用合理化促進支援，オゾン層保護対応情報提供，「化学物質管理促進法」対応情報提供，「ダイオキシン類対策特別措置法」，「家電リサイクル法」対応情報提供など），情報技術活用経営革新支援（アプリケーション・ソフトウェア開発支援など）を行っている。これらに加え，中小企業経営診断士制度もこの

範疇に含まれる。さらに，新規成長産業連携支援事業と毎年発表される『中小企業の経営指標及び原価指標』の刊行がある。新規成長産業連携支援は「外部経営資源との戦略的連携の推進及び経済構造改革に関する行動計画」での15分野の新規成長産業育成を図るため，中小企業の外部経営資源へのアクセスを円滑化する活動への支援を意図した関連情報の紹介，事業計画策定への助言などの制度である。

　②はいわゆる組織化政策である。現在は，組織化政策という用語よりも，中小企業連携組織政策と呼ばれたりしている。関連立法は「中小企業等協同組合法」や「中小企業の団体に関する法律」である。中小企業組合に対する支援制度としては，補助金，融資，税制などがある。③の産業集積活性化の中心立法は「特定産業集積の活性化に関する臨時措置法」である。同法はこの目的を第1条で「経済の多様かつ構造的な変化に対処するため，特定産業集積の有する機能を活用しつつ，その活性化を促進することにより，地域産業の自律的発展の基盤の強化を図り，もって国民経済の健全な発達に資すること」と述べつつ，基盤的技術産業集積の活性化が強調される。「基盤的技術産業」と「基盤的技術産業集積」は同法第2条でつぎのように定義されている。

　「『基盤的技術産業』とは，工業製品の設計，製造又は修理に係る技術のうち汎用性を有し，製造業の発展を支えるもの（第3項において『基盤的技術』という）を主として利用して行う事業が属する業種であって，製造業又は機械修理業，ソフトウェア業，デザイン業，機械設計業その他の工業製品の設計，製造若しくは修理と密接に関連する事業活動を行う業種に属するもの（海外の地域における工業化の進展による影響を受けている業種と関連性が高いものをいい，『特定事業者』とは，基盤的技術産業に属する事業を行う者をいう）。」

　「『基盤的技術産業集積』とは，自然的社会的条件からみて一体である地域において，基盤的技術産業に属する事業を相当数の者が有機的に連帯しつつ行っている場合の当該事業者の集積をいう。」

　この制度においても，まず「基盤的技術産業集積活性化計画」の作成が都道府県に求められる。同計画は主務大臣の承認を受けた後に，個別事業者及び組合などがより具体的な高度化等計画，高度化等円滑化計画，進出計画及び進出円滑化計画を作成，都道府県知事の承認をへて実行に移される。活性化計画の

作成にあたっては，主務大臣が指針事項を示すことになっている。計画に盛り込まれるべき内容としては，具体的な集積の明示，その中核的業種，高度化の目標，施設などの整備，具体的事業がある。こうした地域産業集積の活性化の背景には，大企業の海外生産等の拡大あるいは海外製品の輸入増によって影響を受けてきた中小企業がもつ「ものづくり基盤」の揺らぎによる地域経済の基盤消失に対して，これを何とか維持・活性化しようという課題がある。「ものづくり基盤」として想定されているのは，その地域における各種加工工程，金型，試作品などを分担する中小企業の広汎な存立である。

具体的な支援措置は，補助金，税制，融資，信用補完，投資育成の面にわたる。補助金については，7つの支援策が用意されている。(i)地域産業集積創造基盤施設整備事業—公益法人や商工会などが整備するインキュベータに対して，国と都道府県から補助金を支出しつつ，中小企業総合事業団からの出資を行う制度である，(ii)地域産業集積活性化調査事業—都道府県が活性化計画を策定する場合の調査などへの補助，(iii)地域産業集積活性化計画策定事業—都道府県の計画策定事務への補助，(iv)地域産業集積活性化計画指導等事業—個別事業者の計画策定への指導・助言に係る都道府県への経費補助，(v)地域活性化創造技術開発費補助金，地域産業集積活性化計画支援事業—個別企業又は組合への都道府県を通じた補助金，(vi)関連支援強化事業—公設試験研究機関や地場産業振興センターなどへの都道府県を通じての補助金，(vii)地域産業創業機会創出事業—ベンチャープラザ事業への都道府県への補助金。税制面では，実際の設備導入に対する特別償却，特別土地保有税や事業者税の非課税措置，組合が組合員に貸す賦課金の税額控除，圧縮記帳が認められる。融資面では，地域産業集積活性化資金，地域中小企業特別支援貸付，地域産業集積特別貸付，高度化融資の制度がある。信用補完と中小企業投資育成会社からの株式引受けについては，特例措置が設けられている。

また，同法には第3条に「特定中小企業集積の活性化」が掲げられている。これはいわゆる産地を対象とした地場産業政策である。これにはつぎの3種類の制度が設けられている。

a）地域中小企業創造力形成事業（補助金交付）——新商品開発能力育成等事業，地域人材・養成事業，地場産品展示・普及等支援事業。

b）特別地域産業活性化推進事業（補助金交付および融資）――地域資源等活用型起業化等事業，地域技術起業化事業（地域産業活性化基金の活用），地域産業対策費融資，地場産業振興高等技術者研修事業。
　　c）地域グループ活動事業（補助金交付）――試作品開発事業，市場調査事業，販路開拓事業。
　④の商業集積の活性化の中心立法は「中心市街地における市街地の整備改善及び商業等の活性化の一体的推進に関する法律」（平成10［1998］年）である。同法は第１条でその目的をつぎのように掲げている。
　「この法律は，都市の中心の市街地が地域の経済及び社会の発展に果たす役割の重要性にかんがみ，都市機能の増進及び経済活力の向上を図ることが必要であると認められる中心市街地について，地域における創意工夫を生かしつつ，市街地の整備改善及び商業等の活性化を一体的に推進するための措置を講ずることにより，地域の振興及び秩序ある整備を図り，もって国民生活の健全な発展に寄与することを目的とする。」
　この「中心市街地活性化」政策は，(イ)中心市街地への商業・サービス業の立地促進，(ロ)中心市街地での創造性をもつ中小小売業育成，(ハ)都市型新事業の立地促進の三面から構成されている。(イ)の政策手法は国が「基本方針」を決定，市町村が「基本計画」を作成，これに沿った推進機関（TMO, Town Management Organization）を認定する。これを踏まえ，個別事業者などが作成する商店街整備や中核的商業施設整備の事業計画を国が認定し，実施の運びとなる。
　具体的には空き店舗などで商業集積の「空洞化」が進む商店街を対象に，そこへの出店促進を進める関連施設への支援である。これには市町村への調査研究費補助金のほか，実際に施設整備を行う第三セクターへ資金提供をする地域振興整備公団への出資がある。また，第三セクターの経営基盤強化を目的とする日本政策投資銀行などによる出資，低利融資などがある。税制面では，集積関連施設には特別償却，登録免許税軽減，土地譲渡所得特例（以上，国税），事業者税軽減，特別土地保有税の非課税（以上，地方税）が適用される。
　(ロ)では商店街の施設整備（たとえば，地下型駐車場など）や創業支援等の事業支援（補助金交付），高度化資金の融資，税制優遇措置が実施される。TMOに対しては，その計画・調査事業補助金交付，空き店舗等の転貸・家賃補助などへの

高度化資金の融資，タウンマネジャーの養成研修などへの補助金交付，TMOの計画に沿って中心市街地で開業する事業者への低利融資，空き店舗対策（イベント会場やギャラリーなどとしての利用），駐車場確保や高齢者向けの一括宅配サービスなどへの補助金交付，マーケティング調査，事業転換調査やアンテナショップ事業への補助金交付，さらには商業者の情報化促進にかかわる業務用アプリケーションソフトウェア開発やリテール・サポート・センター事業への補助金交付などが実施される。㈻の都市型新事業の立地促進では，ファッションや福祉などの都市型新事業を行う事業者を誘致するのに必要な施設整備を促進するため，地域振興整備公団への出資，市町村等による施設整備への補助金交付，低利融資，税制措置がとられる。

⑤の労働対策には，労働力確保，雇用安定・職業能力開発，労働福祉の3つの分野がある。労働力確保に関しては，「中小企業における労働力の確保及び良好な雇用の機会の創出のための雇用管理の改善の促進に関する法律」（平成3 [1991] 年）がある。同法は平成7 [1995] 年と平成10 [1998] 年に改正され，経営管理者等の高度な人材確保・育成への支援および新分野進出等（創業又は異業種進出）を意図する事業者への人材確保・育成などへの支援も追加された。「中小企業労働力確保法」は個別中小企業や組合などが質量にわたって労働力を確保するために，主務大臣が示した基本方針に添った労働時間の短縮，職場環境の改善，福利厚生の充実，雇用・採用面の改善，教育訓練の充実などを盛り込んだ改善計画を策定しつつ，実際の改善を行うことが求められる。制度的な促進措置としては，補助金，融資，税制，信用保険，投資育成が適用されるのは他の制度とほぼ同じである。参考までに助成金の種類だけを掲げておく。中小企業労働力確保推進対策費補助金，中小企業人材確保推進事業助成金，中小企業高度人材確保推進事業助成金，中小企業高度人材確保助成金，中小企業雇用創出等能力開発給付金，中小企業雇用環境整備奨励金，中小企業雇用創出人材確保補助金，中小企業雇用創出雇用管理助成金，受験資格者創業特別助成金。

雇用安定・職業能力開発では，雇用安定・促進対策として建設労働者の雇用改善，高齢者・障害者等の雇用促進がはかられるほか，いわゆる「経済変動に対応する雇用対策」面，いわゆる成長部門と衰退部門のミスマッチ解消を重点とする雇用対策，地域雇用対策，業種雇用安定対策も含まれる。人材育成策面

では個別事業主や関連団体の実施する職業訓練などへ助成金交付が行われる。中小企業従業者の勤労意欲向上のための制度もある。たとえば，海外研修制度や従業員独立開業への新規開業貸付制度である。労働福祉では，労働時間短縮と安全・健康保険対策がある。これは週40時間労働制の遵守・年次有給休暇促進・所定外労働削減を目指すための労働時間短縮奨励金交付，労働時間短縮への指導を行った団体などへの助成金交付といった制度である。労働災害防止対策面では融資，相談，助成金，診断，モデル事業支援などがある。職場環境整備では，男女雇用均等の促進，育児休業・介護休業の促進などに関連する助成金交付などがある。このほかパートタイム労働対策（「パートタイム労働法」―平成5［1993］年―に基づいて），勤労者財産形成促進制度，中小企業退職金共済制度，中小企業勤労者福祉サービスセンター事業などがある。

⑥の取引の適正化は，不公正取引の是正を目的としたものであり，「私的独占の禁止及び公正取引の確保に関する法律」（昭和22［1947］年）や「下請代金支払遅延等防止法」（昭和31［1956］年）がその根拠立法である。⑦の国等からの受注機会の増大は，いわゆる官公需確保に係る政策である。この中心立法は「官公需についての中小企業者の受注の確保に関する法律」（昭和41［1966］年）である。

新法の3つめの柱である「経済的社会的環境の変化への適応の円滑化」は，具体的には「倒産防止対策」「災害対策」「事業分野の調整対策」から構成されている。倒産防止は相談・指導と金融支援から成る。前者に関しては，主要商工会議所と都道府県商工会連合会に設置されている「倒産防止（経営安定）特別相談室（商工調停士，弁護士，税理士など）」による相談である[6]。金融支援は，相談者の中小企業者のうち，商工調停士が再建見込みのあると判断した中小企業者に対して，中小企業体質強化資金助成制度（経営安定対策貸付制度）を活用して融資の斡旋を行う制度である。なお，倒産には当該事業者の行き詰まりといったほかに，関連企業の倒産の影響を蒙った連鎖倒産もある。これには連鎖倒産防止対策として中小企業倒産対策貸付制度，倒産関連特例保証制度，中小企業倒産防止共済制度がある。共済制度では，6か月以上掛金納付契約者が取引先企業の経営困難により，売掛金や受取手形などの回収が困難になった際に，売掛債権などの額と掛金の10倍に相当する額のいずれか少ない金額（最高額

3,200万円)の範囲内で無担保,無保証人,無利子で融資を受けることができる制度である(但し,融資額の10%相当額は掛金から控除)[7]。

災害対策は,災害そのものに遭遇した被災中小企業を対象とした災害復旧貸付制度(政府系中小企業金融機関)と災害復旧高度化事業への融資(中小企業総合事業団)のほかに,「激甚災害法指定」分については災害関係特例保証,小規模企業設備資金の償還期間延長,資金融通特例などの措置が設けられる。また,被災中小企業者の経営安定のための,中小企業体質強化資金助成制度,倒産関連保証特例(信用保証協会)がある。さらに,防災対策のための小規模企業設備資金制度,高度化融資枠での共同防災施設事業と安全衛生設備リース事業(中小企業総合事業団)もある。

事業分野の調整に関する中心立法は「中小企業の事業活動の機会の確保のための大企業の事業活動の調整に関する法律」(いわゆる「分野調整法」,昭和52 [1977]年)である。同法の目的は第1条に「中小企業者の安定に悪影響を及ぼすおそれのある大企業者の事業の開始又は拡大に関し,一般消費者等の利益の保護に配慮しつつ,その事業活動を調整することにより,中小企業の事業活動の機会を適正に確保し,もって国民経済の健在な発展に寄与すること」としつつ,第3条に「大企業者の責務」を「大企業者は,事業の開始又は拡大に際しては,当該事業と同種の事業を営んでいる中小企業者の利益を不当に侵害することのないように配慮しなければならない」と定めた。

具体的な制度運用としては,中小企業団体からの申し出に対し,主務大臣は一般消費者等の利益の保護に配慮しつつ,中小企業分野等調整審議会の意見を聴いて大企業者に勧告,あるいは違反については公表または命令を行うことになっている[8]。なお,小売業については,特別に「小売商業調整特別法」(昭和34 [1959]年)が適用される。これは同法の制定経緯からも明確なように,購買会や小売市場との事業調整がその中心である。小売市場に関しては,小売市場と周辺小売商との過度な競争を防止する名目で小売市場開設の許可制を設けている事例は大阪府と兵庫県に目立つ。斡旋と調停については,都道府県知事が行い,紛争に関して都道府県レベルでは困難な場合には,主務大臣が行うこととなっている。

新法の第4番目の柱である「資金供給の円滑化および自己資本の充実」のう

ち，資金供給の円滑化（＝金融対策）はすでに紹介した制度でもふれた。重複を避け，重要点のみを取り上げておく。金融面の中小企業への助成制度には，政府系金融機関（中小企業金融公庫，国民生活金融公庫，商工組合中央金庫，沖縄振興開発金融公庫）のそれぞれの融資制度がある。中小企業総合事業団には，高度化融資と共済還元融資がある。高度化には中小企業者の共同化や工場・店舗などの集団化を促進する政策的含意があり，こうした高度化事業への資金助成は二通りがある。一つは中小企業総合事業団から都道府県へ財源を貸付け，そこから中小企業者への資金貸付を行う制度であり，他は都道府県が中小企業総合事業団に財源を貸付け，そこから中小企業への資金貸付を行う制度である。さらに，国・都道府県からの融資制度がある。既述の小規模企業設備資金貸付制度（中小企業振興公社），設備貸与制度（同），中小企業体質強化資金助成制度（大型店等進出対策融資，下請中小企業対策融資，地域産業対策融資，組合共同事業対策融資，地域中小企業新産業育成融資，地域中小企業特別融資）がそれらである。信用補完については，都道府県および政令指定都市に設けられた信用保証協会（52か所）による信用保証制度，中小企業総合事業団（旧信用保険公庫と合併）による各信用保証協会の保証債務引受けと信用保証協会への融資制度がある。

　自己資本の充実には，地方公共団体，金融機関，生・損保会社などの出資による中小企業投資育成会社の投資・育成事業がある。現在，東京中小企業投資育成株式会社（関東以北の18道府県を所管），名古屋中小企業投資育成株式会社（愛知県，岐阜県，三重県，富山県，石川県を所管），大阪中小企業投資育成会社（関西地区および大阪以西の24府県を所管）の3会社がある。投資事業としては，会社設立のための発行株式の引受け，増資新株式の引受け，転換社債の引受け，新株引受権付社債の引受け，ベンチャービジネス（会社設立後又は主力事業である新事業進出後10年以内の企業）への投資がある。以上の投資先は基本法の中小企業定義に合致する中小企業が対象であるが，特例として資本金3億円以上の企業も対象とされるケースがある。この場合は，「中小企業における労働力の確保及び良好な雇用の機会の創出のための雇用管理の改善の促進に関する法律」「中小企業流通業務効率化促進法」「中小企業の創造的事業活動の促進に関する臨時措置法」「特定産業集積の活性化に関する臨時措置法」「新エネルギー利用等の促進に関する特別措置法」「大学等技術移転促進法」「新事業創出促進

法」「中小企業経営革新新支援法」「産業活力再生特別措置法」による新規投資についてである。育成事業は投資先企業の依頼に応じて行うコンサルテーションである。

このほかに，中小企業等投資事業有限責任組合によるベンチャー企業への資金供給がある。同組合は「中小企業等投資事業有限責任組合契約に関する法律」（平成10［1998］年）によって設立された組合である。同法はその目的を第1条で「中小企業等に対する投資事業を行うための組合契約であって，無限責任組合員と有限責任組合員との別を約するものに関する制度を確立することにより，円滑な資金供給を通じた中小企業等の自己資本の充実を促進し，その健全な成長発展を図り，もってわが国の経済活力の向上に資する」と述べる。同法第3条は「中小企業等投資事業有限責任組合契約」についての規定である。投資事業組合は業務執行を行わない組合員（＝投資家）から出資（＝有限責任）を募り，ベンチャー企業へ出資（＝未公開新株や知的財産権が対象）を行う。

第3節　助成制度と助成体系

第2節でわが国の現行中小企業政策について，その助成制度を紹介した。こうした個別制度を体系化すると，いくつかの特徴を指摘しうる。重要な特徴の一つめは事業計画策定における国・地方自治体と中小企業および同組合との関係である。「基盤的技術産業集積活性化計画」を例にとってみると，関係法によって政策目標が与えられ，国による指針が示される。都道府県はこうした活性化指針に沿った方向で「計画」を国の関係機関と協議しつつ，作成し，国の承認を得る。個別中小企業や組合などはこうした計画に沿って具体的な計画案を都道府県と協議しつつ，作成し，承認を得るというプロセスを経る。こうした諸計画に基づき各種の助成措置が取られる。これは昭和30年代の「中小企業近代化促進法」などで確立した手法であり，ここでも踏襲されている。

この政策的手法は，計画立案における中央集権制を基本にしたものである。国（中央政府）はその方針に基づいた計画承認という梃子により，地方自治体の計画内容を誘導しうることができる。これは昭和30年代のわが国の大量生産体制への対応を企図した設備近代化という均一的政策目標の達成という面ではあ

る程度の役割を果たした。とはいえ、地域ごとに産業集積の内容や、これに関連する経営資源などの集積も異なってきている現状では、国主導（＝中央集権）ではなくて地域が主体となりその独自性を核として立案・作成される活性化計画の重要性が従来以上に増してきている。したがって、こうした活性化計画については、地域の独自の取組みを強力に支援する政策が重要となってきている。

　こうした政策は結果的にはすべての地方を対象とするため、集中的な予算の投資による政策効果を得ることが困難となる。これは1980年代の高度技術集積都市、いわゆるテクノポリス構想の行き詰まりに共通する問題でもあった。画一的な計画策定とバラマキ予算配分がともすれば、先にみた政策手法に内在する。こうした計画策定手法と実際の計画策定の結果はややもすれば、テクノポリス構想に対するつぎの指摘に共通する要素をもつ。すなわち、「地方自治体は独創的な開発政策を立案することよりも、『開発指針』に即応した開発計画を立案し、国の承認を受けることにエネルギーを集中した。地域独自の開発計画を立案するには、地域における産業集積の特徴を科学的に把握し、それに対応した実効性のある振興策を構想できる政策立案能力が形成されていなければならない」[9]という問題である。

　この問題は、地域経済政策としての中小企業政策のあり方につらなる課題でもある[10]。地域はそれぞれの歴史的文化性が異なり、また、既述のように産業構成、利用しうる各種経営資源の範囲と密度もまた異なる。必然、中小企業の集積状況により集積のもつ外部経済効果も異なるゆえに、その政策的方向も異なって当然である。したがって、助成制度を生かすための体系作りそのものが重要な政策課題となる。従来の「近代化促進計画」は均一的な大量生産設備導入による近代化から、多品種少量生産を念頭においた高付加価値化を目指した近代化、さらにはこれを一層推し進める知識集約化へと変遷した。言うまでもなく、『基盤的技術産業集積活性化計画』はこうした知識集約化を底流としつつ、一層の技術的創造性を取り組んだものである。ここでは、従来の「中央集権化」「均一化」という政策体系を「分権化」「多様化」「個別化」「効率化」という政策体系へと変容させることが中小企業政策の大きな課題となっている。

　助成制度からみたわが国中小企業政策体系の特徴の二つめは、助成制度そのものの「多種多様性」である。現在、『中小企業小六法』に収録されている中小

第3表　わが国の中小企業助成制度体系

投融資	各種制度金融（信用保証を含む） 自己資本充実およびベンチャー資本 上記制度と税優遇策の組合せ
経営改善	経営基盤強化（補助金・投融資制度・信用保証・税制） 中小企業診断制度 技術開発支援（同上）
創業促進	技術・経営・金融・情報提供での支援制度
人材育成	研修制度（中小企業大学校など）
組合振興	中小企業者団体組織の活動への支援制度
地域振興	産業集積・商業集積の活性化支援制度
労働対策	労働力確保・雇用安定・労働福祉制度
官公需	官公需確保
産業対策	卸売業・小売業振興制度，下請中小企業振興
取引適正化	不公正取引の是正，下請取引の適正化
倒産防止	連鎖倒産防止制度
災害対策	被災援助制度
事業分野調整	調整制度
小規模企業	経営改善（投融資・税制など）
その他	情報提供・個別業界対策

企業政策関連立法数は70本を越える。施行令，施行規則や省令などは150本以上に達する。これらの法律や施行令に基づいて導入された助成制度の数に至っては，第2節で紹介したように膨大な数に上っている。個々の助成制度についてはすでにふれた。こうした助成制度の体系を示すと，第3表のようになる。日本のこうした中小企業助成制度の特徴は，一つのマトリックスを思い浮かべると理解しやすい。マトリックスの一方の軸に位置するのは，従来の各種融資制度（これには信用保証制度を含む）に加え，昨今強調される直接金融である株式（私募債）への投資，税制（融資を受ける中小企業者への税優遇措置のほかに，投資側へのエンジェル税制を含む），経営指導などがある。もう一つの軸にはそれぞれの時期での個別問題への対策が位置する。創業促進，特定業種，地域経済（産業集積や商業集積）の再生や活性化などがその事例である。こうした両軸の組合せによって，中小企業のかかえる諸問題への対策という面では，政策形式的には個別具体的な助成制度がそれぞれの多種多様な問題領域にマトリックス的に対応できることにはなる。

　しかしながら，このような制度的対応面における「品揃え」とは別に，問わ

第9図　中小企業政策の基本理念と助成制度

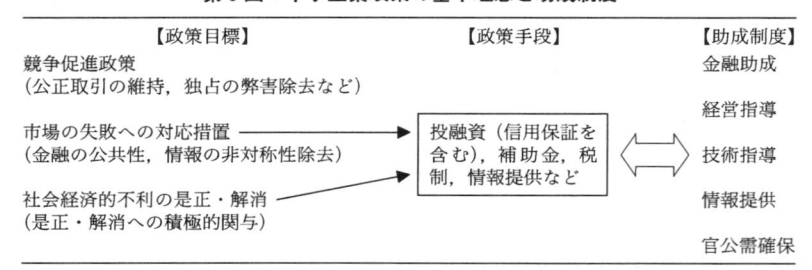

【政策目標】	【政策手段】	【助成制度】
競争促進政策 (公正取引の維持，独占の弊害除去など)		金融助成
市場の失敗への対応措置 (金融の公共性，情報の非対称性除去)	投融資（信用保証を含む），補助金，税制，情報提供など	経営指導 技術指導
社会経済的不利の是正・解消 (是正・解消への積極的関与)		情報提供 官公需確保

れるべきはこうした助成制度が中小企業のかかえる諸問題に対してどの程度の解決能力をもつかという点である。中小企業政策のもつ根本的な困難さの一つは，中小企業数そのものの膨大性である。これらすべての中小企業を対象として助成を行うことは，非常に困難であることはいうまでもない。したがって，ここから導き出される実効性のある政策方向は，一方において助成の効果が最大限に達成される被政策対象としての中小企業の選定であり，他方でより多くの中小企業に影響を及ぼしうる政策の採用である。前者のような政策においては，中小企業の選定コストとその後の政策効果を見極めるモニタリングコストは膨大なものになる可能性がある。とりわけ，助成への申込者の審査（書類審査のみならず現地調査なども含め）と実際の決定に至るまでのコストは，申請者が多いほど大きくなるのは当然である[11]。助成制度の管理コストの面からみれば，まずは中小企業全般に対するよりマクロ的な政策が優先された上で，個別中小企業に対する各種助成制度の実施をはかるというプロセスが検討されねばならない。

　この意味で中小企業政策というのは，不特定多数の中小企業を対象とする有効な政策をまずは前提として，このようなマクロ的な政策によって解決しえない諸問題を個別政策において解決をはかることにおいてその有効性が確保される必要がある。不特定多数の中小企業を対象とする政策ということでは，競争促進政策がその代表的なものである。市場経済制度において，大企業と中小企業との地位は必ずしも平等なものではない。したがって，企業規模に関係なく保証されるべき権利としての不公正取引への監視と，遵守されない場合の是正がここでは重要な政策目標となる。また，大企業などによる独占行為によって

もたらされる弊害の是正あるいは除去も同時にはかられなければならない（第9図参照）。

つぎに中小企業政策の目標として掲げられるべきは，市場経済制度の下で起こる可能性のある市場の失敗への対応措置である。こうした問題は，具体的には金融市場の本来もつ公共的な性格が保持されないことによって起こる金融問題（いわゆる貸し渋り問題や貸し剥がし問題はその一端である）の発生であったり，あるいは，市場での需給関係に影響を及ぼす情報の非対象性のために起こる損失であったりする。この是正あるいは解消措置が重要であることはいうまでもない。ただし，競争促進政策や市場の失敗への対応措置は，とくに中小企業という一定規模以下の企業を対象とした政策ではない。それは，中小企業において比較的顕著であるという意味において，中小企業政策の領域を形成する。第9図の3番目に掲げた社会経済的不利の是正もまたそうである。

では，個別中小企業や中小企業組合を対象とした個別助成制度の意味はどこにあるのか。これは，すでに上述した中小企業政策の「大きな目標」（＝政策理念）を達成するための直接的な政策と位置付けることができる。しかし，現実には，個別の助成制度は対症療法的措置型の中小企業対策として導入されてきた経緯がある。ここであえて，対策といったのはこのためであり，こうした措置が中小企業問題自体を生み出す構造の是正や解消をめざしたより高次の政策体系の一環を必ずしも形成しているわけではないからである。

しかしながら，中小企業政策はその対象とその問題自体を生み出す構造の是正あるいは解消をめざすものであるべきであり，基本法たるものは中小企業政策の基本的課題とその基本的方向を指し示すものである。中小企業政策に関する実定法は，基本法に示された政策理念を具現化した種々の是正措置や助成制度を盛り込んだものである。助成制度はあくまでも中小企業政策の基本的課題に沿ったものであるべきである。この意味では，制度は中小企業政策の全体目標に合致した形で体系化されていなければならない。

とはいえ，現実のわが国の中小企業助成制度は，既述のように多様化しつつ，揺りかご（＝創業支援）から墓場（＝倒産防止）までの包括的なものとなってきたことは，わが国の中小企業政策が目指そうとしている方向を不鮮明にしてきた。ただし，個々の中小企業にとっては，自分たちの属する産業分野や地域経

済での利害が先行するのが常であって，とりあえずは自分たちがいろいろな局面でさまざまな制度を利用できる状況を望ましいとする意識もある。これはメニューの少ないレストラン（＝政策と制度）よりも，メニューがとりあえず多いレストランが選好されることに類似する。こうした各制度における政策手段は，投融資（信用保証を含む），経営や技術面での指導（研修制度を含む），情報提供などである。こうした政策手段はそれぞれの制度において助成策として広汎に採用されている。特に，金融助成策は個々の中小企業者や中小企業団体にとって，税制上の優遇策がとられることで，実質金利はその表面金利より低くなり，政策目標への誘導という面で強力な制度を形成する。

　他方で，メニューの多いレストランには問題もまた多い。ややもすれば，こうした「広く，ただし薄く」という政策はその政策効果の浸透をまたそのようなものにする可能性を生み出す。このことはわれわれの経験則の一つでもある。本来，政策というのは解決すべき政策課題の優先順位に沿った形で，優先順位の極めて高いものに焦点を絞るべきものである。優先順位の高い政策課題は，いうまでもなく常に問題そのものを生み出す構造的な問題の除去である。ここにおいて，対策と政策の根本的な相違点がある[12]。この点において，わが国の中小企業政策は，中小企業対策の集合体としての実質的存在意義が強くなっている。もちろん，これは当初からそうであったわけではない。昭和38[1963]年の旧「中小企業基本法」においては，大企業と中小企業の間にはもはや放置できない格差（生産性格差など）などがあり，この是正なくしては，目前に迫った貿易・資本の完全自由化に日本経済が対応しえないという強い現状認識とそこから生まれた政策課題，すなわち，産業構造の高度化とそのための中小企業の近代化（＝大量生産体制への対応）という政策的メッセージ性が強かった。その後，さまざまな経済環境に応じて個別産業などを強く意識した個別立法が続々と制定され，実際の制度が既述の金融，税制や経営指導という政策手段を用いて導入されてきた。こうした個別実定法（＝対策）の多さは，基本法に盛り込まれた政策的メッセージとの不整合性をもたらしてきた。これが新「中小企業基本法」制定の一つの底流を形成していたことは自明であろう。

　なお，新「中小企業基本法」についてみれば，文言的にみれば，「ベンチャー型」中小企業の創出への重点移行と市場経済原理の強調，底流的にはハイテク

第10図　わが国中小企業庁の組織と所管業務

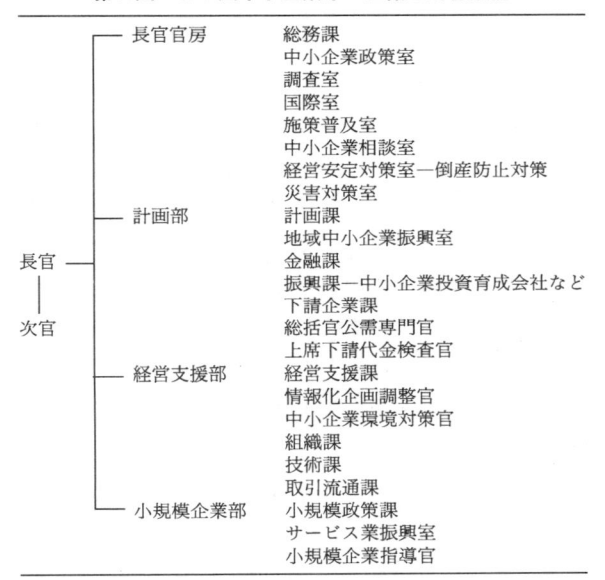

```
                    ┌─ 長官官房 ──── 総務課
                    │               中小企業政策室
                    │               調査室
                    │               国際室
                    │               施策普及室
                    │               中小企業相談室
                    │               経営安定対策室―倒産防止対策
                    │               災害対策室
                    │
                    ├─ 計画部 ───── 計画課
                    │               地域中小企業振興室
 長官 ──┤              金融課
   │                │               振興課―中小企業投資育成会社など
 次官                │               下請企業課
                    │               総括官公需専門官
                    │               上席下請代金検査官
                    │
                    ├─ 経営支援部 ── 経営支援課
                    │               情報化企画調整官
                    │               中小企業環境対策官
                    │               組織課
                    │               技術課
                    │               取引流通課
                    │
                    └─ 小規模企業部 ─ 小規模政策課
                                    サービス業振興室
                                    小規模企業指導官
```

産業の振興という産業政策としての強さが感じられるものの，わが国の中小企業政策の根本性を示唆する政策的メッセージは必ずしも明確なものでなく，それは個別実定法を集合体として束ね，そこで政策目標が並列されている傾向が強くみられる。

　中小企業政策においても，またそのほかの多くの政策と同様に，その対象とする政策課題とその前提である問題性の明示，そしてその解決策として政策の基本方向を明確な政策理念でもって提示することがもっとも重要である。さらに，政策の内実は，現実の助成制度がこうした基本的な政策理念の下に体系化されていることにおいて与えられる。この意味において，わが国の中小企業助成制度は新「中小企業基本法」の制定を機に，解決すべき問題の優先度において再編成されるべき時期にすでにある。なお，参考までに，現在の中小企業庁の組織を整理したものを第10図に示しておく。

第4節　中小企業政策の課題

　中小企業政策のみならず，一般に政策には二つの側面がある。一つは，政策のもつ政治的メッセージ性である。つまり，その政策が一体何を問題として，その問題の是正あるいは解決を最大の政策課題とし掲げ，そのために政府が一貫した政策をとるということである。これは不特定多数の企業の違法行為などへの防止的予防策につながるいわゆるデモンストレーション効果をもつ。あるいは，かつての近代化促進政策のように，政府の予算的制約性のために，すべての中小企業を政策対象とできなくとも，金融機関など民間分野の自主的な取組みを誘導することにつながるケースもある。この意味では，中小企業政策が一体何を最重要視し，何を最も重要な政策課題とするのかというデモンストレーション効果を発揮しうる強いメッセージ性そのものが中小企業政策の大きな役割でもある。

　中小企業政策のメッセージ性をより直接的に実行する手段としての具体的な助成制度が体系的に整備されることによって，中小企業政策の所期の目的が達成されるという政策体系が必要である。とはいえ，一方において，政策はさまざまな問題発生への個別対応策の集合体であるという面において，しばしば政策は政策的論理において一貫性を有しない。つまり，その時々の中小企業の抱える諸問題へ個別対応した結果の集合体である中小企業政策は，実際にはその政策理念において必ずしも明確なメッセージ性を有しない。もちろん，この点は，各国の中小企業政策の形成に関わる歴史にも関係する。

　米国の場合を例にとると，戦時生産で大企業を中心とした体制がとられ，このために戦時中に著しい少数大企業への経済集中が進んだ米国経済では，消費者主権の意識の強い社会的価値観[13]から独占による価格引き上げに対して大きな危惧が生じた。他方で，「もっとも少なく統治する政府はもっともよく統治する政府である」というジェファソン・デモクラシー以来の米国的国家観は，政府の介入の少ない経済体制を理想とするような政策思想を醸成していった。ここでは競争原理が重要視され，これに制限を加えるような独占行為の排除こそが政府の「もっとも少なく統治する」政策の一つであると考えられてきた。と

同時に，競争原理を促進する経済主体としての中小企業の役割が強調されるようになった。中小企業こそが市場での競争原理と自由企業制度を象徴する存在として位置付けられるようになった。米国の中小企業政策の方針を定めるために1953年に立法化された「米国中小企業法」（このときは臨時措置法，1958年に恒久立法となった）は，このことを明確に打ち出した。米国の中小企業政策は，独占禁止政策の一環としての強いメッセージ性をもつ。これに対応して順次導入されてきた助成制度もまた，概ねこうした政策理念に沿ったものである。

　ここで，概ねといったのは，中小企業政策はその時々の政権が直面するさまざまな政治的課題とこのために個別対応的に導入された助成制度もあり，これらは既述の政策理念に完全に一致しているとは必ずしもいえないからである。しかし，大事であるのはこうした個別対応策の存在にもかかわらず，政策としての一貫性をどれほど留保しているかがより重要である。この点では，先に見たジェファソン・デモクラシーに沿った助成制度の導入の理念は，公的制度が民間機関による中小企業へのビジネスとしての支援の限界へのあくまでも補完的対応であることを前提とする。それは公正・公平という公共性をともなう取引が市場において保証されない場合は，その是正措置として中小企業庁は中小企業への個別助成を行うという政策的立場をとる。米国の中小企業助成制度史においては，マイノリティー中小企業，女性中小企業，障害者中小企業などへの公的融資制度の導入がその事例である。元来は，こうした中小企業も金融市場において資金調達の公正あるいは公平な機会が与えられるべきであり，本来の金融市場はその経済的な優劣はともかくとして，社会経済上の不利な立場を助長するような反公共的な行為を自ら排除すべきであるとされる。つまり，それぞれの制度は，先に見た反独占政策にそった競争促進のための是正措置として位置付けてよい。さらに換言すれば，それらの制度は直接的是正措置（Affirmative Action）としての役割も大きい。

　これに対して，わが国の場合の中小企業政策は，戦後の復興政策，とりわけ，産業政策と関連して導入された経緯をもち，昭和38［1963］年に成立した「中小企業基本法」もこうした政策論理に沿った形の強いメッセージ性を有した。もちろん，文言からみれば，米国占領の強い影響下で成立した「中小企業庁設置法」（昭和23［1948］年）の米国型の反独占政策論理や，さまざまな社会政策

的配慮など多くの政策目標が総花的に掲げられている。とはいえ，その前文や総則で強調されているのは，復興がある程度の成果を収め，次なる政策目標が「先進国並み」の産業構造への転換であり，大企業と比べて，その対応に遅れた中小企業へのてこ入れが必要であるという強いメッセージが「産業構造の高度化」あるいは「わが国産業の国際競争力強化」という政策目標として明確に示されていた。この強いメッセージの底流には，当時の貿易の自由化から資本の自由化が迫っているという逼迫観があった。

　必然，こうした強いメッセージ性をもつ明確な政策目標に沿って助成制度が，昭和30年代後半から金融，補助金，税制，経営指導という面で整備されていった。先にみたわが国の助成制度の基本的な枠組みが完成していった。他方において，わが国の中小企業政策が「産業構造の高度化」という産業を基本政策単位とする方法をとったことが大きな制約となっていく。つまり，それは対象となった本来の産業群だけでなく，その他の産業群にまで拡散してしまった。「産業構造の高度化」という強いメッセージ性をもつ政策論理が「国際競争力の強化」という政策論理と等値されることで，ほとんどの産業群にもその政策が拡大適用される政治的メッセージに転化したことであった（自らの属する産業の国際競争力を引き上げる必要性はないと言い切る中小企業者はいないからだ）。これに業種指定あるいは産地指定を求める陳情合戦と政治的思惑が重なり，政策が最大効果をもつ意味において重要視されるべき，政策本来のもつ集中性と限定性という原理が無視されていく過程が展開した。

　さらに，産業構造の高度化という政策目標は，高度化が可能であった産業群と，とりわけ，労働集約的分野でアジア諸国などの追い上げにより国際競争力の保持あるいは強化が困難な産業群の存在が明確になるに従い，両者が分化を見せ始めた。これはしばしば中小企業内部の階層分化という問題に重ねて論じられたりしたが，産業の階層分化という側面を多分に含んでいた。つまり，高度化が機械設備などのより資本集約的な方法によって達成されることにおいて，それは零細層でなく，一定の中規模層以上の対応であった。産業構造の高度化という中小企業政策の目標は，他方において高度化困難な零細企業群や，必ずしもこうした政策領域に合致しない商業分野を対象とする別の政策論理を含んだ政策を内包させていった。昭和40年代の高度経済成長下で社会政策的な政策

論理が中小企業政策に付け加わったのはそのためであった。つまり，一方で，加工組立産業の高度化が進展する一方で，そうでない分野へは所得再配分的な社会政策的な対応が図られた。これが可能であったのは，高度経済成長による大きな政府の成立と無関係ではない。
　こうした政策の流れは，わが国中小企業政策のもつ産業政策という強いメッセージ性のもつ必然的な論理でもある。それは高度化の内容変化にも反映された。当初は，より生産性の高い設備機械（これに関わる経営管理手法や品質管理手法も含め）の導入である「近代化」が，やがて，国際化や知識集約化に変化していった。こうした政策論理は，実は既述の新「中小企業基本法」にも継承されている。知識集約化がより高度な研究開発機能をベースとするような企業群からなる産業構造の高度化というビジョンがそこに語られている。しかしながら，旧「中小企業基本法」の下での中小企業政策展開が如実に示すように，産業政策的論理のつよい政策体系は，いうまでもなく，高度化あるいは転換しえない産業群への政策的メッセージの表明をも必要とさせる。新「中小企業基本法」では，これは経営基盤の強化となる。しかしそこにあるのは，旧「中小企業基本法」の中で形成されてきた融資，補助金，税制，経営指導の従来的な組合せによる対応といえなくもない。
　しかし，わが国の中小企業政策に内在してきた社会政策の論理は，その産業政策的論理ほどには実は明確なものではない。それはややもすれば，雑貨店のように何でも揃っているが，どれも魅力ある商品でもないような政策体系となっている。中小企業政策における社会政策的対策は，その倒産や行き詰まりにより経営者をはじめ，その従業者から雇用の機会を奪うことで，その集中立地する地域経済に与えるマイナスの影響を避けるという政策論理を前提とする。つまり，その政策論理は，ややもすれば，中小企業のもつ発展可能性に着目してその振興を促すというよりも保護を通じて，倒産や地域経済へのマイナス影響を予防するというところにある。しかしながら，政策被対象を企業単位とするか，そこに働く従業者とするかは，中小企業政策のもつべきメッセージ性に関連する。
　つまり，産業構造の高度化をわが国中小企業政策の明確な政策理念や政策目標の強いメッセージとするならば，それは高度化への潜在性の極めて高い産業

群の形成と堆積を可能とさせる企業群を対象として，なおかつ，それらの企業が経営資源（投資，金融，労働，情報など）の民間市場で公正・公平な扱いをうけない場合に限って，政府は積極的な関与を行い，また，民間市場がある一定の公共性をもつことを促進する制度作りに大きな役割を果たすべきである。さらに，市場の失敗を防止する市場ルールの制定とその監視も中小企業政策の大きな範疇を形成することとなる。他方，こうした産業構造の高度化から抜け落ちてくる産業群の中小企業に対しては，企業規模の区別なく，従業者を対象として，当該者の労働市場への復帰を促進させる従業者ベースの再訓練，再教育制度など知識や熟練度の向上を目指した社会政策の中に，中小企業政策は包摂されるべきである。

　以上，わが国の中小企業政策を現実の助成制度から振り返ることにより，その政策体系との関係にも言及した。中小企業は各国とも全体の企業数のなかでも圧倒的多数を占めるとともに，多様な産業にわたって存在する。ゆえに，そのすべてに対して政策を実施することは現実には困難である。そのために，中小企業を含む市場競争でのルールのあり方に対する強いメッセージ性を必要とさせつつ，限られた予算でもっとも効果が期待される中小企業の選択とその実施の明確な政策理念を必要とさせる。この点において，わが国の中小企業政策は，旧「中小企業基本法」から新「中小企業基本法」に引き継がれ新たな段階を迎えた。これからの課題は，あるべき政策理念と現実の助成制度の整合性である。

　　1）　国民生活金融公庫「中小企業経営革新等支援貸付」の「経営基盤強化資金」制度には「中小企業近代化促進法」によってすでに近代化計画を実施している中小企業なども対象となっている。
　　2）　このほかにも，経営革新計画が承認された中小企業は「中小企業信用保険法」や中小企業投資育成株式会社の特例措置の対象となっている.
　　3）　同法は米国の「中小企業技術革新制度」（SBIR）を意識したものである。米国についてはつぎの拙著を参照。寺岡寛『アメリカの中小企業政策』信山社，1990年。
　　4）　対象となる特定補助金については，国等（特殊法人を含む）の研究開発予算から一定額が支出される。支出目標は閣議決定される。ちなみに，平成12［2000］年には130億円ほどが目標とされた。
　　5）　このほかにも，「小規模企業者設備導入資金助成法」による特例も設けられている。
　　6）　全国に設置されているが，北海道地区は広域ということで，現在19か所と全国で

もっとも多い設置数となっている。ついで，静岡県，愛知県などとなっている。
7） 加入件数の推移をみると，平成4［1992］年以降，減少傾向にある。たとえば，平成4［1992］年は70,134件，5年後の平成9［1997］年には32,652件，平成11［1999］年には19,299件となっている。これに対して，共済金貸付金では，平成10［1998］年には過去最高の1,262億円となった。
8） ただし，適用除外業種が設けられており，後述の小売業，証券業，証券投資信託委託業，保険業などがその例である。
9） 鈴木茂『ハイテク型開発政策の研究』ミネルヴァ書房，2001年，301頁。地方自治体の政策能力については，つぎの拙著を参照のこと。寺岡寛『中小企業と政策構想―日本の政策論理をめぐって―』信山社，2001年。
10） 中小企業政策と地域経済政策との関連の詳しい考察については，つぎの拙稿を参照のこと。寺岡寛「地域経済活性化と地域政策視点―政策論理と政策方向をめぐって―」『中小企業季報』2001年第2号。
11） これは私の地方自治体勤務においての経験則でもある。たとえば，中小企業不況対策などでの融資制度申込者の急増などは事務処理体制に支障をもたらした。
12） 対策と政策の相違点については，つぎの拙著を参照。寺岡寛『中小企業と政策構想―日本の政策論理をめぐって―』信山社，2001年。
13） こうした米国的価値観は歴史的な米国のポピュリズムにも起源をもつといってよい。こうした伝統的価値観と市場制度あるいは市場原理との関係については，つぎの拙著を参照。寺岡寛『アメリカの中小企業政策』信山社，1990年。

第5章　中小企業政策と国際比較

第1節　中小企業政策と国際比較

　歴史的にみて，政策研究は経済発展における先発国による植民地支配を契機として自国利益優先の構図を描きつつ，現地事情の解明とその下での一層の自国政策の浸透をめぐって展開した側面がある。もちろん，こうした諸国でも国内的には急速な産業化の影響により，既存の社会体制が大きな変革に見舞われ，その緩和をめざす種々の対策がとられたものの，その時点においては政策研究という大きな領域を形成するまでにいたったわけではなかった。

　ここでの領域という概念は，研究の社会化という概念に等値しておいてよい。政策は，まずは行政府での対応において実行されるが，こうした対応には限界があることから，新たな立法措置を必要とするため立法府の関心を呼び，その関与を促す。ここでは政策の立案と実行が優先される。政策は専門行政機関や立法府など一部の社会構成体においてのみその情報が領有される。こうした知識が大学や民間研究機関にも移転され，政策そのものが研究対象となり，その成果が政策情報というインプット（＝移入）と，大学などでの研究成果というアウトプット（＝移出）が双方向的に形成されて，初めて政策研究の社会化が行われる。この意味では，政策の必要性と実行，そして，政策研究の社会化との間には極めて長い時間的経過があった。

　他方，後発国においては，先発国の政策の影響を受ける側の論理として，そ

の政策のもつ影響力との対峙により，受容か排除かの現実的選択を迫られることにより，政策研究が開始される。これはわが国における明治維新以降の官庁による外国政策の直接的紹介，さらにはその背景にある法律や制度，さらには社会的価値観や文化性への研究を必然化させていった。こうした作業は専門家の絶対的不足のために，いわゆるお雇外国人による翻訳や事情紹介といった形態で実施されたりした。また，大学などで外国人教授に代わって，「洋行」帰りの後にそのポストを継承した大学人が，留学先の政策紹介に関与した。ただし，これは大学という組織としての関与でなく，あくまでも個々人としての参画であった。とはいえ，大学という場所は，欧米諸国に関するさまざまな知識の配給元としての役割が強く求められ，当然，いろいろな政策に関する知識が大学人を通じて配給された。しかしながら，こうした政策研究の社会化という面では，日本の大学は現在にいたるまで必ずしも大きな役割を果たしていない。この理由は，政策に関する情報の官庁による独占性あるいは閉鎖性，大学と官公庁との双方通行的な人事異動の欠如という側面に拠っている。

では，後発国における政策研究はどのような特徴を有するのか。それは当初から国際比較研究という領域が形成される傾向が強かった。この理由は，既述のように先発国による国際秩序が支配的な時代においては，当然ながら先発国への接近をめざすための時間節約的な政策研究が支配的となる。この意味では，政策の国際比較研究というのは，後発国で開始されつつ，その学問体系の発達をみる。そして，後発国がある程度の発展段階に達し，先発国を中心とする国際経済秩序や外交にある程度の影響を与え始めると，今度は後発国の政策に関する研究が先発国において創始され，政策に関する国際比較研究は双方向性を持ち始める。ただし，どの分野であれ，国際比較には幾つかの禁欲的な方法論を内包させておく必要がある。このことは，とりわけ，政策の応用性あるいは自国への適用可能性を意識する度合いの強い比較政策研究においてはなおさらそうである。

こうした比較政策研究にはつぎの3つの比較軸を設定することが重要である。
① 時間軸——政策形成の背景とその効果発揮に影響を与えた内外の経済環境や世界情勢を与件として他国において再現することの困難性。つまり，その国の政策課題の解決を目的として実施された政策の効果のある程度の

部分は，その時期の経済環境などによってもたらされた，いわば偶然性に支配されたものであり，これを考慮に入れてその政策の評価分析を行う必要がある。

② 空間軸――政策実施において効果を収めた国のもつ経済圏などについて認識をもつ必要性がある。これには貿易圏あるいは直接投資圏などがある。こうした経済圏との関係が双方有効に働いたことが政策効果を大きくした側面を考慮に入れる必要がある。これもまた与件として他国が再現するには限界性がある。

③ 制度軸――これはその国のもつ制度的障壁―しばしば，文化的障壁として誤解される場合が多いが―と言い換えることも可能である。他国において政策効果を発揮させた制度の導入には，さまざまな障害が立ちふさがるのが通例である。これには社会的価値観との相克，さらには既存制度との整合性，制度に関わる受益者との対立と調整などがあり必ずしもそのまま実行されるとは限らない。

ときとして，こうした3つの軸は独立して存在し，作用するのでなく，相互作用関係をもつ場合も多い。政策の実効性についていえば，こうした与件の再現が困難であることから，政策の他国への応用性においては異なる時間軸を構成する必要がある。同様なことは，空間軸や制度軸に関しても指摘できよう。このことは接木を思い浮かべればわかりやすい。政策の他国への移転性は，同一系統の木々の間での接木は比較的容易であるが，それが異なる系統の木々の間では困難であることとの類似性をもつ。わたし自身はこれを「政策の接木効果」という概念で表現している。この概念は，また，樹木を種から，あるいは苗木から育て上げると長い期間を要するが，同種系統の樹木に幼木を接木することで，花も実も成る樹木(＝大きな効果を収めうる政策)を短期間に育成することが可能になることも含む概念である。他国の政策が短期間に自国に移転可能であるとすれば，自国のもつ時間軸，空間軸あるいは制度軸に近似する「土壌」と「接木される樹木」の性質を見極めた上でその樹木（＝政策）を選択すべきということが重要であるのはいうまでもない。

一国で成功を収めた政策は，必ずしも他国において同等あるいは類似の政策効果を収めるとは限らない。それは既述の政策与件としての時間軸，空間軸と

制度軸が他国において異なるからに他ならない。この場合の政策の接木効果は現れず，その政策は枯れ木となり，場合によって土壌（＝他の制度など）や他の樹木（＝政策）にも悪影響を及ぼす。換言すれば，政策の導入が新たな政策を必要とする政策問題を生み出すことにつながる。

このように，より実践的な目的，つまり，発生した問題への早急な解決策を探ぐることを終局的目的とする比較政策研究においては，他国の政策を参照にしつつ，自国へ応用する場合，最大の接木効果を収めるには，上述の3軸接近による研究蓄積が不可欠である。比較政策研究におけるこうした3つの軸を視座に据えた方法論は，より具体的には政策形成の歴史的側面に注目した政策史（＝時間軸），地域史（＝空間軸），制度史（＝制度軸，政治史も含む）という分野での研究蓄積を前提とする。比較中小企業政策研究においても同様である。

第2節　類型としての中小企業政策

中小企業政策は他の多くの政策と同様に「政策としての型」をもつ。と同時に，その型は他国との比較においても一定の「政策としての型」をもつ。後者を国別にみた中小企業政策の国際比較類型ととらえることにする。こうした類型は，それぞれの国において形成された政策が前提とした問題の位相に基本的には規定される。

つまり，中小企業政策はその政策課題の前提にあるいわゆる中小企業問題の

第11図　中小企業政策形成過程の構図

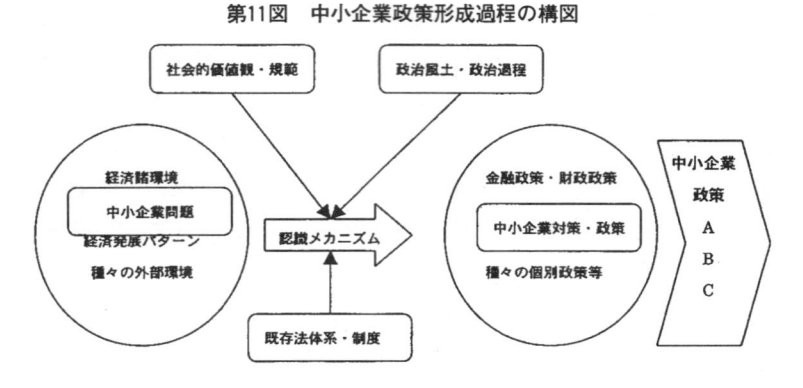

あり様によって共通する領域，あるいは異なる領域をもつ。それぞれの国における中小企業問題の領域とそれを問題として認識する社会的規範によって，中小企業政策はそれぞれの国において一定の型をもつ。中小企業問題の領域において近似し，その政策課題の認識と実際の政策形成においてある程度の類似性をもつ国において，中小企業政策は一定の類型をもつ。これを構図的に示せば，第11図のようになる。

　中小企業政策はその対象となる政策課題の設定を前提として，政策課題は中小企業問題から派生する。中小企業の抱える問題領域は，その国民経済において実態的に中小企業（＝中小規模の経営主体）が一定の割合―生産額，販売額，雇用数など―を占めており，それゆえに中小企業の存立変化が国民経済に大きな影響を与えることにおいて形成された歴史的経緯をもつ。しかしながら，その発現契機や形態，あるいはその時期は，比較対象とする国における経済発展の歴史性，それを取り巻いてきた経済諸環境や種々の外部環境との関係において必ずしも同一ではない。

　たとえば，日本や欧州諸国のように手工業的家内工業が広汎に存立し，存続したような諸国と，米国のように早期にそうした分野が機械制工業によって駆逐された国においては，中小企業の成立と発展は必ずしも同様なものではない。また，その背景にあるそれぞれの国のもつ経済諸環境，たとえば，隣国との経済関係，あるいは国内経済における封建的制度の残存性，国土の広さと交通の発達，より広範囲の外部環境としての外交関係や世界事情などにより，中小企業のもつ競争範囲とそのあり方は多様性を帯びる。封建制度ということでは，特に国家的統一が早期に成立しなかった国において，小国の分立と全国的統一市場の遅れは，それぞれの地域において小規模工業と零細な商業組織を存続させつつ，事業家の自由な参入を困難とさせる組合制度を強固なものとさせる。

　他方，米国のような封建的遺制をもたない新興移民国家においては，種々の事業革新を阻む組合制度や封建諸侯が残したさまざまな制度の希薄性が，未開拓な地域の存在ともあいまって，いろいろな分野で新規企業を多く生み出していった。ここでの新規企業の生存確率は，封建制を残す経済でのそれとは異なる。また，その競争範囲も異なる。たとえば，米国のような国では既存の企業群との競争度合いは少なく，競争は新規企業群間で展開するのに対して，欧州

諸国や日本では既存の小企業群との競争も含みつつ展開していった。

とはいえ，中小企業のかかえる問題が個々の経営主体の問題でなく，中小企業群としての集団性の強い問題として発現するのは，不況期，とりわけ，長期化した不況期においてであった。それは，中小企業のもつ経営的脆弱性によって，事業の行き詰まりによる倒産の急増によって顕在化したものであった。しかも，こうした問題の位相は，単に個別経営主体としての中小企業者の経営管理における低位性あるいは未熟性という面だけでなく，中小企業の存立が大企業の成立とその競争関係の中で大きく揺さぶられはじめたことに起因した。もっとも，19世紀末の米国のスタンダードオイルにおけるトラストが，当時の米国産業全体に波及し，新規企業の参入や既存企業を徹底的に排除したわけではなかった。現実には，多くの新規参入小企業とともに既存中小企業もまた業態を変化させつつ，新たな参入を促すさまざまな事業分野が存在していた。このことにより，多くの小企業が生まれ，中小企業へと発展していった。つまり，中小企業からも多くの大企業が生まれつつあり，こうした大企業により吸収合併されたり，事業機会が奪われ倒産にまで追い詰められたりした中小企業があったものの，大企業が成長する一方で，中小企業の存立も広汎にみられていた[1]。

他方，日本では，江戸時代において，自給自足的な農家の副業形態としての手工業とは別に，諸藩における殖産興業政策の下で各地に手工業的家内工業が成立し，商品経済の発達とともに，それらは問屋などの支配下にある問屋制家内工業として発展をみせていた。また，江戸や大坂には都市のさまざまな需要に応じた手工業や雑業が広汎に存立していた。明治維新後は，西欧列強に対抗するためのさまざまな近代化政策が模索・試行された。殖産興業政策としては，前田正名等の在来産業振興構想もあったが[2]，近代工業の育成に力点がおかれた。とはいえ，こうした育成分野の企業群が既存の在来産業分野における手工業的家内工業の存立に大きな影響を与えたものの，それらを駆逐したわけではなかった。むしろ同時並行的な発展がみられていた。この理由の一端は，大企業が欧米諸国に伍して自立的に発展する上で必要な資本と技術の両面における参入障壁は，日本の場合には高く，政府の保護と育成にまつところが大きかったためでもあった。これには時間を要し，現実に世界市場において競争力を保

持しえたのは手工業的家内工業群であった。また，こうした分野とは別に，欧米諸国から輸入された軽工業製品は，都市などを中心とする手工業者によって日本に定着していったいわゆる移植型小工業も発達し始めていた。したがって，日本の場合は，江戸期からの在来型分野と明治期以降の移植型分野において，小工業が成立し，この中から中小企業へと発展していった。こうした両分野の生産や流通に関わって在来の問屋なども存続していった[3]。やがて，当初は政府の保護を受けつつ，発展していく大企業がこうした中小企業へ素材や中間財を提供することにおいて補完的役割を果たすことになる。

ドイツなど欧州諸国では，わが国に比しての産業革命における先行性もあり，米国と日本の中間形態における中小企業の存立状況がみられた。在来的手工業が広汎に存立しつつも，機械制工業の発展は市場においての競争条件を変化させ，機械化を進めつつ発展する中小企業が生み出された一方で，倒産，転廃業を含め市場からの退出を余儀なくされた中小企業も出始めた。また，国家統一による市場規模の拡大により，機械化による大量生産体制が大企業において成立し，こうした大規模経営が地域市場に存立基盤をおいた中小企業に影響を及ぼした側面にも留意しておく必要がある。

こうしてみると，中小企業[4]という概念は国別に時間経緯にずれがあるものの，一方において大企業の存在が意識されつつ，他方において新しく生まれた，あるいは既存の零細企業群との間にある企業規模概念として実態的に成立していった。したがって，日本で大正後期に小工業から中小工業や中小商工業という用語が政府文書や帝国議会の法案審議，あるいは論文でしばしば用い始められるのは，こうしたことを背景とした[5]。しかしながら，中小企業がその国民経済において実態的に広範囲に存立し始めたことが，すぐに中小企業政策の必要性を高めたわけではない。

中小企業政策の対象とせざるを得ない問題の発生と，政策主体（＝中央政府あるいは地方政府など）による政策課題の設定の間に，中小企業問題の認識メカニズムがあって，実際の中小企業政策が立案され，実行に移される。歴史的にみて，政策を必要とさせた中小企業問題の発生は，1929年の米国の大恐慌を契機とした時期である。米国についてみても，1920年代初頭には深刻な農業恐慌によって農家救済を企図する農業政策が検討されつつ，その一部は実施に移され

ていたものの，欧州を中心とした第一次世界大戦による好景気を享受した商工業は拡大基調にあった。しかしながら，1929年のニューヨーク株式市場での株価の乱高下とその後の大幅な下落は，信用の膨張に支えられた米国経済を一転させ，銀行の倒産，大企業による事業縮小と解雇の急増，中小企業の大量倒産という問題を生み出すに至った。

　米国連邦政府は，銀行など信用機構の早急な建て直しを迫られることになる。しかしながら，中小企業への政策についてみると，活発な議論が政府や連邦議会の内外でそのあり方や実施方法が論議されたが，実際のところ大きな進展を見せたとはいえなかった[6]。それは，中小企業は米国経済において広汎な存立をみせていたものの，政策実施の前提となる統計の整備や中小企業の法的定義などの統一は行われておらず，現実に政策を立案することには種々の困難があったためでもあった。また，その困難は，米国における中小企業政策の実施にいたるまでの問題認識メカニズムのあり方にも関連した。これは米国社会のもつ社会的価値観や規範，あるいは国家観にも起因した。「もっとも少なく統治する政府がもっともよく統治する」というジェファーソン・デモクラシー以来のポピュリズム的伝統は，市場経済への政府の介入を忌避させていた。また，19世紀的な自由経済主義に基づく既存の法体系や制度では，国家による市場経済での民間経済活動へ積極的な介入を擁護することが困難であり，大きな法的な枠組み，とりわけ，経済法の転換を促しており，早急には解決しえない種々の問題があった。この側面は，第11図にも示した政治風土や政治過程にも大きく関連した。つまり，それは立法府である議会の与野党関係に加え，より本質的には政党の経済観にも大きく依拠するものであった。

　米国の戦前の中小企業政策史を振り返ってみると，政策理念や政策目標の明示化は，さまざまな制度的な構想の登場を別として，実績としては取り上げるべきものは多くない[7]。さまざまな中小企業政策関連法案などが連邦議会に提出されはしたが，つまるところ，戦後においてその実現をみていった。これは米国における認識メカニズムのあり様と，大恐慌時代で政府の役割が拡大され，従来の自由主義経済観が修正・発展していったことに関連する。こうした米国型の中小企業政策の特徴というのは，基本的には中小企業への関与を，民間における取り組みにおいて解決困難な問題領域に限って最小限の範囲で対処する

という型である。つまり，政策の優先度において，金融政策や財政政策による経済運営，さらには，市場経済での競争原理を重視する反独占政策により市場経済体制への監視を行うことがまずは優先された上での個別政策の一つとみなされた。市場の失敗による中小企業の問題発生への公的関与が米国的政策理念であり，そこで反独占政策的論理が強調されるのは，本来は民間分野において解決されるべき問題に，中小企業政策という形で政府が関与するのは，あくまでも市場経済の公共的性格を維持・強化するためであるとみられる。第11図での「中小企業政策類型A」というのは，こうした米国型の中小企業政策を意識したものである。

　他方，日本の場合，米国とは対照的に，後発国としての既存法体系や制度は，先発国への追いつき型国家としての民間経済活動への介入度合いを内包させたものであり，かつ，広範囲にわたる状況対応的な行政指導が実施されてきた経緯がある。したがって，ここでは，前述の「もっとも少なく統治する政府がもっともよく統治する」というジェファーソン・デモクラシー以来のポピュリズム的伝統がむしろ希薄であり，「もっとも多く統治する政府がもっともよく統治する」という面がすべての政策分野とはいわないまでも，特に国家が戦略的重要性から判断した分野においては政府の関与度合いが大きな政策が導入されてきた。したがって，社会的価値観や規範は，明治期以前における地域文化の多様性に起因して地域差があったものの，政府の中央集権化政策のもとで官尊主義に秩序付けられて定着していった側面があった。他方，政治風土や政治過程においても，大正期になり大正デモクラシーを底流として日本の政治も政党政治化したものの，基調的には依然として官治政治の側面が強かった。こうした問題の認識メカニズムの下では，政府の判断する重要度において政策の優位性が決定される。ここでの経済政策理念における優位性は，先発国への追いつきという政策目標にリンクした産業政策であった。日本の場合，一方における消費財（＝軽工業）輸出産業の振興と保護，他方における資本財と中間財の輸入代替（＝国産化）というのが政策目標であった。

　前者の輸出産業において大きな役割を担ったのは近代工場部門でなく，小工業群であり，こうした小工業における手工業的生産工程や問屋による買い叩きにより，粗製濫造問題が顕在化しつつ，輸出市場における日本製品全般の悪評

を定着させた実態が重視され、政府での対応策を促した。日本における経済主体の小工業あるいは中小企業の生み出す問題は、輸出振興に政策上の優先順位をもつ政府において重要視され、検査の強化という対処療法的対応策から、問題の是正あるいは解決を図る予防的な政策の立案が強く意識されるようにいたる。こうした政策的立場は、いわゆる途上国での政府の強い指導力の下での開発独占的な政策体系に同様な事例を見出すことが出来よう。したがって、政府においては、米国よりも統計的把握や問題分析が早期に開始されていた。

　ただし、こうした産業政策論理とは別に、日本もまた昭和2[1927]年の金融恐慌とその後の米国発の大恐慌により地方銀行の破綻と中小企業の大量倒産という事態を迎え、さまざまな応急措置の立案と早急な実施を迫られることとなる。とりわけ、金融助成措置に焦点が絞られた。前述の米国の場合、連邦議会に中小企業金融助成法案が多く提案されたが、戦前において具体的な実現をほとんどみなかったのとは対照的に、日本では予算規模的には大きな制約を受けていたとはいえ、中小企業向け金融制度が中央政府および地方庁において実施されていた[8]。これは、すでに産業政策的範疇において、あるいは社会政策的範疇の一部において、政府が中小企業問題にすでに関与していたことによる政策経験がその底流にあったためである。こうした戦前期日本の中小企業政策類型は、第11図では「中小企業政策類型B」と表現している。

　他方、欧州諸国では手工業的伝統において、ツンフトやギルド的組織を認定、あるいは少なくとも排除しないことによる零細商工業への保護策が継承されつつ、その後の産業革命による機械工業の興隆、さらには欧州大戦後の復興経済における中小企業への支援策の模索、さらには大恐慌下の需要減や競争激化に呻吟する商業部門、手工業部門と中小工業部門への救済策が探られた。手工業部門や商業分野への保護立法が検討された国や、必ずしも政府の積極的な関与まで進展しなかった国もみられた。欧州諸国の政策は、国によりいろいろな取組みがありヨーロッパ型ということで、一律に第1図の類型Aと類型Bの中間に位置する「中小企業政策類型C」に取り込むことには問題があるのはいうまでもない。しかしながら、それは封建制をもたず、ポピュリズム的国家観の類型Aと日本のような類型Bとの間にあるかなり広範囲な政策領域の中間形態としての類型Cということになる。

これらは第二次世界大戦以前の中小企業政策に関する類型である。戦後は，日本やドイツなどは被占領国家となり，占領国の政策論理の注入が行われた。日本においては，実質上の米国単独の占領であったことから，類型Aの中小企業政策論理が導入され，戦前型の類型Bとの角逐と調整を経て，昭和30年代に戦後型の中小企業政策が形成されていった。複数国の占領と占領政策の下で戦後の中小企業政策などを形成していったドイツについても，同様の指摘ができよう。とはいえ，実際の政策や制度の底流としての政策理念や政策論理という面では，それぞれの国での政策遺伝子ともいうべき類型をもつものである。

　以上にみた国別類型とは別に，第12図に示したように，同一国においても市場形態や企業行動の変化により，中小企業政策もまた変容せざるを得ない。したがって，自国における政策においても，時系列変化を軸とする政策の型が生じることとなる。交通や技術の発達が限られている時期においては，企業の事業範囲や事業形態は地域市場を中心とするものである。通常，この場合においては，小規模企業の形態が一般的であって，競争を通じての優勝劣敗の度合いは限られる。つぎに，交通（高速あるいは大量輸送の普及）や技術（特に，保存技術など）の発達により，全国市場が形成されると，生産や販売方法における革新により大企業体制が成立し，既存の中小企業が影響を受けるほか，参入障壁も高まり，新規参入が困難となる場合も出てくる。さらに，国家間の貿易障壁などが除去されつつ，世界市場が形成されると，大企業の中でも階層分化がおこり，世界的企業が成立する一方で，中小企業もまた大企業の市場行動により影響を蒙ることとなる。現在は，こうした世界的企業の一層の海外展開——これは単に製造部門にのみならず，研究開発，現地化設計，資金調達など広範囲に及ぶ——に加え，国内大企業もまた部品調達の国外への外延的拡大をはかる。必然，中小企業の競争範囲は国内から国外へと一挙に拡大することとなる。こうした市場形態や企業行動の変化に応じて，つぎのような政策類型が生じる。

1）政策類型①——地域市場あるいは全国市場など国内経済対応型の事業形態に応じた企業行動の段階。
2）政策類型②——世界市場などを対象にした世界経済対応型の事業形態に応じた企業行動（たとえば，輸出など）の段階。
3）政策類型③——世界市場などを対象にした超国家（transnational）経済対

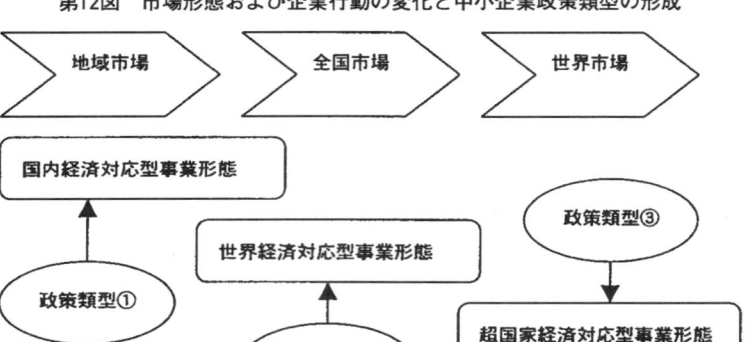

第12図　市場形態および企業行動の変化と中小企業政策類型の形成

　応型の事業に応じた企業行動（海外直接投資のみならず，さまざまな経営資源の国民経済を越えたグローバルな調達までを含む）の段階。

　たとえば，国内経済対応型の事業形態が一般的な段階に導入された中小企業政策は，その対象とした問題の位相が変化し，世界経済対応型の事業形態が支配的になる段階，さらには世界的大企業の海外適地生産あるいは世界的調達政策の下での超国家経済対応型の事業形態が顕在化する段階においては，その有効性は極めて限られたものとなる。したがって，2）や3）の段階では，それ以前とは異なった型としての中小企業政策となる。たとえば，不況カルテルなどの市場制限的中小企業政策などは，開放経済体制がより顕著となる段階では，以前の国内政策として発揮された効果が著しく減じるのはこの一例である。

　こうしてみると，既述の国別類型，すなわち，米国型中小企業政策，日本型中小企業政策，欧州型中小企業政策もまたそれぞれの国民経済の存立変化とこれに応じた企業行動の変化によって政策類型①から政策類型②をへて政策類型③という要素を取り込まざるを得ないこととなる。各国の現在の中小企業政策というのは，既述の国別類型と同一国における時間的要素と経済の発展段階に応じて変化してきた類型とのマトリックスで表される中小企業政策の型をもつことになる（第13図参照）。

　多くの欧州諸国，米国さらに日本，最近においては韓国や台湾においては，時間類型的には③の段階にある。また，その国の中小企業政策理念や論理に大

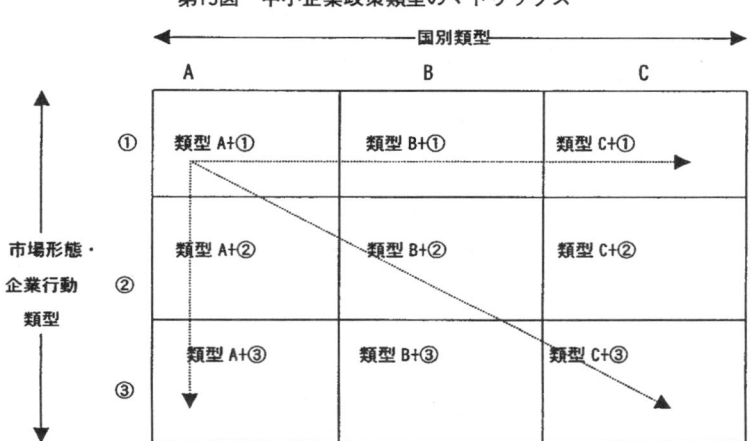

第13図　中小企業政策類型のマトリックス

	A	B	C
①	類型 A+①	類型 B+①	類型 C+①
②	類型 A+②	類型 B+②	類型 C+②
③	類型 A+③	類型 B+③	類型 C+③

（横軸：国別類型　縦軸：市場形態・企業行動類型）

きな関連をもつ国別類型では3つの形態が想定できよう。他方，旧社会主義圏から市場経済体制へ移行しつつある中東欧州諸国では[9]，世界経済対応型事業形態という段階で，なおかつ，米国型政策論理類型を目指すグループと欧州型政策論理類型を組み込もうとするグループがあり，それぞれの政策形態は異なる。同様に，アジア地域でも，タイと旧社会主義圏から市場経済などへの移行を進めつつあるベトナムとでは異なる中小企業政策の類型がみられるのはこの事例といってよい。

第3節　政策の共通領域と異質領域

前節で中小企業政策の比較類型を試みた。大きな政策的枠組みとしてはこうした同一類型に位置付けられる政策であっても，実際にはさらに異なる範疇を形成する。それは現実の政策が第14図に示した政策のもつ3つの段階をへて実行されるからである。

政策は一般に，第1章で検討したように，政策立案，政策監督そして政策実行という段階をたどる。政策立案については，米国などのように議員立法が盛んな国から，わが国のような行政主導の政策立案の比重が高い国もある。政策監督については，いずれの国においても政策所管機関が存する。もっとも，中

第14図　中小企業政策における段階性

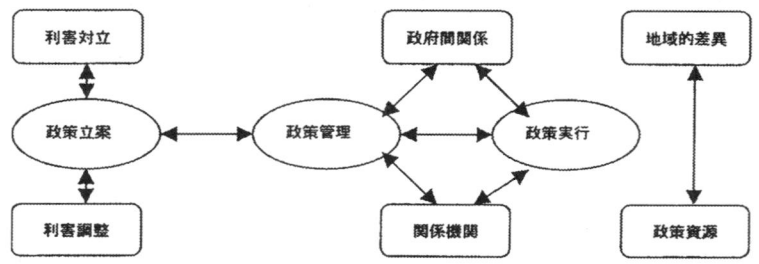

```
   利害対立              政府間関係           地域的差異
      ↕                   ↕  ↕
   政策立案 ←→ 政策管理 ←→ 政策実行
      ↕                   ↕  ↕                ↕
   利害調整              関係機関             政策資源
```

　小企業政策に関しては，日本や米国のように中小企業庁という専門機関を有する国がある一方，経済省や産業省の内局として所管機関が設けられている諸国もある[10]。そして，実際に政策を実行する機関がある。政策監督と政策実行が同一である国がある一方，異なる国もある。たとえば，米国の場合，政策監督は中小企業庁（SBA）であり，政策実行は各州に配置されたSBA地方事務所（大都市圏や群単位など）が行う。日本の場合には，政策監督は中小企業庁であり，実際の政策実行は地方庁に委ねられてきた。

　こうしてみると，同一の政策でも，さまざまな利害対立とその調整をへて立案された中小企業政策は，実際には政策監督と政策実行との間にある制度的なあり様によって政策の具体性が異なる。政策監督と政策実行が中央集権という行政機構形態で結びついている場合，その政策はややもすれば地域差や実際に利用しうる政策資源の差異を無視した画一的なものになりやすく，所期の政策目的が達成される可能性は低くなることになる。こうした中央政府と地方政策とのいわゆる政府間関係が政策効果にも大きな影響を及ぼす。とりわけ，第2章でも強調したように，中小企業の場合，地域経済に密接な関係をもって存立する割合が大企業と比べて高く[11]，それだけに地域の差異に呼応した政策実行，あるいは，政策立案へのフィードバックが重要となる。つまり，政策立案での政策目標の設定，政策手法，あるいは政策実行手順などの大枠決定と，実際に地域の実情にあった政策選択を許容する政策監督という型がある場合とそうでない場合とは，現実の中小企業政策の効果面からみた類型は異なる。さらに，政策実行段階において，政策資源がどの程度，整備されているのかどうかも重要である。なお，ここでの政策資源の概念は，産学官にわたる人材や関係

機関は当然ながら，その地域がもつ中小企業の集積性，産業構造など広範囲にとらえておく必要がある。したがって，同一類型に属するような中小企業政策であっても，上述のように政策の3段階のあり方によって共通領域と異質領域が存在する。

　概して，中小企業政策に限らず，政策をその根拠となる法律，その実施要綱である施行規則，さらには運用規則の文言からとらえる限り，諸国間に大きな相違はない。昨今，インターネットなどの普及で各国が英文においてその概要，あるいは政策にかかわる法律の全文を掲載するようになり，国際比較が比較的容易になってきた[12]。そこに盛り込まれている一般原則，あるいは具体的な制度については，先進諸国間でも共通する部分も多い。また，移行期あるいは移行を終えたとされる中東欧諸国，日本企業や欧米企業の進出に伴ってサポート(すそ野)産業振興を目指した中小企業政策の導入に熱心であったアジア諸国の政策体系や実際の制度整備をみても，先進諸国のそれらと大きな隔たりはなくなってきた。

　したがって，政策体系や助成制度からもまた類型としての中小企業政策は近接性あるいは近似性をもつようになってきた。しかし，実際にはそれぞれの国のもつ経済の発展段階，世界経済との連動性，あるいは，政策段階のあり方によって，政策体系としての類型と実際の政策としての類型とは峻別して理解する必要がある。現在のグローバル化という概念は，経済活動のみならず，情報流としてもとらえておくべきである。過去においては，他国の政策や制度についての情報収集には種々困難な面があったが，上述のように現在はインターネット上のウェブサイト[13]を通じて短時間で可能となってきた。単なる助成制度に基づく政策体系のみによる類型の試みは禁欲的でなければならない。

　むしろ，型認識としての中小企業政策の分類は，第11図で示した政策形成過程の背後にある社会的価値観，政治過程や他の政策との関連性，第12図で概観した市場形態や企業行動の変化など，さらには第14図でみた政策の段階性からとらえることが，比較中小企業政策研究の基礎的作業となる。そして，一見，同様な政策類型ととらえられた中小企業政策が，実際に異なる効果をもつことは，それを受容する社会構造や経済構造の相違から生ずることに起因する。し

たがって，比較中小企業政策研究において，その比較精度の度合いを高めるには，こうした基礎作業の積み重ねを不可欠とする。

1) 米国経済の発展と中小企業との関係についての詳細は，つぎの拙著に譲る。寺岡寛『アメリカの中小企業政策』信山社，1990年。
2) 前田正名の『興業意見』にみられる政策構想の背景などについては，つぎの拙稿を参照のこと。寺岡寛「日本の政策構想をめぐって―前田正名とその時代を中心に―」（1）『中京経営研究』第12巻第1号，2001年9月。
3) 詳細は寺岡寛『中小企業政策の日本的構図―日本の戦前・戦中・戦後―』有斐閣，2000年および同『中小企業と政策構想―日本の政策論理をめぐって―』信山社，2001年，を参照のこと。
4) ただし，米国では小企業（Small Business）が一般的であった。米国の小企業概念の歴史的経緯については1）前掲書を参照のこと。
5) わが国における中小工業や中小商工業という用語の登場と定着については，寺岡前掲書『中小企業政策の日本的構図』を参照。
6) この詳細な経緯については1）前掲書を参照のこと。
7) 1920年代のチェーンストア問題に端を発して1936年に制定されたロビンソン・パットマン法や戦中の戦時経済体制に関連して設置された中小企業動員組織に関する法律もあるが，いずれも米国中小企業政策体系がきちんと構築された中で生まれたものとは言い難い。多くの立法措置は戦後に持ち越された。詳細は1）前掲書を参照。
8) 信用保証制度もこの時期に地方政府庁において試行・実施されている。
9) もちろん，ポーランド，チェコやハンガリーなどと，市場経済への移行が遅れたブルガリアやルーマニアなどでの政策課題は必ずしも同一ではない。
10) 日本では世界的にみて極めて早い時期に中小企業庁が設けられた。昭和23［1948］年のことであった。これは米国の占領政策の強い影響の下で設置された。当初は商工省（当時，のちに通商産業省）の中の一つの内局として設けられる予定であったが，GHQとの交渉の結果，中小企業庁となった。ただし，米国では設置までに種々の政治対立と妥協があり，米国中小企業庁は1953年に臨時設置，5年後に恒久設置となった。日米両国が中小企業庁設置で先鞭をつけたといえよう。これに対して欧州諸国ではこうした該当機関はあまりみられていない。なお，アジア諸国では，最近において中小企業政策の専門機関設置の動きもみられる。
11) 地域経済政策と中小企業政策との関係の議論については，つぎの拙稿を参照のこと。寺岡寛「地域経済活性化と地域政策視点―政策論理と政策方向をめぐって―」『中小企業季報』第3号，2001年。
12) 国際協力事業団（JICA）では，アジア，アフリカ，中南米，最近においては中東欧諸国の中小企業政策関係者を招いて中小企業セミナーを実施してきた。セミナー参加者は帰国時に報告書を作成・提出する義務があり，国際協力事業団に提出された各国別の中小企業政策に関するレポートも参考となる。
13) これについては，米国中小企業庁などの対応が早かったが，わが国でも中小企業

庁や中小企業事業団での英文ウェブサイトが充実してきた。欧州諸国もまた同様である。アジア諸国ではタイなどが注目される。また，アジア諸国でのこうした情報流の増大は，欧米留学組の政策担当者の増大とも関連するであろう。

第6章　中小企業政策の課題と展望

　一般に，テキストを意識した政策論にはつぎの二つの範疇がある。一つめの範疇は現行政策の紹介を意識したもの。これは現行政策を体系的かつ肯定的にとらえ，ややもすればそれは法制，制度の解釈書となる。これは各国とも，政府刊行物として入手できる『中小企業政策の概要』などが典型的である。他方，研究者によるこの種の著作では，批判的視角も同時に紹介される。だが，それは往々にして現行政策や制度に内在する課題，とりわけ，運用上の諸問題が指摘される一方，この背景にある政策論理の是非についてまで言及されることは少ない。これに対し，二つめの範疇は，たとえば，経済理論などからあるべき政策論理を導き出し，それを政策論に反映させたものである。

　このような二つのテキスト像は，中小企業政策史や制度史を扱ったものは別として[1]，従来の『中小企業政策論』においても共通の傾向がみてとれる。本書では，最初の範疇のような政策論は中小企業庁や政府系調査機関によってすでに多く発刊された解説書に委ねる。また，二番目の範疇のテキストは政府批判のイデオロギー的色彩の強い政策論に任せ，本書では政策実務者の経験知である「範囲」「段階」「対象」という観点から中小企業政策を描き出した。

　とはいえ，既述の一つめのテキスト類型についてもうすこしふれておこう。中小企業政策の場合，多くの国に共通する政策実施の端緒的モーメントは中小企業の実態成立と，中小企業のもつ経営特性が集中的に倒産というかたちで社会的不安を生み出し，何らかの対応策を政府に迫ることで形成されてきた。この過程は，第1章でも述べたように，個別対応的な措置が連続し，やがてそれ

らは省庁間などの対立と妥協を経て，基本法のような政策立法の下で政策論理と政策体系の統一化が図られてきた。とはいえ，こうした過程は中小企業者からの政治運動などに呼応した与野党間の政治力学の結果，現実には必ずしも整合的な政策論理と政策体系を生み出すものではない。それは政策実行段階における行政裁量的な制度運用がしばしば起こりつつ，中小企業などを取り巻く経営環境の変化により中小企業の新たな適応問題がおこり，必ずしも従来の政策体系に収まらない個別対応策が，たとえば，臨時措置法というかたちで追加され，政策は既存の建物に増築された迷路のような構造体を形成する。

　したがって，現行政策の紹介は，あくまでもその主なる構造としての制度を中心とするという意味での体系的紹介であって，現実の政策運用面までに踏み込んだものでなく，それは政策実務家からすれば現実の政策とはかけ離れた感をもつし，また，わたしも持ってきた。これは政策立案，政策監督，政策実行という段階別の政策分析では，従来の研究者による中心部分は政策立案の結果である政策立法の紹介と分析であって，政策監督や政策実行という面からの研究はそう多くない。これはわが国の行政情報の公開がいまだに遅れた段階にあることにも起因している面が多い。中小企業政策に限らず，政策論は上記の3つの段階を網羅して初めてその完結性をもつ。

　この点において，情報公開制度での先進性を主導してきた米国を対象とした政策研究の容易性があると同時に[2]，わが国における政策論の特徴（＝困難性）がそこに見出せる。つまり，冒頭の政策論類型にもどれば，それは第一の類型である現行政策の体系的な紹介書であっても，政策監督や政策実行での政策問題の事実関係とその問題を整理した部分を大きく欠落させたものとなっている。必然，第二類型的な理論偏重の政策論が登場することになる。こうした政策論は欧米諸国での帰納的方法論によって導かれた理論をベースに日本の実情をある程度取り込んだものである場合が多い。ある程度といったのは，それはしばしば理論に合致した政策，あるいはそれとは好対照を為す政策が取り上げられることが多く，この中間にある部分が捨象されてしまうためである。政策実務者ならば分るように，実はこの部分が大きな比重を占めることは経験知である。

　こうしたことを念頭において，本書では各章で政策のさまざまな段階から中小企業政策をまずとらえた。中小企業問題の集中的発生，それは大企業との対

比において顕著な経営の脆弱性が倒産というかたちで顕在化し，大企業による市場支配が高まった時期などに個別対応策としてさまざまな措置が応急的，臨時的に実施されてきた事実を重視した。これは第1章の政策段階の範疇[3]でいえば，第一範疇（生起した諸問題へ個別導入された対応策が，後日，そこに共通的な政策論理が与えられ，統一的な体系に組み入れられたことで成立したもの。つまり，政策とは個別対応策の集合体としての政策である）と第一段階（短期的な対応策・既存の法制度，予算の中でのルーティン的な範囲内での状況的個別対応である）・第二段階（中期的な対応策）に呼応した政策形成時期である。やがて，応急的措置や臨時的措置の導入は，中小企業者における政治意識を喚起させ，これらの措置の恒久化を求める動きを加速化させる。

なぜなら，中小企業問題が市場原理，つまり，その保有するさまざまな経営資源が市場での再配分機構を通じて中短期に自律的に解決されることが困難であると見なされる社会的認識がそこにあるからである。この時期は個別対策から体系的政策への移行期であり，第二範疇（当初から初期の目的を達成するために導入された誘導的制度の集合体としての政策）・第三範疇（第一範疇と第二範疇の中間領域にある政策）と第三段階（長期的な対応策）の形成時期にあたる。ここでの問題は，中小企業政策の対象となる中小企業数の膨大性と被対象層（政策対象となる適格中小企業）の選定において政府にかなりの財政負担を強いるものであり，それゆえに大きな政府の成立を前提とする。

この意味では，第二次大戦前において中小企業対策（＝応急的，臨時的）から中小企業政策（＝恒久的）への動きは，日中戦争以降における戦時経済下の統制政策の時期はともかくとして，いずれも膨大な予算的措置を伴わない分野に止まった。組合制度で代表される組織化政策はこの事例の一つである。他方，中小企業金融政策については，地方商工会議所などからの建議が多く出されたが，災害融資や事業融通制度はいずれも当初は臨時的措置であったし，また，信用保証制度も一部の地方庁での試験的レベルでの実施にとどまった[4]。これは大蔵省などの財務官庁の慎重論も当然ながら，金融恐慌から大恐慌をへて政府の財政そのものの破綻状況という背景に起因した。こうしたなかで，中小企業者自らが基金を集め，それを補填するというかたちで政府出資を求めるという運動のなかで商工組合中央金庫がようやく設立されたものの，その本格的発展は

第15図　産業構造の変化と中小企業政策

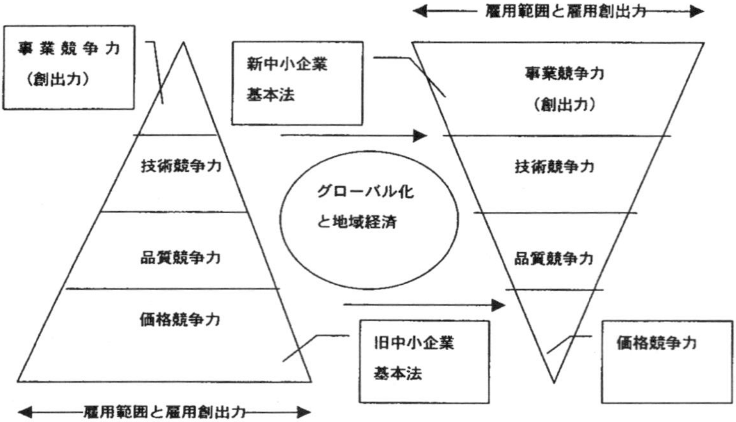

他の中小企業金融制度の発展とともに戦後に持ち越された[5]。

　中小企業金融政策は，政府の財政力拡大を背景に復興から高度成長にともなう大きな政府の成立によって整備されていくことになる。ここでの政策論理は戦後の混乱期，復興期での第一範疇的対応策から昭和38［1963］年の「中小企業基本法」「中小企業近代化促進法」によって第二範疇的な合目的的な中小企業政策に受け継がれることになる。第1章第5節で紹介した政策論理に関連させれば，ここでは産業政策型論理が色濃く反映された。この政策論理は，戦後復興から本格的な日本経済の成長には経常収支の改善が重要課題であり，これに貢献しうる重要産業の育成を図りつつ，やがて来る貿易・資本の自由化を克服するにはその国際競争力の強化が不可欠とされた。これは繊維産業など中小企業性業種における設備近代化に加え，機械や電子など将来的に成長が期待できる加工組立産業における大企業と中小企業の生産性格差是正のための設備近代化の政策論理でもあった。「中小企業基本法」はこれを日本型中小企業政策の明確な政策論理として打ち出し，実体法として「中小企業近代化促進法」が制定され，以降，中小企業近代化政策が展開した[6]。

　この政策論理を第2章で取り上げた競争段階別の構図をすこし変えて示したのが第15図である[7]。「中小企業基本法」と「中小企業近代化促進法」によって

代表される昭和30年代以降のわが国中小企業政策の目的では，第15図のように価格競争力と品質競争力を改善することに重点が置かれたといってよい。その後，わが国の賃金上昇に加え，アジアなど競合国の登場により構造不況業種の増加，全般的な国際競争力の低下によって，近代化促進政策はその性格を生産性向上だけでなく，知識集約化などで象徴される一層の品質競争力と技術競争力に重点を移していった。

　むろん，この間のわが国中小企業政策論理は産業政策型論理だけを中心として展開したわけでなく，構造不況業種の増加，あるいは量販店の登場・成長と中小商店の調整問題の激化により，近代化促進政策のような効率性を進める政策がある一方，他方で非効率性を温存させる社会政策型論理が同時に中小企業政策に組み入れられていった[8]。これもまた高度成長期の大きな政府の財政力によって可能であった。とはいえ，産業政策型の論理についていえば，その利害は昭和60［1985］年のプラザ合意以降の円高定着によって産業間あるいは産業内で大きく異なるようになっていった。産業間ということでは，労働集約的産業ではすでに海外生産が進展し，産業内ということであれば機械や金属などの加工組立産業で大企業と中小企業の利害は，大企業による海外生産の拡大によって乖離していった。第15図では，大企業の価格競争力は合弁あるいは単独での海外での生産拠点の確立とその拡大，さらには国際部品調達への依存によって維持されるなか，こうした動きは部品や加工を受け持つ中小企業に大きな影響を与えていった。

　他方，社会政策型論理は財政赤字の拡大にともなう小さな政府論の登場で，中小企業政策に一層の経済政策としての合理性が求められていった。第15図でいえば，右端の政策論理が重要視されるようになった。つまり，事業競争力（創出力），つまり，何を作るのかということに対し，それをどのように技術的に可能としていくのかという技術競争力が求められてきた。これは従来の追いつき型の産業政策型論理から，新たな産業の創出という面での産業政策型論理の登場といってよい。そこでは，第3章で取り上げた技術政策を強く内包させた産業政策型論理の中小企業政策が登場したといってよい。これを象徴したのが平成11［1999］年の新「中小企業基本法」の制定と旧「中小企業基本法」の廃止であった。と同時に，市場原理が強く求められ，中小企業への社会政策型

第16図　民間経済活動と政策段階の構図

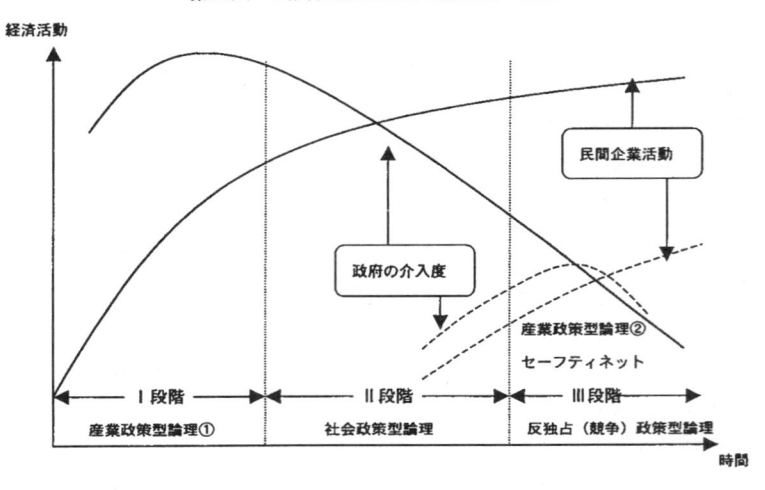

（図：経済活動を縦軸、時間を横軸とし、Ⅰ段階（産業政策型論理①）、Ⅱ段階（社会政策型論理）、Ⅲ段階（反独占（競争）政策型論理）に区分。民間企業活動、政府の介入度、産業政策型論理②、セーフティネットの曲線を示す）

論理は中小企業政策の形式論理としてはその色彩を薄めた。また，産業政策型の中小企業政策の政策効果もまた，日本経済のグローバル化に伴って企業，とりわけ，大企業などの企業行動が変化し，第5章の中小企業政策の国際比較で示したように大きく変容してきた。

　こうしてみると，中小企業政策は，第5章でも強調したように，国民経済の発展パターンに大きく連動し，時間的経過とともに多く変化してきたことが理解できる。これをやや単純化して示したのが第16図である。第Ⅰ段階は産業政策型政策論理が前面に出る時期である。これは経済発展の初期，あるいは戦後の混乱期―日本や欧州諸国の第二次大戦後だけでなく，最近ではボスニアなど旧ユーゴスラビア地域の内戦後の政策についても妥当する―において，市場の整備が不完全であり，また，各種の資源不足の経済状態においては，市場原理に資源配分を委ねることが困難であるため，必然，政府介入による資源配分支配がとられる。ここでは特定の産業に資源配分における優先権を与えるということにおいて，さまざまな政策にこうした産業政策型論理が持ち込まれ，中小企業政策もまた特定産業の振興面で，中小企業の育成あるいは保護を必要とせざるを得ないという意味において，産業政策型論理を大きく取り組む。

　第Ⅱ段階では産業群の発展・成長により，市場の整備が進むとともに，従来

は不足し偏在していた経営資源が豊富になり，政府の介入度合いは低下していく。反面，産業ごとの成長度合いが異なることにより，また，外国産業との競合によって，産業の階層性が形成される。必然，産業により成長分野，停滞分野，衰退分野が顕在化し，中小企業の倒産転廃業が進展する。これをどのような政策で対応するのかということでは，中小企業政策に社会政策型論理を盛り込み，停滞あるいは衰退分野の中小企業の保護を行うのか，個人ベースとして雇用保険を中心とする労働政策で対処するかは，当該国の政府の役割に関わる政府観，社会的価値観によって異なる。いずれにせよ，第Ⅱ段階ではこのような政策課題が浮上する。

　第Ⅲ段階は，産業間の跛行的発展を伴いつつも，中小企業数の増加をみる段階である。しかしながら，産業によっては経済集中が著しく進行し，大企業と中小企業間の優勝劣敗競争が激化し，こうした経済集中度の高まりが市場での経営資源の有効配分を著しく阻害し，消費者主権を大きく制約し始める。つまり，独占的企業の成立，あるいは経済の寡占化は市場での異なる企業規模間の公正・公平な取引関係を困難にさせる一方，新たな企業の市場への参入障壁を高める恐れがあるからである。必然，市場ルールの明確化と市場の監視が必要となり，反独占政策あるいは競争政策型論理が中小企業政策にも求められるようになる。他方，雇用保険などを中心とした労働政策，あるいは，社会政策的な中小企業政策は，産業間の跛行性が強まることにより政府における財政負担を過重なものとさせ，小さな政府の命題の登場とともに，新たなセーフティネット論理の取り込みを必要とさせる。ここでは成長産業に連動したような職業訓練などを取り組んだ制度を含んだより広義の社会政策が求められる。

　とはいえ，こうした諸段階における政策論理はときとしてつぎの段階にまで継承された。社会政策型政策論理が第Ⅲ段階で完全に払拭され，競争政策型論理が完全にそれに取って代わるわけではない。そこには中小企業者をめぐる政治力学があり，保護政策が継続されることも多い。わが国における繊維産業政策とこれにかかわる中小企業政策にこの事例を見出すことができる[9]。実際の政策においては，産業政策型論理，社会政策型論理，反独占（競争）政策型論理がある種の重層性を形成している。たとえば，市場競争原理が強調される第Ⅲ段階においても，新産業ということでハイテク分野のベンチャー企業の創出を

促進させる政策が導入されるのはこの一例である。

　また，こうした諸段階での政策論理を政策手段あるいは政策主体という視点からみると，つぎのような特徴が見られる。中小企業政策における政策手段については，第Ⅰ段階，第Ⅱ段階，第Ⅲ段階をへるに従い，変化してきた。第Ⅰ段階においては，とりわけ，技術と資金の面における直接的助成が政策手段として利用された。やがて，第Ⅲ段階での小さな政府の登場は，民間証券・金融市場の活用と信用保証制度，さらには，ベンチャーなどの直接金融促進を目的とした税制優遇策という間接的助成手段の活用を一般化させていった。

　政策主体ということでは，米国が典型であるが，連邦政府のレベルでは市場競争原理が強調され，反独占政策型論理が濃厚な中小企業政策が実施される一方で，多くの衰退産業や停滞産業をもつ州において産業政策型論理がかなり濃厚な中小企業政策が実施されている。そこには連邦政策としての中小企業政策と，州（＝地域）政策としての中小企業政策の複線構造となっている。ややもすれば，中央集権行政国家である日本の場合，3つの政策論理が中小企業政策において混在しているような印象があるが，これは同一政策主体による政策実施と異なる政策主体による政策実施による相違に基づく側面を忘れてはならない。同時に，米国型政策においても，連邦政策としての中小企業政策において社会政策的色彩が少ない場合でも，州によっては黒人などマイノリティーの集中する地域において社会政策型論理を多分に含んだ中小企業政策の実施をみる。この意味では，比較軸をきちんとした上で中小企業政策の国際比較を行う必要がある。第5章で中小企業政策の国際比較の枠組みを整理したが，日本型政策，米国型政策，欧州型政策をある一定領域で明確に峻別するには，対象国の行政システムや行政法などの精密な比較をした上で，その制度運営まで立ち入って検討する慎重さが大事であることはいうまでもない。

　以上，本書のそれぞれの章でのいろいろな分析視点からの中小企業政策についてまとめた。最後に残された課題は3つある。一つめは日本型中小企業政策の有効性と限界性にかかわる議論である。これは時間の概念から見ておく必要がある。第16図で示した段階性では，日本型は明らかに輸出を核とした産業政策型論理を中心として形成されたものの，第5章の国際比較でふれたように，日本企業の行動形態がその経済環境の変化に呼応して国内市場型から世界市場

型さらには超国家型へと進行したことにより，その有効範囲を減じてきた。これは各国経済の連動性がより緊密化することにより，国内的な市場に連動した中小企業の企業行動を対象にした中小企業政策が大きな変容を迫られてきたことを意味する。ここでは，国民経済の枠をこえて世界規模での経済環境の変化が急激かつ広範囲に及び，政策主体である政府の対応は後手に回りがちである。結果として，中小企業の存立は市場での優勝劣敗競争とそこでの資源の再配分に委ねられ，以前のような事前的産業政策の有効性は減じ，中小企業政策は事後的なセーフティネット整備に関わることになる。と同時に，新たな産業への参入を促すような事業環境整備という面での政策領域に中小企業政策は移行することになる。

　この意味では，日本型もまた米国型や欧州型と時間的ずれがあるものの，同調性を高めざるを得ない側面がある。ただし，助成対象が企業重視か個人重視かによって，あるいは，政府の役割とその民間経済活動への関与度合いによって，その国での産業振興やセーフティーネットに対する社会的価値観が中小企業政策にも反映する。また，では，産業政策の内実はどうだろうか。これは第3章でも紹介したように，産業政策がいまは技術政策に連動するかたちとなってきている。これは各国にも共通する。にもかかわらず，政策とは政治過程そのものである。こうしたいろいろな政策論理が一つの型からつぎの型へと完全移行していくわけではない。そこには政治力学が大きく働き，経済のグローバル化に対応した政策が展開されつつも，同時に有効性を失いつつある国内市場対応型政策も温存される現状がある。この問題は，政策類型を扱った本書の範囲を越えた中小企業政策をめぐる日本政治の問題がそこにある[10]。

　二つめは第15図で示した産業競争力の変化に伴う産業構造の変容と，これに呼応せざるをえない労働市場のあり方である。先発国のモノづくりにおける自己完結性の崩れは，中小製造業に大きな変革を迫ってきた。価格競争力や品質競争力で劣る工業製品の海外生産の拡大は，移転される側において新たな企業の参入と雇用の増大をもたらすが，他方の移転する側においては企業の市場からの退出と雇用の縮小，あるいは雇用形態の変化を促す。これは当該国の賃金水準あるいは経営資源の比較優位性に呼応した新たな産業の創出とその拡大がなければ，雇用移転は相殺されず，雇用の縮小は大きなものとなる。これを企

第17図　経済発展段階と自営業者の比重

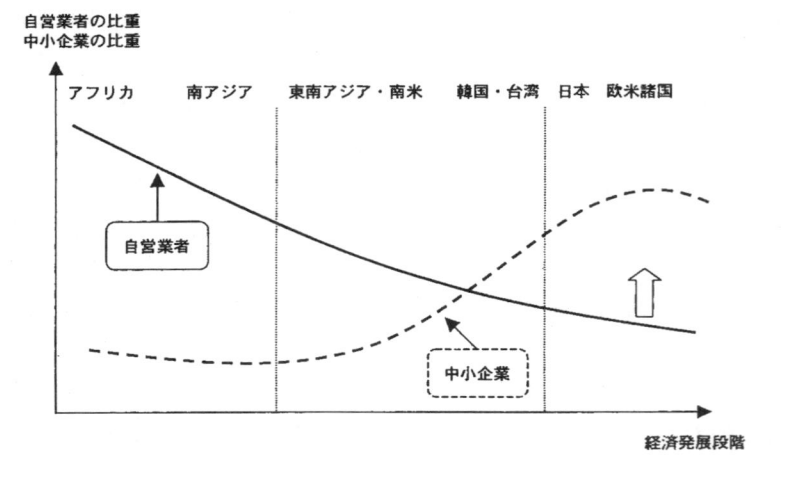

グラフ：縦軸「自営業者の比重／中小企業の比重」、横軸「経済発展段階」。横軸に沿って「アフリカ」「南アジア」「東南アジア・南米」「韓国・台湾」「日本」「欧米諸国」。実線が「自営業者」（右下がり）、破線が「中小企業」（右上がり）。

業など個別経営主体の側からみると，雇用移転は雇用削減というかたちで起こるだけでなく，より安価で柔軟な労働力を外部に求める動き（＝必要な時に必要な量を確保するという雇用のジャストインタイム化）を加速化させた。この方向の一つは正規雇用者から非正規雇用者（派遣社員，契約社員，パートタイマーなど）への依存をより一層大きなものとした[11]。もう一つの方向は，従来の社内業務を外注化（アウトソーシング）させた動きであった。これを米国企業でみると，従来の社内人材を「独立」させ，そうした「独立契約者」(Independent Contractors)や「コンサルタント」に社内業務を外注することで労務費（医療保険費を含む）を削減することが大企業を中心に進展した。

こうした外注化はわが国においては下請・外注関係として一般的な形態であるが，米国の場合は企業内のホワイトカラー層の業務について進展したことが注目される。1990年代は米国の起業家経済の時代といわれ，新規開業率の高さやSOHO（Small Office, Home Office）の増加が強調されたが，これは前述の独立契約者で象徴される雇用者を持たない自宅で開業した自営業者と重なる部分が大きい。以前における自営業者は，世界銀行などの開発経済学者が想定する第17図に示したように，手工業者あるいは商業・サービス業を典型として，その後の経済発展とともに，不完全就業形態として再生する部分を含めつつも，そ

の比重を減少させてきた。とはいえ，先発国と後発国との水平分業化の進展，先発国相互の競合化のなかで国内労働市場は変化し，以前のような低学歴・低技能職を代表した一部の商業・サービス業だけでなく，高学歴・高技能分野でも自営業者が米国で増加してきた[12]。これは第17図における自営業者の減少傾向カーブが反転することを示唆する。

　日本でもまた第15図でみた産業構造の転換にともなう失業率の上昇あるいは高止まりは，米国と同様でないまでも新たな自営業者の増加をもたらす可能性を高めてきている。これを従来のわが国の保護的あるいは社会政策的色彩の強い小規模企業制度で対応が可能であるのかどうか。中小企業政策，なかでもとりわけ，小規模企業政策の新たな役割が求められている。産業構造の変化にともなう高学歴・低熟練の若い世代の「新卒無業」[13]層と高学歴・高熟練の高コスト世代層の失業率上昇に対応して[14]，起業促進あるいは自営層へのより高度化した情報提供，事業のリスクに応じた創業支援投融資制度の役割が問われている。

　三つめは地方自治体と中央政府との政府間関係の根本的な見直しである。中小企業政策と地域政策との関係は第2章ですでに論じた。地域の産業構造と経営資源の配置に応じた地域政策としての中小企業政策の重要性はいうまでもない。問題は二つある。一つめは中央集権的政策立案が長期間継続されたことで，地方自治体の政策立案能力が形成されていないことである[15]。二つめは，最初の理由のために政策監督と政策実行のみの人材起用が政策人材配置において中心的なルールを占め，このため内部において政策立案者が育っていない。とはいえ，地方経済の実情とその問題点を知る人材は地方自治体などにおいて豊富であり，こうした人材が有効に活用されていない。これは第3章で取り上げた技術政策で顕著である。適材適所という人材配置は重要であるにもかかわらず，日本の地方自治体ではこれが画餅となっている。地方自治体においては適材適所というごく当たり前の方針による政策立案能力の拡大が，今後の地方自治体による中小企業政策にとって緊急かつ重要な課題となっている。

　1）　たとえば，つぎの拙著を参照。寺岡寛『日本の中小企業政策』有斐閣，1997年，同『中小企業政策の日本的構図—日本の戦前・戦中・戦後—』有斐閣，2000年，同『中小

企業と政策構想―日本の政策論理をめぐって―』信山社，2001年。
2）こうした情報公開制度の恩恵を最大限生かして米国中小企業政策の分析をおこなったのにつぎの拙著がある。寺岡寛『アメリカの中小企業政策』信山社，1990年。
3）段階別の定義については第1章第1節を参照。
4）当時のこうした損失補填制度がカバーした融資額の割合は極めて低いものであった。詳細は寺岡前掲書『中小企業政策の日本的構図』を参照のこと。
5）商工組合中央金庫の設立経緯については寺岡1）前掲書を参照のこと。
6）この政策の展開過程については寺岡前掲書『日本の中小企業政策』を参照。
7）第15図は第2章での坂本の国際競争力概念を取り込んだ第2図とはつぎのように異なる。事業競争力と技術競争力について同じであるが，コスト競争力と価格競争力の区別が分りづらいので，坂本の製造工程などでの価格優位性と実際に市場での価格優位性をここでは価格競争力で一括し，これとは別に価格優位性に連動する非価格競争力である品質競争力を導入した。
8）この具体的事例は商業政策である。大規模店舗を促進する政策が導入される一方で，零細商店への保護政策も同時に実施されてきた。詳細は前掲『日本の中小企業政策』を参照。
9）わが国の繊維産業における社会政策型論理の継承については，つぎの拙稿を参照。「産業構造転換と中小企業政策」寺岡前掲書『日本の中小企業政策』第4章。
10）この問題の一端については，つぎの拙著を参照。寺岡寛『日本の政策構想―制度選択の政治経済論―』信山社，2002年。
11）この変化がもっとも激しかったのは米国ではないかと思われる。この動きは米国製造業の空洞化が大きく進展した1980年代から始まり，1990年代に加速化した。米国企業の事業再構築（リストラクチャリング）は正規雇用の縮小と非正規雇用の拡大を伴っていた。長期常用雇用型の内部労働市場は縮小し，外部労働市場の拡大がすすみ，社内において蓄積されてきた特殊スキルなどを除く代替可能な従業員については，外部労働市場から必要な時に必要なスキルをもった労働力の活用をはかるようになった。これは雇用側である企業にとっては柔軟な対応である反面，雇用される側にとっては不安定性と隣り合わせのものである。米国企業における具体的な動きの紹介についてはつぎの文献に譲る。ピーター・キャペリ（若山由美訳）『雇用の未来』日本経済新聞社，2001年。
12）この問題に関してピンクは米国経済の「フリーエージョン化」という概念で分析する。ピンクは現在の米国労働統計は現状を正しくとらえておらず，控えめに見積もっても米国の「フリーランス人口」は，1,650万人に達するとみる。ピンクはいう。「フリーエージェント・ネーションでは，極めて小さな企業が雨後のたけのこのように続々と誕生している。従業員が2，3人しかいない企業もある。こうした企業を『ミニ企業』と呼ぶことにしよう。……はっきりしているのは，いまはアメリカのすべての企業の半数以上を従業員5人未満の会社が占めているということだ。……ＩＴ（情報技術）の導入が進むにつれて，その産業では企業の規模が小さくなる傾向がある。……ビジネスを立ち上げるのは，家を買ったり運転免許を取るのと同じぐらい簡単に

なってきている……カリフォルニア州ロサンゼルス郡には，税務記録などの公的な記録に載っていない自宅ベースのミニ企業が4万5,000あるという」。むろん，自営業者もこうした範疇に入る。ダニエル・ピンク（池村千秋訳）『フリーエージェント社会の到来―「雇われない生き方」は何を変えるか―』ダイヤモンド社，2002年，40，42頁。ピンクは1980年代以降の米国産業構造の変化と企業行動との関係を労働市場の変容からさまざまな造語を使って分析している。

13） これはわが国だけの問題でなく，欧州諸国（北欧を含む）でも共通する。日本のケースについては，大久保幸夫編『新卒無業―なぜ，彼らは就職しないのか―』東洋経済新報社，2002年。

14） わが国の失業率は，総務省『労働力調査特別調査報告書』（2001年）によれば，雇用形態別では派遣労働者，アルバイト，内職という「非正規雇用者」で目立って高くなっている。他方，自営業者の失業率は極端に低く，派遣労働者の10分の1程度である。他方，年齢別にみた1年以上の失業期間は55歳以上で極めて高くなっている。なお，産業別失業率では商業，建設業，製造業の順で高くなっている。

15） 地方自治体と中小企業政策の立案の歴史的経緯の一例については大阪府の事例を取り上げたつぎの拙著を参照のこと。寺岡寛『中小企業と政策構想―日本の政策論理をめぐって―』信山社，2001年。

あ と が き

　わたしが役所に勤め始めてしばらくしたときのことだった。ふとしたきっかけで，阪神間の国立大学に国費留学生として来日していたビルマ（ミャンマー）人の大学講師の面倒をみることになった。ふとしたきっかけというのは，フィールド調査を希望する彼女と理論中心の指導教授の指導方針とがうまくかみあわず，それに同情したビルマでの捕虜経験をもつわたしの当時の上司から彼女の面倒を頼まれたことであった。断ろうと思えばそれもできたのだが，わたしの好奇心もあって引き受けた。

　彼女の関心はビルマの農村小工業の発展の可能性を考えるために，日本の地場産業，とりわけ輸出型の雑貨産業の歴史と実態を知ることにあった。四半世紀ほどのまえのことであるから，わたしの記憶も怪しげなところもあるが，たしか大阪府南部の人造真珠業者の調査を設定し，通訳も兼ねて訪ね歩いた。大学での勉強が座学中心であり，これから解放された彼女は水を得た魚のようであった。と同時に，彼女の論文作成に必要な文献の翻訳なども手伝い，彼女が帰国少しまえに論文をなんとか書き終えたことにわたし自身が安堵したことを思い出す。

　彼女が帰国してから，彼女の身元保証人となっていた東京在住の研究者から礼状を突然いただいたことに面食らった。後日，わたしはアジア地域の農業問題を専攻している研究者である彼を訪ねた。彼の助言はその後においてわたしの外国研究の姿勢を形成してくれた。同時に，彼の研究につらなる人たちも紹介していただく余得に恵まれた。さらに，後日，地方の国立大学に勤める研究者を彼の紹介で訪ねることになった。そのおりの話は，アジアと日本をめぐる家内工業，手工業の歴史的発展形態，こうした地域産業と中小企業政策との関係であったと記憶する。

　数日後，彼から礼状をいただいた。わたしはいまでもその内容を鮮明に覚えている。手紙の内容はおよそつぎのようなものであった。「あなたはわたしの日本での中小企業研究者のイメージをくつがえしてくれました。わたしにとって，日本の中小企業研究者というのは二種類の人間しかいな

いものと思っていました。一つのタイプは普通の学問をするにはいささか気力が足りない人たち。もうひとつのタイプは，中小企業について書くことはある程度の金儲けになるため，オポチュニストが多いことである」。

わたしが彼の想定したわが国中小企業研究者の上述の第一類型と第二類型に属さない第三類型で分類されたとすれば，多少ともわたしが中小企業政策におけるわが国の中小企業文化という日本の歴史的固有性を彼と論じたことに起因したかもしれない。気力が足りないと彼が論じた意味をいま忖度すると，その指摘は日本の中小企業研究者がもっぱら現状分析に注ぐエネルギーと同量のそれを歴史研究に注がなくなっていたことに無関係ではありえない。また，研究テーマの設定も現状分析ゆえに流行性のサイクルがある。以前，あれほど熱心に論じられていたテーマがすこし時間がたてば，他の時流的テーマに引き継がれていたりする。事実，日本中小企業学会でも歴史的アプローチなどを基盤として，わが国の中小企業問題を深く掘り下げた報告は極端なまでに少ない。

他方，第二類型については，中小企業の経営に関する論文，エッセイ，ケーススタディー，精神訓話，ハウツー記事などわたしたちのまわりに溢れ出ている。中小企業の存立も多様なように，その書き手もまた多様である。必然，その「学問的」レベルもまた多様であり，理論中心の学問分野への参入障壁の高さに比べて，中小企業研究とはなんと手軽な分野であるのかという印象を強く刻印させたとしても別段不思議ではない。

これに関連してわたしはつぎのことをさらに思い出す。わたしの出身大学の博士課程の学生たちが組織する研究会に，下請中小企業の現状について報告するように呼ばれたことがあった。そのメンバーのほとんどは，いま，温厚な大学教授に納まっているが，当時は血気さかんな若手研究者たちで，報告後に手厳しい批判と質問を受けた。その後，討論は宴席に引き継がれ，結局のところ6～7時間近く彼らと議論する羽目となった。雰囲気としては，計量経済，経済政策，経済理論の連合軍と，日本の中小企業研究を代表するとみなされたわたしとの昔懐かしい団体交渉（団交）という感じであった。

彼らの主張にはおよそ二つあった。中小企業研究における個別用語の学

問的定義が雑であり，他分野からの安易な借り物であって，その長い研究蓄積の割には厳密な定義は少なく，その学問分野からの理論が明示的でないこと。これが一つめ。したがって，このことは中小企業研究分野への技術参入障壁が低いことを意味する。これが二つめであった。事実，研究会メンバーの一人は「中小企業研究への参入障壁は，論文に『中小企業』という用語を使えば，それで可能となる。中小企業関連の論文は論文みたいなもので，本物は少ない」とまで主張した。この見方は既述の第二類型説の大きな根拠となっていることはまちがいない。

　わたし自身，正直いって，第一類型と第二類型にかかわる議論については，大筋で当たっているのではないかと思う。少なくとも，中小企業研究に関わる研究者サークルの外にいるいろいろな専門家はこうした見方をもつという事象において当たっている。事実，日本の伝統をもつ国立大学の研究者にとって，中小企業研究は彼らの縁辺的な研究領域であり，とりわけ現状分析においてあまり取り上げたことはなかった。その主流となる領域は産業であり，大企業群であった。もっとも，最近において，中小企業論はベンチャー論という領域を含みつつ，有名国立大学の研究者たちも盛んに取り上げるようになった。この意味では，中小企業研究分野への参入障壁は低く，また，多くのマスメディアにとって多くのオポチュニストを必要としてきた。「がんばれ，日本。がんばれ，中小企業」という時代的背景の一端がそこにある。

　しかしながら，こうした新規参入組の研究者はその論文に，従来型の中小企業研究者の研究蓄積をあまり引用しないという点において，やはりなにがしらの第一類型あるいは第二類型というイメージを強くもっているかもしれない。米国で発展を遂げた「産業組織論」は，米国産業での独占分析の副産物として多くの分析概念と分析手法を生み出した結果としての学問領域であったことを想起すれば，わが国中小企業の存立分析の副産物が何であったのかは問われてよい。

　ここで中小企業研究においての第三類型は何かということにもどれば，第一類型から脱却するためにいささかの気力を取り戻しながら，周辺領域の学問的成果を取り入れつつ，第二類型の機会主義的行動にやや禁欲的に

帰納的方法論を大切にしたうえで，わが国中小企業の存立分析の副産物をより明示的にすることがその方向ということになるだろう。さらに，この方向は多くの地域に関する比較研究との双方的やりとりを通じて，より鮮明となることは自明である。国際比較研究の重要性をここで強調しすぎることはない。

　冒頭に紹介したビルマ人との出会いは，わたしにさまざまな連鎖的な出会いをもたらしてくれた。むろん，当時はこんなことなどは考えもしなかった。こうしたいろいろな人との出会いがわたしのなかで少しずつ発酵して，中小企業研究の方法論をあれこれ考えながら，本書を書き終えることになった。いうまでもなく，第三類型の形成には多くの情報が投入される必要がある。中小企業政策の研究についても同様である。わたしが意図しようとしたのもまたこの点であった。みずからどの程度の貢献を為しえたかを考えると，心もとない。中小企業政策論ということでは，本書でとりあげた地域政策，技術政策，助成制度という視点以外にもむろん重要なテーマは多くある。わたし自身で消化しきれずに，積み残した課題も多いにちがいない。比較中小企業政策論を構想している次著につなげればと思う。

巻末資料1． 中小企業関連統計

第1表　産業別・規模別民間企業数（1986年～1999年）

産業	年	合計		中小企業				大企業	
		企業数 （構成比）	伸び率	企業数 （構成比）	伸び率	小規模企業		企業数 （構成比）	伸び率
						企業数 （構成比）	伸び率		
建設業	1986	528,534 (100.0)	100	528,117 (99.9)	100	499,741 (94.6)	100	417 (0.1)	100
	1991	546,369 (100.0)	103	545,844 (99.9)	103	514,412 (94.2)	103	525 (0.1)	126
	1996	582,292 (100.0)	110	581,745 (99.9)	110	547,328 (94.0)	110	547 (0.1)	131
	1999	555,847 (100.0)	105	555,372 (99.9)	105	526,027 (94.6)	105	475 (0.1)	114
製造業	1986	778,780 (100.0)	100	776,173 (99.7)	100	700,845 (90.0)	100	2,607 (0.3)	100
	1991	741,415 (100.0)	95	738,511 (99.6)	95	660,080 (89.0)	94	2,904 (0.4)	111
	1996	667,710 (100.0)	86	664,946 (99.6)	86	593,823 (88.9)	85	2,764 (0.4)	106
	1999	607,626 (100.0)	78	605,212 (99.6)	78	537,430 (88.4)	77	2,414 (0.4)	93
卸売業	1986	326,327 (100.0)	100	322,211 (98.7)	100	214,350 (65.7)	100	4,116 (1.3)	100
	1991	332,010 (100.0)	102	327,207 (98.6)	102	220,183 (66.3)	103	4,803 (1.4)	117
	1996	289,660 (100.0)	89	284,831 (98.3)	88	194,448 (67.1)	88	4,829 (1.7)	117
	1999	296,162 (100.0)	92	293,903 (99.2)	91	203,261 (68.6)	95	2,259 (0.8)	55
小売業	1986	1,449,223 (100.0)	100	1,442,841 (99.6)	100	1,319,367 (91.0)	100	6,382 (0.4)	100
	1991	1,288,038 (100.0)	89	1,280,940 (99.4)	89	1,155,933 (89.7)	88	7,098 (0.6)	112
	1996	1,203,479 (100.0)	93	1,196,240 (99.4)	83	1,062,801 (88.3)	81	7,239 (0.6)	116
	1999	1,087,993 (100.0)	75	1,084,209 (99.7)	75	945,211 (86.9)	72	3,784 (0.3)	60

	年								
飲食業	1986	774,281	100	773,092	100	718,387	100	1,189	100
		(100.0)		(99.8)		(92.8)		(0.2)	
	1991	763,970	99	762,318	99	697,743	97	1,652	139
		(100.0)		(99.8)		(91.3)		(0.2)	
	1996	745,755	96	744,501	96	678,841	94	1,254	105
		(100.0)		(99.8)		(91.0)		(0.2)	
	1999	715,396	92	714,754	92	639,231	89	642	54
		(100.0)		(99.9)		(89.4)		(0.1)	
サービス業	1986	1,124,533	100	1,115,974	100	966,272	100	8,559	100
		(100.0)		(99.2)		(85.9)		(0.8)	
	1991	1,163,344	103	1,150,837	103	972,439	101	12,507	146
		(100.0)		(98.9)		(83.6)		(1.1)	
	1996	1,203,904	107	1,191,833	107	1,023,372	106	12,071	141
		(100.0)		(99.0)		(85.0)		(1.0)	
	1999	1,185,708	105	1,181,827	106	1,001,806	104	3,881	45
		(100.0)		(99.7)		(84.5)		(0.3)	
非1次産業計	1986	5,351,247	100	5,327,128	100	4,765,844	100	24,119	100
		(100.0)		(99.5)		(89.1)		(0.5)	
	1991	5,234,109	98	5,203,589	98	4,593,388	96	30,520	127
		(100.0)		(99.4)		(87.8)		(0.6)	
	1996	5,102,642	95	5,072,922	95	4,483,576	94	29,720	123
		(100.0)		(99.4)		(87.9)		(0.6)	
	1999	4,851,104	91	4,836,764	91	4,228,781	89	14,340	59
		(100.0)		(99.7)		(87.2)		(0.3)	

出所：中小企業庁『中小企業白書』各年度版より作成。

備考：1．1996年〜1991年は総務省『事業所・企業統計調査』に依拠。1999年は簡易調査。1999年は1999年末の「中小企業基本法」改正後の定義による。

2．企業数には個人事業者を含む。

3．小規模企業は常用雇用数者20人以下（卸売業，小売業，飲食点，サービス業は5人以下）。

第2表　従業者規模別にみた製造業事業所数及び従業者数の推移（1991年～1999年）

前段：実数，（変化率）

従業者規模	1991	1993	1995	1997	1999
事　業　所　数					
4～9人	234,814(100.0)	229,281(97.6)	213,308(90.8)	190,640(81.1)	186,685(79.5)
10～19人	88,134(100.0)	81,909(92.9)	76,789(87.1)	72,639(83.6)	70,132(79.6)
20～99人	90,910(100.0)	86,454(95.1)	82,099(90.3)	79,645(87.6)	74,710(82.2)
100～299人	12,619(100.0)	12,171(96.4)	11,823(93.7)	11,703(92.7)	11,066(87.7)
300～999人	3,220(100.0)	3,159(98.1)	3,062(95.1)	3,014(93.6)	2,876(89.3)
1,000人～	717(100.0)	696(97.1)	645(90.0)	605(84.4)	562(78.4)
300人未満	426,477(100.0)	409,815(96.1)	384,019(90.0)	354,627(83.1)	342,019(80.2)
300人以上	3,937(100.0)	3,855(97.9)	3,707(94.2)	3,619(91.9)	3,438(87.3)
総　　計	430,414(100.0)	413,670(96.1)	387,726(90.0)	358,246(83.2)	345,457(80.3)
従　業　者　数　1,000人					
4～9人	1,419(100.0)	1,366(96.3)	1,272(89.6)	1,231(86.8)	1,119(78.9)
10～19人	1,218(100.0)	1,131(92.9)	1,061(87.1)	1,021(83.8)	971(79.7)
20～99人	3,517(100.0)	3,351(95.3)	3,192(90.8)	3,044(86.6)	2,921(83.1)
100～299人	2,033(100.0)	1,958(96.3)	1,897(93.3)	1,834(90.2)	1,776(87.4)
300～999人	1,622(100.0)	1,592(98.2)	1,539(94.9)	1,484(91.5)	1,427(88.0)
1,000人～	1,542(100.0)	1,485(96.3)	1,359(88.1)	1,224(79.3)	1,164(75.5)
300人未満	8,188(100.0)	7,808(95.4)	7,422(90.6)	7,130(87.1)	6,787(82.9)
300人以上	3,163(100.0)	3,077(97.3)	2,898(91.6)	2,708(85.6)	2,591(81.9)
総　　計	11,351(100.0)	10,885(95.9)	10,321(90.9)	9,838(86.7)	9,378(82.6)

出所：第1表に同じ。

第3表　従業者規模別にみた卸売業商店数及び従業者数の推移（1988年～1999年）

前段：実数，（変化率）

従業者規模	1988	1991	1994	1997	1999
	商　　店　　数　　1,000店				
1～2人	95.3(100.0)	101.8(106.8)	90.4(94.9)	83.1(87.2)	95.5(100.2)
2～4人	110.1(100.0)	123.3(112.0)	103.0(93.6)	94.1(85.5)	98.2(89.2)
5～9人	121.6(100.0)	132.1(108.6)	120.1(98.8)	109.0(89.6)	118.1(97.1)
10～19人	64.7(100.0)	70.5(109.0)	67.8(95.5)	61.8(95.5)	67.2(103.9)
20～49人	34.0(100.0)	36.4(107.1)	36.0(105.9)	32.7(96.2)	35.3(103.8)
50～99人	7.8(100.0)	8.4(107.7)	8.4(107.7)	7.6(97.4)	8.1(103.8)
100人未満	433.5(100.0)	472.5(109.9)	425.7(98.2)	388.4(89.6)	422.5(97.5)
100人以上	3.0(100.0)	3.5(116.7)	3.6(120.0)	3.2(106.7)	3.3(110.0)
総　　計	436.4(100.0)	476.0(109.1)	429.3(98.4)	391.6(89.7)	425.9(97.6)
	従　　業　　者　　数　　1,000人				
1～2人	169.1(100.0)	177.5(105.0)	158.2(93.6)	144.1(85.2)	155.4(91.9)
2～4人	380.6(100.0)	424.8(111.6)	356.4(93.6)	325.4(85.5)	339.8(89.3)
5～9人	792.7(100.0)	861.1(108.6)	786.0(99.2)	714.4(90.1)	774.1(97.7)
10～19人	858.1(100.0)	938.0(109.3)	901.8(105.1)	823.2(95.9)	895.4(104.3)
20～49人	994.8(100.0)	1,066.1(107.2)	1,055.4(106.1)	960.6(96.6)	1,038.4(104.4)
50～99人	520.7(100.0)	567.6(109.0)	565.2(108.5)	514.5(98.8)	546.4(104.9)
100人未満	3,716.1(100.0)	4,034.8(108.6)	3,823.1(102.9)	3,482.3(93.7)	3,749.5(100.9)
100人以上	615.6(100.0)	737.9(119.9)	758.3(123.2)	682.4(110.9)	746.8(121.3)
総　　計	4,331.7(100.0)	4,772.7(110.2)	4,581.4(105.8)	4,164.7(96.1)	4,496.3(103.8)

出所：第1表に同じ（経済産業省『商業統計表』）。
備考：1．1994年以降は新産業分類に拠る。
　　　2．1999年の数字はそれ以前との調査対象が異なり連続性はない。

第4表　従業者規模別にみた小売業商店数及び従業者数の推移（1988年〜1999年）

前段：実数，（変化率）

従業者規模	1988	1991	1993	1997	1999
商　　店　　数　　1,000店					
1〜2人	874.4(100.0)	847.2(96.9)	764.8(74.1)	709.0(81.1)	685.0(78.3)
2〜4人	422.1(100.0)	416.9(98.8)	370.9(87.9)	350.3(83.0)	317.2(75.1)
5〜9人	214.0(100.0)	214.0(100.0)	222.5(104.0)	212.4(99.3)	226.8(106.0)
10〜19人	70.4(100.0)	71.9(102.1)	89.6(127.3)	93.5(132.8)	111.9(158.9)
20〜49人	31.4(100.0)	33.1(105.4)	42.0(133.8)	43.3(137.9)	51.9(165.3)
50人未満	1,612.3(100.0)	1,583.1(98.2)	1,489.9(92.4)	1,408.5(87.4)	1,392.8(86.4)
50人以上	7.4(100.0)	8.1(109.5)	10.1(136.5)	11.2(151.4)	14.1(190.5)
総　　計	1,619.8(100.0)	1,591.2(98.2)	1,499.9(92.6)	1,419.7(87.6)	1,406.9(86.9)
従　　業　　者　　数　　1,000人					
1〜2人	1,437.7(100.0)	1,381.3(96.1)	1,240.0(86.2)	1,146.0(79.7)	1,035.1(72.0)
2〜4人	1,424.0(100.0)	1,404.5(98.6)	1,256.1(88.2)	1,186.6(83.3)	1,076.0(75.6)
5〜9人	1,337.0(100.0)	1,336.9(100.0)	1,405.2(105.1)	1,342.5(100.4)	1,448.8(108.4)
10〜19人	923.6(100.0)	948.2(102.7)	1,187.2(128.5)	1,248.3(135.2)	1,503.8(162.8)
20〜49人	909.4(100.0)	956.4(105.2)	1,200.9(132.1)	1,232.2(135.5)	1,470.3(161.2)
50人未満	6,031.7(100.0)	6,027.3(99.9)	6,289.4(104.3)	6,155.7(102.1)	6,534.0(108.3)
50人以上	819.6(100.0)	909.2(110.9)	1,094.7(133.6)	1,195.1(145.8)	1,494.6(182.4)
総　　計	6,851.3(100.0)	6,936.5(101.2)	7,384.2(107.8)	7,350.7(107.3)	8,028.6(117.2)

出所：第1表に同じ。
備考：前表に同じ。

第5表　金融機関別中小企業向け融資残高の推移（1993年～2001年）

単位：兆円

金融機関	1993	1994	1995	1996	1997	1998	1999	2000	2001
民間金融機関合計	329.4	333.5	336.5	332.8	327.4	315.9	291.4	294.7	274.0
	(91.7)	(91.7)	(92.1)	(92.2)	(92.3)	(91.6)	(90.6)	(90.9)	(90.4)
銀　行　合　計	249.6	253.3	255.9	254.6	252.5	242.3	222.6	230.4	214.3
	(69.5)	(69.7)	(70.1)	(70.6)	(71.1)	(70.3)	(69.2)	(71.0)	(70.7)
都市銀行	112.5	112.2	110.8	109.9	109.4	103.0	95.6	101.2	93.9
地方銀行	75.7	76.6	78.0	77.9	77.4	76.4	72.8	76.5	72.9
第二地方銀行	32.7	33.9	34.8	33.9	33.5	33.2	31.2	30.8	27.2
その他銀行	28.7	30.6	32.3	33.0	32.2	29.8	22.9	21.9	20.3
信託銀行	12.3	10.8	10.1	8.4	7.2	5.5	4.0	2.8	2.0
	(3.4)	(3.0)	(2.8)	(2.3)	(2.0)	(1.6)	(1.2)	(0.9)	(0.7)
信用金庫	49.0	50.2	51.2	51.2	50.7	51.9	50.3	47.6	45.2
	(13.6)	(13.8)	(14.0)	(14.2)	(14.3)	(15.1)	(15.6)	(14.7)	(14.9)
信用組合	18.6	19.2	19.3	18.6	17.1	16.1	14.6	13.8	12.4
	(5.2)	(5.3)	(5.3)	(5.2)	(4.8)	(4.7)	(4.5)	(4.3)	(4.1)
政府系金融機関合計	29.8	30.1	28.8	28.0	27.6	28.8	30.1	29.7	29.2
	(8.3)	(8.3)	(7.9)	(7.8)	(7.8)	(8.4)	(9.4)	(9.2)	(9.6)
商工組合中央金庫	11.9	11.8	11.7	11.5	11.4	11.5	11.3	10.9	10.6
中小企業金融金庫	9.0	9.0	7.8	7.4	7.1	7.5	7.6	7.7	7.6
国民生活金融金庫	9.0	9.3	9.2	9.1	9.1	9.8	11.1	11.1	10.9
総　　　　　計	359.2	363.6	365.3	360.8	354.9	344.7	321.5	324.3	303.2
	(100.0)	(100.0)	(100.0)	(100.0)	(100.0)	(100.0)	(100.0)	(100.0)	(100.0)

出所：第1表に同じ（日本銀行『金融経済統計月報』）。

備考：1．信用金庫での中小企業向け融資残高とは，個人，地方公共団体，海外円借款，国内店名義現地融資を除く。信用組合については個人，地方公共団体などを含む。

　　　2．その他の銀行は信託銀行，長期信用銀行を指す。国民生活金融公庫は1998年までは，国民金融公庫の残高である。

第6表 企業倒産件数・負債金額の推移（1992年～2001年）

単位：億円

区　　分	1992	1993	1994	1995	1996	1997	1998	1999	2000	2001
倒産件数	14,069	14,564	14,061	15,108	14,834	16,464	18,988	15,352	18,769	19,164
負債金額	76,015	68,477	56,294	92,411	81,229	140,447	137,484	136,214	238,850	165,196
業　種　別	上段：倒産件数					下段：負債金額				
建設業	3,023	3,211	3,378	3,982	4,065	5,096	5,668	4,650	6,214	6,154
	8,402	12,999	8,87	8,006	8,939	24,000	22,236	12,860	14,510	20,592
製造業	2,626	2,988	3,090	3,150	2,989	3,022	3,710	2,891	3,529	3,670
	10,076	10,843	9,674	10,075	9,188	9,702	18,844	11,443	12,167	18,289
商業	4,750	4,830	4,505	4,771	4,723	5,100	5,884	4,427	5,448	5,535
	12,392	16,219	11,801	14,463	10,948	26,098	22,563	14,036	46,506	41,047
不動産業	1,167	890	657	707	594	591	694	682	629	667
	28,033	12,809	12,771	11,737	20,526	17,703	20,013	47,664	48,604	30,042
金融・保険	138	92	74	91	66	82	87	136	77	89
	4,997	3,814	6,956	35,260	23,172	35,842	16,283	27,921	92,008	23,734
サービス	1,786	1,930	1,729	1,778	1,743	1,825	2,000	1,868	2,052	2,198
	9,482	10,532	5,326	10,637	7,015	25,263	34,508	19,823	21,552	26,004
その他	579	623	628	629	654	748	945	698	820	851
	2,633	1,261	1,578	2,233	1,441	1,839	3,037	2,468	3,503	5,488

出所：第1表に同じ（東京商工リサーチ『全国企業倒産白書』）。
備考：対象は負債金額1,000万円以上の企業である。

巻末資料２． 中小企業政策と中小企業法制

　1990年代以降のわが国中小企業政策の展開を振り返れば，その展開方向をつぎのような７つの流れに大別・整理できよう。
　１．各種規制の見直しとその緩和。これに伴う既存の中小企業法制の改正。
　２．新たな経済環境への中小企業の適応を促すために，従来の中小企業法制の見直しが行われたこと。
　３．ベンチャー企業の育成・振興を強く意識した政策の導入。
　４．わが国製造業の空洞化への対応。
　５．バブル経済崩壊後の金融機関の不良債権処理に伴う深刻な中小企業金融問題への対応。
　６．新規開業率低下への対応。
　７．阪神淡路大震災で被災した中小企業への支援措置。
　最初の点に関しては，平成２[1990]年に「大規模小売店舗における小売業の事業活動の調整に関する法律」（いわゆる「大店法」）の緩和（＝出店調整期間の短縮化）が行われた。この翌年にも「大店法」「輸入品専門売場の設置に関する大規模小売店舗における小売業の事業活動の調整に関する法律」「特定商業集積の整備の促進に関する特別措置」「民間事業者の能力の活用による特定施設の整備に関する臨時措置法の一部を改正する法律」「中小小売商業振興法の一部を改正する法律」などで従来の規制が緩和された。具体的には，地方自治体の独自規制の適正化，大型店の出店規制期間の１年半から１年への短縮，輸入品売り場出店は1,000平米までを規制対象外とすることなどがその内容であった。平成６[1994]年にも「大店法」の改正が行われ，一部出店の自由化も図られた。平成10[1998]年には「大規模小売店立地法」が廃止された。こうした影響を緩和するために，「中小流通業効率化促進法」「中心市街地活性法」（平成10[1998]年）などが導入されたことにも留意しておく必要があろう。
　もっともすべての面で規制緩和が進んだわけではなかった。たとえば，平成２[1990]年の「商法等の一部を改正する法律」では，株式会社に最低資本金制度を新たに導入し，その金額を1,000万円とし，また，有限会社については従来の10万円から300万円に引上げた。そして，株式会社の発起人，有限会社の原始社員は１人で足りるとした。これに伴って，その後，「租税特別措置法の一部を改正する法律」（最低資本金額の導入・金額の引上げに伴う増資等円滑化のための特例措置など）や「商法及び有限会社法の一部を改正する法律」（商法及び有限会社法での自己株式・持分の取

得に関する規制を緩和するための改正）が制定された。

2番目に関しては，平成11[1999]年の「中小企業基本法等の一部を改正する法律」の制定がこうした動きを象徴した。これは旧「中小企業基本法」の一部を改正するという文言となっているが，実際にはその内容を大きく変えた。ただし，この改正に至るまでに個別の中小企業政策に関連する法律が制定されてきた。既存法律の一部改正などは省略して，主要な法律を列挙してみる。

平成2[1990]年には「地域産業の高度化に寄与する特定事業の集積の促進に関する法律」が制定され，地域振興整備公団による移転促進融資の創設，特定事業集積の程度が高い地域から承認集積促進地域への移転が図られることとなった。平成3[1991]年の「中小企業における労働力の確保のための雇用管理の改善の促進に関する法律」では，中小企業における職場の魅力向上のための労働時間短縮，職場環境改善，福利厚生施設の整備などに加え，雇用管理改善に取り組む認定組合などの構成中小企業への補助金支給，低利融資，中小企業等基盤強化税制適用や委託募集規制緩和などが行われることとなった。

平成4[1992]年には「特定中小企業集積活性化に関する臨時措置法」で，集積概念が強調され始め，後にこうした概念に代わってクラスターという用語が頻繁に使用されるようになる。同年には「中小流通業務効率化促進法」も成立した。平成5[1993]年の「特定中小企業者の新分野進出などによる経済の構造的変化への適応の円滑化に関する臨時措置法」では，経済の構造変化への適応のため特定中小企業者が行う新たな事業分野への進出及び海外地域での事業開始などを円滑にするための措置などを講ずることとされた。平成9[1997]年には特定産業集積の重要性が一層強調されるようになり，「特定産業集積の活性化に関する臨時措置法」（特定基盤技術の高度化など又は中小企業の特定分野への進出促進のための臨時措置により，特定産業集積の活性化を図る。従来の産地＝特定中小企業集積に対する活性化支援に加え，部品・金型・試作品などを製造する製造業集積などの基盤的技術産業集積も支援対象とする）が導入された。

他方，既存中小企業においても新事業の展開を強く求められる状況に呼応した政策も模索され，事業再構築及び新事業開拓などのため，創業及び中小企業者による新事業開拓を支援することなどの内容を盛り込んだ「産業活力再生特別措置法」が平成11[1999]年に成立した。

第3番目に関しては，平成7[1995]年の「中小企業の創造的事業活動の促進に関する臨時措置法」（中小企業の創造的事業活動の促進を通じて，新たな事業分野の開拓を図るため中小企業の創業及び技術に関する研究開発などを支援する）に加え，同年に

はベンチャー企業育成を念頭に置いた第二店頭市場開設（店頭登録特則銘柄制度）やストックオプション制度の導入（「新規事業法」改正）が行われた。平成8[1996]年には「中小企業の創造的事業活動の促進に関する臨時措置法の一部を改正する法律」（ベンチャー財団を「創造法」で位置づけ，その社債保証に関して中小企業保険公庫による再保険制度を創設するなど）が制定された。平成9[1997]年には2年前に成立したばかりの「中小企業の創造的事業活動の促進に関する臨時措置法」を改正して，創業期の成長志向型中小企業への資金供給の円滑化を図るため，個人投資家の投資を促進するエンジェル税制などの措置などに踏み切った。

平成10[1998]年には米国型の産学官，特に大学の保有技術を核としたベンチャー企業振興を図ることを強く意識した「大学等における技術移転に関する研究成果の民間事業者への移転の促進に関する法律（TLO法）」（大学保有研究開発成果などの移転促進，中小企業者への中小企業投資育成株式会社の特例，認定事業者への特許料の特例など）が制定された。同年にはベンチャー企業への投資促進を目的とする「中小企業等投資事業者有限責任組合契約に関する法律」（中小企業への投資事業を促進するため，新たな組合契約に関する制度を創設し，無限責任組合員以外の組合員の有限責任の明確化，これに伴う公示制度の整備及び組合の事業に係わる情報開示の充実などの措置を講じる）が制定された。平成12[2000]年には，産業技術力強化のため，国，地方自治体，大学及び事業者の役割，施策の基本事項など定めた「産業技術力強化法」が導入された。

第4番目に関しては，「ものづくり」が強調され，平成11[1999]年には「ものづくり基盤技術振興基本法」（ものづくり基盤技術振興に関する施策の総合的かつ計画的推進）が制定された。

第5番目に関しては，中小企業への「貸し渋り」「貸し剥がし」問題が深刻化したことにより，「中小企業貸し渋り対策要綱」が閣議決定されたほか，平成10[1998]年には「破綻金融機関等の融資先である中堅事業者に係る信用保険の特例に関する臨時措置法」（破綻金融機関などの融資先の資本金5億円未満の中堅事業者に対する事業資金融通の円滑化のため，当分の間，中堅事業者の債務保証を公的信用保険でおこなう特例措置）も制定されている。

第6番目に関しては，従来のわが国の中小企業問題の中心的課題であったのは中小企業の「過小過多」であるといわれてきた。「過小」問題は中小企業の規模が合理的経営規模をはるかに下回るものであり，「過多」問題は中小企業そのものの多さからくる「過当競争」の元凶とされた。新規開業率の低下はバブル後の景気低迷という要因のほかに，とりわけ高度経済成長期に多く生まれた自営業者の引退時期と重なったこ

とにもよる。いずれにせよ，新規開業率の低下は日本経済の活力低下に直結する深刻な問題と解釈され，平成10[1998]年には「新規事業創出促進法」（個人創業及び新たに企業設立を行う事業へ直接支援するとともに，中小企業者の新技術活用事業活動を促進するため中小企業技術革新促進制度を講じ，地域の産業資源の有効活用を通じて地域産業の自律的発展を促す事業環境を整備する）が制定された。

第7番目に関しては，平成7[1995]年に被災中小企業などへの金融支援を含む「阪神・淡路大震災に対処するための特別の財政援助及び助成に関する法律」，破産手続きと最低資本金制度についての特例措置を盛り込んだ「阪神・淡路大震災に伴う法人の破産宣告及び会社の最低資本金の特例に関する法律」が制定された。翌年には，「平成7年兵庫県南部地震に係わる激甚災害指定及び中小企業者に関する災害融資等に関する特別措置」が閣議決定された。

こうした1990年代の一連の政策展開を総括したのが平成11[1999]年の「中小企業基本法等の一部を改正する法律」（いわゆる新「中小企業基本法」）である。新基本法の制定によって，旧基本法に関連したさまざまな中小企業政策の個別立法もその一部が改正された。新「中小企業基本法」の成立は従来の旧「中小企業基本法」と「中小企業近代化促進法」などによる政策体系から，ベンチャー型中小企業のみならず，既存型中小企業においても経営革新の推進を強調する政策体系への転換の必要性が強調されるようになった。経営革新ということでは，平成11[1999]年に成立した「中小企業経営革新支援法」（中小企業の経営革新及び将来の経営革新に寄与する経営基盤の強化を支援するために必要な中小企業信用保険法の特例措置，「中小企業投資育成株式会社法」の特例措置その他の措置を講ずる）という政策立法がこれを代表する。なお，旧「中小企業基本法」と同じ年に制定された「中小企業指導法」に代わって，平成12[2000]年には「中小企業支援法」が制定された。

以下では，1990年代以降に大きな変化があったわが国の中小企業政策体系を理解するために，旧「中小企業基本法」の全条文，新「中小企業基本法」のほぼ全条文，「中小企業指導法」と「中小企業支援法」「中小企業経営革新支援法」の一部条文を参考までに掲載しておく。なお，わが国の政策論理に関連する重要な政策用語などについて下線を引いている。

中小企業基本法

(昭和38[1963]年　法律154)

改正：昭和48[1973]年　法律115，昭和58[1973]年　法律80

　わが国の中小企業は，鉱工業生産の拡大，商品の流通の円滑化，海外市場の開拓，雇用の機会の増大等国民経済のあらゆる領域にわたりその発展に寄与するとともに，国民生活の安定に寄与してきた。われらは，このような中小企業の経済的社会的使命が自由かつ公正な競争の原理を基調とする経済社会において，国民経済の成長発展と国民生活の安定向上にとって，今後も変わることなくその重要性を保持していくものと確信する。

　しかるに，近時，企業間に存在する生産性，企業所得，労働賃金等の著しい格差は，中小企業の経営の安定とその従事者の生活水準の向上によって大きな制約となりつつある。他方，貿易の自由化，技術革新の進展，生活様式の変化等による需給構造の変化と経済の著しい成長に伴う労働力の供給の不足は，中小企業の経済的社会的存立基盤を大きく変化させようとしている。

　このような事態に対処して，特に小規模企業従事者の生活水準が向上するよう適切な配慮を加えつつ，中小企業の経済的社会的制約による不利を是正するとともに，中小企業者の創意工夫を尊重し，その自主的な努力を助長して，中小企業の成長発展を図ることは中小企業の使命にこたえるゆえんのものであるとともに，産業構造を高度化し，産業の国際競争力を強化して国民経済の均衡ある発展を達成しようとするわれら国民に課せられた責務である。

　ここに，中小企業の進むべきみちを明らかにし，中小企業に関する政策の目標を示すために，この法律を制定する。

第1章　総則

(政策の目標)

第1条　国の中小企業に関する政策の目標は，中小企業が国民経済において果たすべき重要な使命にかんがみて，国民経済の成長発展に即応し，中小企業の経済的社会的制約による不利を是正するとともに，中小企業者の自主的な努力を助長し，企業間における生産性などの諸格差が是正されるように中小企業の生産性及び取引条件が向上することを目途として，中小企業の成長発展を図り，あわせて中小企業の従事者の経済的社会的地位の向上に資することにあるものとする。

(中小企業者の範囲)
第2条　この法律に基づいて講ずる国の施策の対象とする中小企業者は，おおむね次の各号に掲げるものとし，その範囲は，これらの施策が前条の目標を達成するため効率的に実施されるように施策ごとに定めるものとする。
1．資本の額又は出資の総額が1億円以下の会社並びに常時使用する従業員の数が300人以下の会社及び個人であって，工業，鉱業，運送業その他の業種（次号に掲げる業種を除く。）に属する事業を主たる事業として営むもの。
2．資本の額又は出資の総額が1千万円以下の会社並びに常時使用する従業員の数が50人以下の会社及び個人であって，小売業又はサービス業に属する事業を主たる事業として営むもの並びに資本の額又は出資の総額が3千万円以下の会社並びに常時使用する

(国の施策)
第3条　国は，第1条の目標を達成するため，次の各号に掲げる事項につき，その政策全般にわたり，必要な施策を総合的に講じなければならない。
1．近代化設備の導入等中小企業の設備近代化を図ること。
2．技術の研究開発の推進，技術者及び技能者の養成等によって中小企業の技術の向上を図ること。
3．近代的経営管理方法の導入，経営管理者の能力の向上等によって中小企業の経営管理の合理化を図ること。
4．中小企業の企業規模の適正化，事業の共同化，工場，店舗等の集団化，事業の転換及び小売商業における経営形態の近代化（以下「中小企業構造の高度化」と総称する）を図ること。
5．中小企業の取引条件に関する不利を補正するように過度の競争の防止及び下請取引の適正化を図ること。
6．中小企業が生産する物品の輸出の振興その他中小企業の供給する物品，役務等に対する需要の増進を図ること。
7．中小企業以外の者の事業活動の調整等によって中小企業の事業活動の機会の適正な確保を図ること。
8．中小企業における労働関係の適正化及び従業員の福祉の向上を図るとともに，中小企業に必要な労働力の確保を図ること。

(地方公共団体の施策)
第4条　地方公共団体は，国の施策に準じて施策を講ずるように努めなければならない。

（法制上の措置等）
第5条　政府は，第3条の施策を実施するため必要な法制上及び税務上の措置を講じなければならない。

（中小企業者の努力等）
第6条　中小企業者は，経済的社会的諸事情の変化に即応してその事業の成長発展を図るため，生産性及び取引条件の向上に努めなければならない。
　　2．中小企業者以外の者であって，その事業に関して中小企業と関係があるものは，第3条又は第4条の施策の実施について協力するようにしなければならない。

（政府）
第7条　政府は，<u>中小企業政策審議会</u>の意見をきいて，定期的に，中小企業の実態を明らかにするため必要な調査を行ない，その結果を公表しなければならない。

（年次報告等）
第8条　政府は，毎年，国会に，中小企業の動向及び政府が中小企業に関して講じた施策に関する報告を提出しなければならない。
　　2．政府は，毎年，中小企業政策審議会の意見をきいて，前項の報告に係る中小企業の動向を考慮して講じようとする施策を明らかにした文書を作成し，これを国会に提出しなければならない。

第2章　中小企業構造の高度化等

（設備の近代化）
第9条　国は，中小企業の<u>設備の近代化</u>を図るため，中小企業者が近代化設備の設置その他資本装備の増大，設備の配列の合理化等をすることができるように必要な施策を講ずるものとする。

第10条　国は，中小企業の<u>技術の向上</u>を図るため，試験研究機構の整備，技術の研究開発の推進，技術指導，技術者研修及び技能者養成の事業の充実等必要な施策を講ずるものとする。

（経営管理の合理化）
第11条　国は，中小企業の<u>経営管理の合理化</u>を図るため，<u>経営の診断及び指導</u>並びに経営管理者の研修の事業の充実，経営の診断及び指導のための機構の整備等必要な施策を講ずるものとする。

第12条　国は，中小企業の<u>企業規模の適正化</u>を図るため，中小企業者が企業の合併，共同出資による企業の設立等を円滑に行うことができるようにする等必要な

施策を講ずるものとする。
2．国は，前3条の施策を講ずるにあたっては，中小企業の<u>企業規模の適正化</u>につき必要な考慮を払うものとする。
3．政府は，特に中小企業の企業規模の適正化を必要とする業種について，適正な生産の規模その他の適正な企業の規模を定め，これを公表しなければならない。

（事業の共同化のための組織の整備等）

第13条　国は，第9条から前条までの施策の重要な一環として，<u>事業の共同化又は相互扶助のための組織</u>の整備，工場，店舗等の<u>集団化</u>その他事業の<u>共同化</u>の助成等中小企業者が協同してその設備の<u>近代化</u>，経営管理の<u>合理化</u>，企業規模の<u>適正化</u>等を効率的に実施することができるようにするため必要な施策を講ずるものとする。

（商業及びサービス業）

第14条　国は，中小商業について，<u>流通機構の合理化</u>に即応することができるように，第9条又は第11条から前条までの施策を講ずるほか，小売商業における経営形態の近代化のため必要な施策を講ずるものとする。
2．国は，中小商業又は中小サービス業について第9条若しくは第11条から前条まで又は前項の施策を講ずるにあたっては，<u>地域的条件</u>について必要な考慮を払うものとする。

（事業の転換）

第15条　国は，中小企業者が需給構造等の変化に即応して行なう事業の転換を円滑にするために必要な施策を講ずるものとする。
2．国は，前項の施策を講ずるにあたっては，中小企業の従事者の就職を用意にすることができるように必要な考慮を払うものとする。

（労働に関する施策）

第16条　国は，中小企業における労働関係の適正化及び従業員の福祉の向上を図るため必要な施策を講ずるとともに，中小企業に必要な労働力の確保を図るため，職業訓練及び職業紹介の事業の充実等必要な施策を講ずるものとする。

第3章　事業活動の不利の補正

（過度の競争の防止）

第17条　国は，中小企業の<u>取引条件の向上</u>及び経営の安定に資するため，中小企業者が自主的に事業活動を調整して<u>過度の競争</u>を<u>防止</u>することが出きるようにそ

の組織を整備する等必要な施策を講ずるものとする。

(下請取引の適正化)
第18条　国は，<u>下請取引の適正化</u>を図るため，<u>下請代金の支払遅延の防止</u>等必要な施策を講ずるとともに，<u>下請関係を近代化</u>して，下請関係にある中小企業者が自主的にその事業を運営し，かつ，その能力を最も有効に発揮することができるようにするため必要な施策を講ずるものとする。

(事業活動の機会の適正な確保)
第19条　国は，中小企業以外の者の事業活動による中小企業者の利益の不当な侵害を防止し，中小企業の事業活動の機会の適正な確保を図るため，<u>紛争処理</u>のための機構の整備等必要な施策を講ずるものとする。

(国等からの受注機会の確保)
第20条　国は，中小企業が供給する物品，役務等に対する需要の増進に資するため，国等の物品，役務等の調達に関し，中小企業者の受注の機会の増大を図る等必要な施策を講ずるものとする。

(輸出の振興)
第21条　国は，中小企業が生産する<u>物品の輸出の振興</u>を図るため，中小企業が生産する輸出に係る<u>物品の競争力</u>を強化するとともに，輸出取引の秩序の確立，海外市場の開拓等必要な施策を講ずるものとする。

(輸入品との関係の調整)
第22条　国は，主として中小企業が生産する物品につき，輸入に係る物品に対する競争力を強化するため必要な施策を講ずるほか，物品の輸入によってこれと競争関係にある物品を生産する中小企業に重大な損害を与えるおそれがある場合において，緊急に必要があるときは，関税率の調整，輸入の制限等必要な施策を講ずるものとする。

第4章　小規模企業

第23条　国は，小規模企業者（おおむね常時使用する従業員の数が20人—商業又はサービス業に属する事業を主たる事業として営む者については，5人—以下の事業者をいう。）に対して第3条の施策を講ずるにあたっては，これらの施策が円滑に実施されるように<u>小規模企業の経営の改善発達</u>に努めるとともに，その従事者が他の企業の従事者と均衡する生活を営むことを期することができるように金融，税制その他の事項につき必要な考慮を払うものとする。

第5章　金融，税制等

(資金の融通の適正円滑化)

第24条　国は，中小企業に対する資金の確保を図るため，政府関係金融機関の機能の強化，信用補完事業の充実，民間金融機関からの中小企業に対する適正な融資の指導等必要な施策を講ずるものとする。

(企業資本の充実)

第25条　国は，中小企業の企業資本の充実を図り，<u>事業経営の合理化</u>に資するため，中小企業に対する投資の円滑化のための機関の整備，租税負担の適正化等必要な施策を講ずるものとする。

第6章　行政機関及び中小企業団体

(中小企業行政に関する組織の整備等)

第26条　国及び地方公共団体は，第3条又は第4条の施策を講ずるにつき，相協力するとともに，行政組織の整備及び行政運営の改善に努めるものとする。

(中小企業団体の整備)

第27条　国は，中小企業者が協力してその事業の成長発展と地位の向上を図ることができるように，<u>中小企業者の組織化の推進</u>その他中小企業に関する団体の整備につき必要な施策を講ずるものとする。

第7章　中小企業政策審議会

(設置)

第28条　通商産業省は，中小企業政策審議会(以下「審議会」という。)を置く。

(権限)

第29条　審議会は，この法律の規定によりその権限に属させられた事項を処理するほか，内閣総理大臣，通商産業大臣又は関係各大臣の諮問に応じ，この法律の施行に関する重要事項を調査審議する。

　2．審議会は，前項に規定する事項に関し内閣総理大臣，通商産業大臣又は関係各大臣に意見を述べることができる。

(組織)

第30条　審議会は，委員20人以内で組織する。

　2．委員は，前条第1項に規定する事項に関し学識経験のある者のうちから，通商産業大臣の申出により，内閣総理大臣が任命する。

3．委員は，非常勤とする。

4．第2項に定めるもののほか，審議会の職員で政令で定めるものは，通商産業大臣の申出により，内閣総理大臣が任命する。

（資料の提出等の要求）

第31条　審議会は，その所掌事務を遂行するため必要があると認めるときは，関係行政機関の長に対し，資料の提出，意見の開陳，説明その他必要な協力を求めることができる。

（委任規定）

第32条　この法律に定めるもののほか，審議会の組織及び運営に必要な事項は，政令で定める。

中小企業基本法

（平成11[1999]年　法律146）

第1章　総則

（目的）

第1条　この法律は，中小企業に関する施策について，その基本理念，基本方針その他の基本となる事項を定めるとともに，国及び地方公共団体の責務等を明らかにすることにより，中小企業に関する施策を総合的に推進し，もって国民経済の健全な発展及び国民生活の向上を図ることを目的とする。

（中小企業者の範囲及び用語の定義）

第2条　この法律に基づいて講ずる国の施策の対象とする中小企業者は，おおむね次の各号に掲げるものとし，その範囲は，これらの施策が次号の基本理念の実現を図るため効率的に実施されるように施策ごとに定めるものとする。

1．資本の額又は出資の総額が3億円以下の会社並びに常時使用する従業員の数が300人以下の会社及び個人であって，製造業，建設業，運輸業その他の業種（次号から第4号までに掲げる業種を除く。）に属する事業を主たる事業として営むもの

2．資本の額又は出資の総額が1億円以下の会社並びに常時使用する従業員の数が100人以下の会社及び個人であって，卸売業に属する事業を主たる事業として営むもの

3．資本の額又は出資の総額が5千万円以下の会社並びに常時使用する従業員の数が100人以下の会社及び個人であって，サービス業に属する事業を主たる事業として営むもの

4．資本の額又は出資の総額が5千万円以下の会社並びに常時使用する従業員の数が300人以下の会社及び個人であって，小売業に属する事業を主たる事業として営むもの

2．この法律において「<u>経営の革新</u>」とは，新製品の開発又は生産，新役務の開発又は提供，商品の新たな生産又は販売の方式の導入，役務の新たな提供の方式の導入，新たな経営管理方法の導入その他の新たな事業活動を行なうことにより，その経営の相当程度の向上を図ることをいう。

3．この法律において「<u>創造的な事業活動</u>」とは，経営の革新又は創業の対象となる事業活動のうち，著しい新規性を有する技術又は著しく創造的な経営管理方法を活用したものをいう。

4．この法律において「経営資源」とは，設備，技術，個人の有する知識及び技能その他の事業活動に活用される資源をいう。

5．この法律において「<u>小規模企業者</u>」とは，おおむね常時使用する従業員の数が20人（商業又はサービス業に属する事業を主たる事業として営む者については，5人）以下の事業者をいう。

（基本理念）

第3条　中小企業については，多様な事業の分野において特色ある事業活動を行い，多様な就業の機会を提供し，個人がその能力を発揮しつつ事業を行なう機会を提供することにより<u>我が国の経済の基盤</u>を形成しているものであり，特に，多数の中小企業者が創意工夫を生かして経営の向上を図るための事業活動を行うことを通じて，<u>新たな産業を創出し，就業の機会を増大させ</u>，<u>市場における競争を促進し，地域における経済の活性化</u>を促進する等我が国経済の活力の維持及び強化に果たすべき重要な使命を有するものであることにかんがみ，<u>独立した中小企業者の自主的な努力</u>が助長されることを旨とし，その<u>経営基盤が強化</u>され，並びに経済的社会的環境の変化への適応が円滑化されることにより，その<u>多様で活力ある成長発展</u>が図られなければならない。

（国の責務）

第4条　国は，前条の基本理念（以下単に「基本理念」という。）にのっとり，中小企業に関する施策を総合的に策定し，及び実施する責務を有する。

（基本方針）

第5条　政府は，次に掲げる基本方針に基づき，中小企業に関する施策を講ずるものとする。
　　　　１．中小企業の<u>経営の革新及び創業の促進並びに創造的な事業活動の促進</u>を図る。
　　　　２．中小企業の経営資源の確保の円滑化を図ること，中小企業に関する取引の<u>適正化</u>を図ること等により，<u>中小企業の経営基盤の強化</u>を図ること。
　　　　３．経済的社会的環境の変化に即応し，中小企業の経営の安定を図ること，<u>事業の転換の円滑化</u>を図ること等により，その変化への適応の円滑化を図ること。
　　　　４．中小企業に対する資金の供給の円滑化及び中小企業の<u>自己資本の充実</u>を図ること。

（地方公共団体の責務）
第6条　地方公共団体は，基本理念にのっとり，中小企業に関し，国との適切な役割分担を踏まえて，その地方公共団体の区域の自然的経済的社会的諸条件に応じて施策を策定し，及び実施する責務を有する。

（中小企業の努力等）
第7条　中小企業者は，経済的社会的環境の変化に即応してその事業の成長発展を図るため，自主的にその<u>経営及び取引条件の向上</u>を図るよう努めなければならない。
　　２．中小企業者の<u>事業の共同化のための組織</u>その他の中小企業に関する団体は，その事業活動を行なうに当たっては，中小企業者とともに，基本理念の実現に主体的に取り組むよう努めるものとする。
　　３．中小企業者以外の者であって，その事業に関して中小企業と関係があるものは，国及び地方公共団体が行う中小企業に関する施策の実施について協力するようにしなければならない。

（小規模企業への配慮）
第8条　国は，<u>小規模企業者</u>に対して中小企業に関する施策を講ずるに当たっては，経営資源の確保が特に困難であることが多い小規模企業者の事情を踏まえ，小規模企業の経営の発達及び改善に努めるとともに，金融，税制その他の事項について，小規模企業の経営の状況に応じ，必要な考慮を払うものとする。

（法制上の措置等）
第9条　政府は，中小企業に関する施策を実施するため必要な法制上，財政上及び金

融上の措置を講じなければならない。

（調査）

第10条　政府は、<u>中小企業政策審議会</u>の意見を聴いて、定期的に、中小企業の実態を明らかにするため必要な調査を行い、その結果を公表しなければなならない。

（年次報告等）

第11条　政府は、毎年、国会に、中小企業の動向及び政府が中小企業に関して講じた施策に関する報告を提出しなければならない。

２．政府は、毎年、中小企業政策審議会の意見を聴いて、前項の報告に係る中小企業の動向を考慮して講じようとする施策を明らかにした文書を作成し、これを国会に提出しなければならない。

第2章　基本施策
第1節　中小企業の経営の革新及び創業の促進

（経営の革新の促進）

第12条　国は、中小企業者の<u>経営の革新</u>を促進するため、新商品又は新役務を開発するための技術に関する<u>研究開発の促進</u>、商品の生産又は販売を著しく効率化するための設備の導入の促進、商品の開発、生産、輸送及び販売を統一的に管理する新たな経営管理方法の導入その他の必要な施策を講ずるものとする。

（創業の促進）

第13条　国は、<u>中小企業の創業を促進</u>するため、創業に関する情報の提供及び研修の充実、創業に必要な資金の円滑な供給その他の必要な施策を講ずるとともに、創業の意義及び必要性に対する国民の関心及び理解の増進に努めるものとする。

（創造的な事業活動の促進）

第14条　国は、<u>中小企業の創造的な事業活動を促進</u>するため、商品の生産若しくは販売又は役務の提供に係る著しい新規性を有する技術に関する研究開発の促進、創造的な事業活動に必要な人材の確保及び資金の株式又は社債その他の手段による調達を円滑にするための制度の整備その他の必要な施策を講ずるものとする。

第2節　中小企業の経営基盤の強化

（経営資源の確保）

第15条　国は、経営方法の改善、技術の向上その他の<u>中小企業の経営基盤の強化</u>に必

要な経営資源の確保に資するために，次に掲げる施策その他の必要な施策を講ずるものとする。
> 1．中小企業の施設又は設備の導入を図るため，中小企業者の事業の用に供する施設又は設備の設置又は整備を促進すること。
> 2．中小企業の技術の向上を図るため，中小企業者が行う技術に関する研究開発を促進し，<u>国が行う技術に関する研究開発</u>に中小企業者を積極的に参加させ，<u>国，独立行政法人又は都道府県の試験研究機関及び大学と中小企業との連携を推進</u>し，並びに技術者研修及び技能者養成の事業を充実すること。
> 3．中小企業の事業活動に有用な知識の向上を図るため，経営管理者に対し研修の事業を充実するとともに，新たな事業の分野の開拓に寄与する情報その他の情報の提供を促進すること。

2．前項に定めるもののほか，国は，中小企業者の必要に応じ，情報の提供，助言その他の方法により，中小企業者が経営資源を確保することを支援する制度の整備を行うものとする。

（交流又は連携及び共同化の推進）
第16条　国は，中小企業者が相互にその経営資源を補完することに資するため，中小企業者の交流又は連携の推進，中小企業者の事業の<u>共同化</u>のための組織の整備，中小企業者が共同して行う事業の助成その他の必要な施策を講ずるものとする。

（産業の集積の活性化）
第17条　国は，自然的経済的社会的条件からみて一体である地域において，同種の事業又はこれを関連性が高い事業を相当数の中小企業者が<u>有機的に連携</u>しつつ行っている産業の活性化を図るために必要な施策を講ずるものとする。

（商業の集積の活性化）
第18条　国は，相当数の中小小売商業者又は中小サービス業者が事業を行う商店街その他の商業の<u>集積の活性化</u>を図るため，顧客その他の地域住民施策の利便の増進を図るための施設の整備，共同店舗の整備その他の必要な施策を講ずるものとする。

（労働に関する施策）
第19条　国は，中小企業における労働関係の適正化及び従業員の福祉の向上を図るため必要な施策を講ずるとともに，中小企業に必要な労働力の確保を図るため，職業能力の開発及び職業紹介の事業の充実を講ずるものとする。

（取引の適正化）

第20条　国は，中小企業に関する取引の適正化を図るため，下請代金の支払い遅延の防止，取引条件の明確化の促進その他の必要な施策を講ずるものとする。

（国等からの受注機会の増大）

第21条　国は，中小企業が供給する物品，役務等に対する需要の増進に資するため，国等の物品，役務等の調達に関し，中小企業者の受注の機会の増大その他の必要な施策を講ずるものとする。

第3節　経済的社会的環境の変化への適応の円滑化

第22条　国は，貿易構造，原材料の供給事情その他の経済的社会的環境の著しい変化による影響を受け，現に同一の地域又は同一の業種に属する相当数の中小企業者の事業活動に著しい支障が生じ，又は生ずるおそれがある場合には，中小企業の経営の安定を図り，及び事業の転換を円滑にするための施策その他の必要な施策を講ずるものとする。

2．国は，中小企業者以外の者の事業活動による中小企業者の利益の不当な侵害を防止し，中小企業の経営の安定を図るための制度の整備その他の必要な施策を講ずるものとする。

3．国は，取引先企業の倒産の影響を受けて中小企業が倒産する等の事態の発生を防止するため，中小企業に関して実施する共済制度の整備その他の必要な施策を講ずるものとする。

4．国は，中小企業者の事業の再建又は廃止の円滑化を図るため，事業の再生のための制度の整備，小規模企業に関して実施する共済制度の整備その他の必要な施策を講ずるものとする。

5．国は，第1項及び前項の施策を講ずるに当たっては，中小企業の従事者の就職を容易にすることができるように必要な考慮を払うものとする。

第4節　資金の円滑化及び自己資本の充実

（資金の供給の円滑化）

第23条　国は，中小企業に対する資金の供給の円滑化を図るため，政府関係金融機関の機能の強化，信用補完事業の充実，民間金融機関からの中小企業に対する適正な融資の指導その他の必要な施策を講ずるものとする。

（自己資本の充実）

第24条　国は，中小企業の自己資本の充実を図り，その経営基盤の強化に資するため，

中小企業に対する投資の円滑化のための制度の整備，租税負担の適正化その他の必要な施策を講ずるものとする。

第３章　中小企業に関する行政組織
第25条　国及び地方公共団体は，中小企業に関する施策を講ずるにつき，相互に協力するとともに，行政組織の整備及び行政運営の効率化に努めるものとする。

第４章　中小企業政策審議会
第26条以下　略

中小企業指導法
(昭和38[1963]年，法律147)
改正：昭和39[1964]年以降，5回の一部改正

（目的）
第１条　この法律は，国，都道府県等及び<u>中小企業事業団</u>が行う<u>中小企業指導事業</u>を計画的かつ効率的に推進することにより，<u>中小企業の経営管理の合理化</u>及び<u>技術の向上</u>を図り，もって中小企業の振興に寄与することを目的とする。
（定義）
第２条　略
（中小企業指導計画）
第３条　通商産業大臣は，毎年，<u>中小企業近代化審議会</u>の意見を聴いて，次に掲げる事業であって，国，都道府県（政令で指定する市を含む。以下同じ。）及び中小企業事業団が行うもの（以下「中小企業指導事業」）の実施に関する計画を定めるものとする。
　　　１．中小企業者の依頼に応じて，その経営管理に関し，<u>経営の診断又は指導</u>を行う事業
　　　２．中小企業者の依頼に応じて，<u>技術指導</u>を行う事業又はそのために必要な試験研究を行う事業
　　　３．中小企業の経営管理又は技術に関し，中小企業者又はその従業員に対して研修を行う事業

            4．中小企業指導担当者（国又は都道府県が行う第1号又は第2号に掲げる事業（第7条第1項に規定する指定法人が行う同項に規定する特定指導事業を含む。）において，経営の診断若しくは指導又は技術指導を担当する者をいう。以下同じ。）を養成し，又は中小企業指導担当者に対して研修を行う事業
            5．前各号に掲げるもののほか，中小企業の経営の診断若しくは指導又は技術指導に関連する事業
    2．通商産業大臣は，前項の計画を定めるに当たっては，国，都道府県及び中小企業事業団が行う事業が相互に重複しないようにするとともに，中小企業の経営管理又は技術の状況その他中小企業の発展の状況に応じて，適切に中小企業指導事業が行われるように配慮しなければならない。
    3．通商産業大臣は，第1項の計画を定めたときは，すみやかにこれを都道府県知事（第1項の政令で指定する市の市長を含む。以下同じ。）に通知するとともに，その要旨を公表しなければならない。
第4条　都道府県知事は，前条第3項の規定による通知を受けたときは，同条第1項の計画に基づき，当該都道府県が行なう中小企業指導事業の実施に関する計画を定め，これを通商産業大臣に届け出るものとする。
    2．都道府県知事は，前項の計画を定めるにあたっては，当該都道府県の区域内における中小企業者の数，中小企業の経営管理又は技術の状況その他中小企業の発展の状況に応じて，適切に中小企業指導事業が行なわれるように配慮しなければならない。

（通商産業大臣の助言）

第5条　通商産業大臣は，この法律の目的を達成するため必要があると認めるときは，都道府県に対し，前条第1項の計画の作成及びこれに基づく中小企業指導事業の実施に応じて助言することができる。

（基準の作成）

第6条　通商産業大臣は，中小企業指導事業の効率的な実施に資するため，中小企業近代化審議会の意見をきいて，通商産業省令で，経営の診断若しくは指導又は技術指導の方法，経営の診断を担当する者の資格その他の事項について，中小企業指導事業の実施に関する基準を定めるものとする。
    2．通商産業大臣は，登録簿を備え，中小企業指導事業において経営の診断を担当する者であって，前項の通商産業省令で定める資格を有するものに関する事項を登録する。

3．前項の規定により登録すべき事項及びその登録の手続は，通商産業省令で定める。

第7条以下　略

中小企業支援法

(平成11[1999]年，法律18)
改正：平成12[2000]年，法律43

(目的)

第1条　この法律は，国，都道府県等及び<u>中小企業総合事業団</u>が行う中小企業支援事業を計画的かつ効率的に推進するとともに，中小企業の<u>経営の診断</u>の業務に従事する者の登録の制度を設けること等により，<u>中小企業の経営資源の確保</u>を支援し，もって中小企業の振興に寄与することを目的とする。

(定義)

第2条　略

(中小企業支援計画)

第3条　略

第4条　略

(経済産業大臣の助言)

第5条　略

(基準の作成)

第6条　略

(指定)

第7条　都道府県知事は，次の各号に適合する者を，その申請により，当該都道府県に一を限って指定し，その者（以下「指定法人」という。）に，当該都道府県が行う中小企業支援事業のうち<u>特定支援事業</u>を行わせることができる。

(以下略)

2．前項の特定支援事業とは，次に掲げる事業をいう。

1．中小企業者が行う電子計算機を利用して行う事業活動に関する経営の診断，助言，調査，研究及び情報の提供（以下この項において「<u>経営診断等</u>」という）を行う事業

2．中小企業者の経営に必要な資金の株式又は社債による調達の円滑な実施に資する経営診断等を行う事業
3．中小企業者が<u>技術革新の進展</u>に即応した高度な産業技術の開発を行い，又は当該産業技術を製品若しくは役務の開発，生産，販売若しくは役務の提供に利用する事業活動に関する経営診断等を行う事業
4．以下略

第8条以下　略

中小企業経営革新法
(平成11[1999]年　法律18)
改正：平成11[1999]年内に改正あり

第1章　総則

（目的）

第1条　この法律は，経済的環境の変化に即応して中小企業が行う<u>経営革新</u>を支援するための措置を講じ，あわせて経済的環境の著しい変化により著しく影響を受ける中小企業の<u>将来の経営革新</u>に寄与する<u>経営基盤の強化</u>を支援するための措置を講ずることにより，中小企業の創意ある向上発展を図り，もって国民経済の健全な発展に資することを目的とする。

（定義）

第2条　略

第2章　経営革新の支援

（経営革新指針）

第3条　経済産業大臣は，中小企業の経営革新に関する指針（以下「<u>経営革新指針</u>」という。）を定めなければならない。

　2．経営革新指針には，次に掲げる事項について定めるものとする。

　　1．経済的環境の変化に即応して中小企業が行う経営革新に関する事項
　　2．経営革新の内容に関する事項
　　3．経営革新の実施方法に関する事項
　　4．その他経営革新の実施に当たって配慮すべき事項

3．経済産業大臣は，経営革新を定め，又はこれを変更しようとするときは，中小企業者の事業を所管する大臣に協議するとともに，<u>中小企業政策審議会</u>の意見を聴かなければならない。

4．経済産業大臣は，経営革新指針を定め，又はこれを変更したときは，遅滞なく，これを公表しなければならない。

（経営革新の承認）

第4条 中小企業者及び組合等（以下「中小企業者等」という。）は，単独で又は共同で行おうとする経営革新に関する計画（中小企業者等が第2条第1項第4号から第6号までに揚げる組合若しくは連合会を設立し，又は出資して会社を設立しようとする場合にあっては当該中小企業者等がその組合，連合会又は会社と共同で行う経営革新に関するものを，中小企業等が合併して会社を設立しようとする場合にあっては合併により設立される会社―合併後存続する会社を含む―が行う経営革新に関するものを含む。以下「<u>経営革新計画</u>」という。）を作成し，経済産業省令で定めるところにより，これを行政庁に提出して，その経営革新計画が適当である旨の承認を受けることができる。ただし，中小企業者等が<u>共同</u>で経営革新計画を作成した場合にあっては，経済産業省令で定めるところにより，代表者を定め，これを行政庁に提出するものとする。

2．経営革新計画には，次に掲げる事項を記載しなければならない。
1．経営革新の目標
2．経営革新による経営の向上の程度を示す指標
3．経営革新の内容及び実施時期
4．経営革新を実施するために必要な資金の額及びその調達方法
5．組合等が経営革新に係る試験研究のための費用に充てるためその構成員に対し負担金の賦課をしようとする場合にあっては，その賦課の基準

3．行政庁は，第1項の承認の申請があった場合において，当該申請に係る経営革新計画が次の各号のいずれにも適合するものであると認めるときは，その承認をするものとする。
1．前項第1号から第3号までに掲げる事項が経営革新指針に照らして適切なものであること。
2．前項第3号及び第4号に掲げる事項が経営革新に遂行するための適切なものでるあること。
3．前項第5号に規定する負担金の賦課をしようとする場合にあっては，そ

の賦課の基準が適切なものであること。

（経営革新計画の変更）

第5条　略

（中小企業信用保険法の特例）

第6条　略

第7条　削除（改正・平成11法律222）

（中小企業投資育成株式会社の特例）

第8条　略

（課税の特例）

第9条　略

第3章　経営基盤の支援

（経営基盤強化計画の承認）

第10条　その業種における事業活動の相当部分が中小企業者によって行われており，その業種に係る競争条件，貿易構造，原材料の供給事情その他のその業種に係る経済的環境の著しい変化による影響を受け，その業種に属する事業にかかわる生産額又は取引額が相当程度減少し，又は減少する見とおしがある業種であって政令で指定するもの（以下「特定業種」という。）に属する事業を行う中小企業者を構成員とする組合等（以下「特定組合等」という。）は，その構成員たる中小企業者が行う特定業種に属する事業に係る新商品，新役務又は新技術の開発，企業化，需要の開拓その他の事業であってその構成員たる特定業種に属する事業を行う中小企業者の将来の経営革新に寄与するための経営基盤の強化に関するもの（以下「経営基盤強化計画」という。）を作成し，特定業種を指定する政令の施行の日から起算して政令で定める期間を経過する日までに提出して，その経営基盤強化が適当である旨の承認を受けることができる。

（以下，略）

（経営基盤強化計画の変更等）

第11条以下　略

附則

（中小企業近代化促進法の廃止）

第2条　次に掲げる法律は，廃止する。

1．中小企業近代化促進法（昭和38年法律第64号）
　　2．特定中小企業者の新分野進出等による経済の構造的変化への適応の円滑化に関する臨時措置法（平成5年法律第93号）
以下，略

巻末資料3．中小企業政策参考文献

【あ】

安部文彦・森泰一郎・岩永忠康『日本の流通システム―構造と問題―』ナカニシヤ出版，1999年

有田辰男『戦後日本の中小企業政策』日本評論社，1990年

同『中小企業論―歴史・理論・政策―』新評論，1997年

伊東維年他『ベンチャー支援制度の研究』文眞堂，2002年

稲上毅・八幡成美『中小企業の競争力基盤と人的資源』文眞堂，1999年

稲川宮雄『中小企業の協同組織』中央経済社，1971年

磯田好祐編『ヨーロッパの中小企業金融制度―欧州中小企業金融制度調査団報告書―』㈳金融財政事情研究会，1968年

伊従寛『独占禁止政策と独占禁止法』中央大学出版部，1997年

上田達夫『産業構造の転換と中小企業―大阪における先駆的展開―』関西大学出版会，1992年

大阪経済大学中小企業経営研究所編『中小企業研究―潮流と展望―』日外アソシエーツ，1978年

大沢正『中小企業政策史論―わが国中小企業政策発展の実証史的研究―』港出版，1970年

太田進一編著『企業の政策科学とネットワーク』晃洋書房，2001年

同編著『企業と政策―理論と実践のパラダイム転換―』ミネルヴァ書房，2003年

大山耕輔『行政指導の政治経済学―産業政策の形成と実施―』有斐閣，1996年

小田橋貞壽『日本の商工政策』教育出版，1971年

【か】

加藤誠一『中小企業の国際比較』東洋経済新報社，1967年

加藤誠一他編『経済政策と中小企業』（『現代中小企業基礎講座』第2巻）同友館，1977年

加藤誠一・渡辺俊三『中小企業総論』有斐閣，1986年

加藤義忠・佐々木保幸・真部和義『小売商業政策の展開』同友館，1996年

木村吾郎『現代日本のサービス業』新評論，1981年

清成忠男・田中利見・港徹男『中小企業論』有斐閣，1996年
金融制度研究会編『中小企業金融専門機関等に関する答申集―中小企業金融専門機関
　　等のあり方と制度の改正について―』㈳金融財政事情研究会，1971年
黒瀬直宏『中小企業政策の総括と提言』同友館，1997年
後藤晃・鈴木興太郎編『日本の競争政策』東京大学出版会，1999年
小宮隆太郎・奥野正寛・鈴村興太郎編『日本の産業政策』東京大学出版会，1984年

【さ】

さくら総合研究所・環太平洋研究センター『アジアの経済発展と中小企業―再生の担
　　い手になりうるか―』日本評論社，1999年
佐藤芳雄『寡占体制と中小企業』有斐閣，1976年
佐々木信夫『自治体政策学入門』ぎょうせい，1996年
鈴木安昭『昭和初期の小売商問題』日本経済新聞社，1980年
正田彬他編『現代経済法講座』全10巻，三省堂，1990年
商工組合中央金庫商工総合研究所『21世紀の中小企業ビジョン―新たなる創生と共生
　　をめざして―』，1997年
菅谷章『日本社会政策史論（増補改定版）』日本評論社，1992年
政治経済研究所『地方自治体と中小企業―中小企業政策をめぐる保守と革新―』
　　新評論，1973年

【た】

巽信晴・山本順一『中小企業政策を見直す―日本経済百年の計―』有斐閣，1983年
田村馨『日本型流通革新の経済分析―日本型流通システムの持続的・選択的変革に向
　　けて―』九州大学出版会，1998年
土屋守章・三輪芳朗編『日本の中小企業』東京大学出版会，1989年
中小企業事業団中小企業研究所編『日本経済の発展と中小企業』同友館，1987年
　　同『日本の中小企業研究』第1巻（成果と課題）有斐閣，1985年
　　同第2巻（主要文献解題），有斐閣，1985年
　　同第3巻（文献目録），有斐閣，1985年
　　同訳編『アメリカ中小企業白書』同友館，各年版
中小企業庁編『中小企業小六法』
　　同『70年代の中小企業像―中小企業政策審議会意見具申の内容と解説―』1972年
　　同『中小企業近代化促進ハンドブック』通商産業調査会，1976年

同『中小企業の情報化ビジョン―中小企業近代化審議会指導部会中小企業情報化対策分科会「中間報告」より―』同友館，1985年

　同『中小小売商業の情報化ビジョン―情報化と中小小売商業の経営近代化のキーポイント―』，1985年

　同『中小卸売業の情報化ビジョン』1985年

　同『中小企業施策30年の歩み』1988年

　同『90年代の中小企業ビジョン―創造の母胎としての中小企業―』通商産業調査会，1992年

　同『中小企業政策の課題と今後の方向―構造変化に挑戦する創造的中小企業の育成―』1993年

　同『中小企業政策の課題と今後の方向―構造変化に挑戦する創造的中小企業の育成―』通商産業調査会，1995年

　同『中小企業政策の新たな展開―中小企業政策研究会最終報告より―』同友館，1999年

中小商工業研究所編『現代日本の中小商工業―国際比較と政策編―』新日本出版社，2000年

鄭賢淑『日本の自営業層―階層的独自性の形成と変容―』東京大学出版会，2002年

通商産業省編『商工政策史』第1巻～第24巻，1971年～1985年

通商産業省編『通商産業政策史』第1巻～第17巻，1994年

辻悟一『イギリスの地域政策』世界思想社，2001年

鶴田俊正『戦後日本の産業政策』日本経済新聞社，1982年

【な】

中村隆英編『日本の経済発展と在来産業』山川出版社，1997年

中村金治『中小企業政策研究』協同出版，1965年

中山金治『中小企業近代化の理論と政策』千倉書房，1983年

日本中小企業学会編『中小企業政策の課題と展望』同友館，1993年

　同『中小企業政策の「大転換」』同友館，2001年

日本貿易振興会『ECの中小企業政策と域内中小企業の市場統合対策』，1992年

【は】

濱田康行『日本のベンチャーキャピタル（新版）』日本経済新聞社，1998年

福島久一編『中小企業政策の国際比較』新評論，2002年

福島鞆子『非正規労働の経済分析』東洋経済新報社，1997年
東谷暁『金融庁が中小企業をつぶす―なぜ中小企業に資金が回らなくなったのか―』草思社，2000年
黄完晟『日米中小企業の比較研究―日本の二重構造・三重構造―』税務経理協会，2002年

【ま】

前川恭一・吉田敬一『西ドイツの中小企業』新評論，1980年
間芋谷努『中小企業政策論』日本評論社，1970年
松下圭一『政策型思考と政治』東京大学出版会，1991年
松永宣明『経済開発と企業発展』勁草書房，1996年
水野武『工業政策の展開と中小企業』有斐閣，1979年
三谷直紀・脇坂明『マイクロビジネスの経済分析―中小企業経営者の実態と雇用創出―』東京大学出版会，2002年
三和芳朗『政府の能力』有斐閣，1998年
三井逸友『EU欧州連合と中小企業政策』白桃書房，1995年
三井逸友編『現代中小企業の創業と革新―開業・開発・発展と支援政策―』同友館，2001年
三宅順一郎『中小企業政策史の研究』時潮社，1998年
　同『中小企業政策史論―問題の展開と政策の対応―』時潮社，2000年
村中孝夫・トーマンドール編『中小企業おける法と法意識―日欧比較研究―』京都大学出版会，2000年
牟礼早苗『中小企業政策論』森山書店，1982年
百瀬恵夫『中小企業組合の理念と活性化』白桃書房，1989年
森本隆男編著『中小企業論』八千代出版，1996年
　同『西ドイツ手工業論』森山書店，1979年
　同『西ドイツ中小企業論』森山書店，1987年

【や】

槍田英三『ドイツ手工業者とナチズム』九州大学出版会，1990年
由井常彦『中小企業政策の史的研究』東洋経済新報社，1964年

【わ】

渡辺俊三『戦後再建期の中小企業政策の形成と展開』同友館,2003年

渡辺幸男『日本機械工業の社会的分業構造―階層構造と産業集積からの下請制把握―』有斐閣,1997年

渡辺幸男・小川正博・黒瀬直宏・向山雅夫『21世紀中小企業論―多様性と可能性を探る―』有斐閣,2001年

索　引

[あ]

空き店舗　108, 109
アジア諸国（地域）　32, 41, 44, 45,
　　47, 48, 49, 67, 93, 122, 149
アジア通貨危機　38
アセアン諸国　44
圧縮記帳　107
圧倒的多数（中小企業）　124
アナウンスメント効果　22, 23
アンテナショップ事業　109
安全衛生設備リース事業　111
安全・健康保険対策　110
育児休業・介護休業　110
移植型小工業　133
委託研究　75
「移転される」方　77
「移転する」方　77
一般消費者　111
イノベーションシステム（研究開発制度）
　　70
イノベーション・クラスター　46, 93
違法行為　120
依頼試験　76
医　薬　95
インキュベータ　87, 107
インセンティブ　79
インターネット　40, 51, 141
インド　38
インナーサークル　18
英　国　38, 39
エクイティファイナンス　101
江戸時代　132

エンジェル税制（制度）　103
大型店等進出対策融資　112
欧米型の政策　65
応用・開発研究　78
大田区（東京）　46
応急措置　136
欧州型中小企業政策　138, 152, 153
欧州地域（諸国）　37, 44, 45, 47, 131,
　　133, 136
欧州連合（EU）　5
応用研究　52, 72
大阪南部　51
大阪中小企業投資育成株式会社　112
オプション契約（特許）　82

[か]

海外研修　110
海外工場　51
海外生産　49, 107, 149, 153
海外生産移転　67
海外展開資金　99
海外立地　24
外注化（アウトソーシング）　154
外部経済効果　114
改定物資動員計画　7
外発的政策　2
外部経営資源　52
外部人材資源　78
開放経済体制　138
開発指針（テクノポリス構想）　114
価格競争力　43, 44, 52, 55, 56, 58,
　　67, 149
学術（研究）機関　43, 53, 68, 78, 86

科学アカデミー（フィンランド） 93	起業 26
科学技術基本計画 79	企業間関係 102
科学技術振興費の増額 79	企業基準 23
科学技術政策担当大臣 79	企業規模 24, 116
科学技術創造立国 79	企業組合 18
科学技術の戦略的重点化 79	企業合理化促進法 18
家計と企業会計の未分離 34	企業城下町 56
加工組立型産業 41, 48, 123, 148, 149	企業診断制度 17, 18
貸し渋り問題 24	企業文化 3
過剰集積空間 48	岸信介 18
寡占化 26, 149	技術移転 22, 72, 73, 85
型認識 141	技術移転機関（TLO） 79, 81, 86, 88
過当競争 21	技術移転センター 84
株　式（私募債） 115	技術開発指導員（技術アドバイザー）
株式売却益（当該利益圧縮） 103	75, 76
カルテル 18	技術革新 67
官官関係 89	技術競争力 42, 45, 52, 55, 147
官学関係 89	技術士 75
勧業銀行 15	技術進歩 78
勧業予算 74	技術指導制度 17
環境技術 95	技術政策 69
環境権 23	技術提携 58
官公需確保 110	技術展示会 76
官公需についての中小企業者の受注の確保	技術庁（フィンランド） 93, 94
に関する法律 110	技術評価 82
韓　国 44, 138	技術立国 49
関西 TLO 82	規制緩和 26
関西 TLO 技術情報クラブ 83	基礎研究（重視） 76, 79
官庁 125	基礎技術 72
還付特例（欠損金の繰戻し） 100	帰納的方法論 146
官主導 20	キーパーソン 53, 58, 69
官民協調 13	基盤的技術産業 106
機械制（工業） 131, 133, 136	基盤的技術産業集積 106
機械産業 26	基盤的技術産業集積活性化計画 106,
機械鉄鋼製品（工業）整備要綱 10, 11	113, 114
機械類信用保険法（特例措置） 104	基本法 117

「急性疾患」的問題　7, 21
旧社会主義圏　138
旧ユーゴスラビア　148
業種指定　20
業種別政策単位　18
救済策　136
行政法　152
競争関係　132
競争政策　1
競争政策型論理　151
競争原理　134
競争力（段階，類型）　43, 44, 78
業種雇用安定対策　110
行政（的）空間　37, 38, 42
行政権　42
行政情報　146
共同研究　70, 73
共同研究開発（関係）　58, 68
共同防災施設事業　111
京都大学　83
京都リサーチ株式会社　83
共用権　23
局地的市場　40
ギルド的組織　136
緊急的な是正措置　34
近代化促進政策　19
近代化促進融資制度　17
均一化　114
勤労者財産形成促進制度　110
金融機関　52, 120
金融恐慌　2, 6, 11, 147
金融支援　110
金融市場　24, 117
金融助成制度　15, 17
金融政策　134, 147
金融制度　118, 136

金融問題　32, 117
空間軸　129
空洞化　108
国主導（中央集権）　114
国別類型　138
組合共同事業対策融資　112
組合制度　131
グローバル化　38, 39, 141, 150, 153
軍需工業指導方針　11
軍需生産　8
組合制度　17, 147
経済空間　40, 42
経済活動基準　23
経営革新　67
経営革新資金　99
経営基盤　24
経営基盤強化（資金）　99, 104
経営空間　45, 46
経営指導　115, 118, 122
経営特性　145
経済的社会的環境の変化への適応の円滑化
　110
軽工業製品　132
経済産業省　88
経済産業大臣　79
経済集中　151
経営革新計画　99, 100
経営体質　21
経営的脆弱性　132
経営の安定　98
経営の革新　98
経済新体制確立要綱　11
経営戦略　24
経営資源　38, 68, 98, 104, 124
経営問題　32, 34
経済集中　17, 26

経済統制　7
激甚災害法指定　111
欠損金（繰越）　104
ゲームの理論　50
研究員　76
研究開発型企業　104
研究開発活動　103，137
研究開発関連サービス　44
研究開発機能　123
研究開発支援（機関）　77，104
研究開発資金　81
研究開発事業計画　104
研究開発人材　76
研究開発成果　71
研究開発政策　95
研究開発投資　72
研究開発等事業計画　103
研究開発成果の外部移転　76
研究活動支援　83
研究機関　43
研究情報などの提供・研究斡旋　83
研究情報の優先開示　83
研究成果の活用支援　83
研究成果の権利化支援　83
研究の社会化　127
原経済圏　47
健康保険　24
検査制度　10，21，136
建設労働者の雇用改善　109
現地化設計　137
広域経済活動　38
公益法人　107
公害　23
高学歴・高技能分野（自営業者）　155
高学歴・低熟練（若い世代）　155
興業意見　64

興業意見（未定稿）　64
工業技術センター　57
興業銀行　15
工業組合　15，16
工業組合制度　8，9，21
工業組合法　12
工業試験場　74
工業団地　40
公共財　57
公共政策　24
公共的な性格（金融市場）　117
構造不況業種　149
高度化　112
高度化資金の融資　108
高度化等円滑化計画　106
高度化等計画　106
高度機器利用研修　76
高度（経済）成長期　2，19，23，27，67，122，149
高度技術工業集積地域開発促進法（テクノポリス法）　49，57
工程改良　76
公的損失補償制度　15
公正・公平取引　24
公設市場　7
公設研究機関　68，69，70，71，73，76，78
高等教育機関　43
公的機関　57
公的金融支援　32
公的資金　72
公認会計士　101
購買組合　7
後発国　25，44，127，128，155
高付加価値化　114
公平・公正の原則　35

公平な事業活動の機会　17
神戸大学　84
神戸商船大学　84
高密化集積地　48
公務員　57
高利貸借換資金制度　14
小売市場　111
小売市場開設の許可制　111
小売業　46
高率失業　26
効率化　114
効率的な生産分業効果　50
高齢者・障害者等の雇用促進　109
国際機構　4
国際競争力　19, 26, 27, 42, 122, 148
国際比較研究　128
国際部品調達　149
国民生活金融公庫　99, 105
国家主義　65
国家的空間　37
国家的歴史空間　37
国土的概念　39
国内経済対応型事業形態　138
国内再立地　24
個別化　114
個別対応的段階　32
国民経済　17, 40, 99
国立大学　79, 80
国立大学改革　80
個人保証人　15
コスト競争力　42
コーディネーター　53
個別対応策　120, 147
雇用安定　109
雇用安定・職業能力開発　109
雇用移転　154

雇用機会　102
雇用形態　153
雇用削減　154
雇用政策　23
雇用喪失　44
雇用創出　44
雇用対策　110
雇用のジャストインタイム化　154
雇用分配　45
雇用保険　24, 33
コンサルテーション　113

[さ]

災害関係特例保証　111
災害対策　110, 111
災害復興資金融通　15
災害復旧貸付制度　111
災害普及高度化事業　111
災害融資制度　14
再訓練制度　24
財政赤字　149
財政政策　134
財務大臣　79
在来産業　64
再立地　41
坂本重泰　43
サブシステム　18, 53, 57, 58
サポート（すそ野）産業振興　141
産学関係　89
産学官メカニズム　57
産学官連携　55, 79, 140
産学官連携政策モデル　56
産学連携共同研究　86
産業活力再生特別措置法　113
産業合理化運動　7
産業構造　44, 93, 122

産業構造改革・雇用対策本部　87
産業構造転換政策　26
産業構造の高度化　118，122，123，124
産業構造の転換　122
産業集積　51，55，56，57，58，77，114
産業政策的（型）（論理，色彩）　17，19，25，26，48，136，148，149，150，151
産地間競争　55
椎名悦三郎　18
自営業者　154，155
ジェファーソン・デモクラシー　120，134，135
市街地信用組合　16
時間軸　128
時間節約的　55
事業活動指針　103
事業競争力　42，43，44，49，50，52，55，149
事業協同組合　18
事業者税（非課税措置）　107，108
事業者団体法　17
事業の転換の円滑化　98
事業分野の調整対策　110，111
資金供給の円滑化および自己資本の充実　112
資金流　53
自己資金の充実　98，112
自主的な努力　98
市場開拓　56
市場経済（基準）　23，134
市場経済体制（制度）　21，26，34，116，138
市場原理　150
市場制限的中小企業政策　138
市場競争　124
市場制度　1

市場調査事業　108
市場の失敗　1，135
市場ルールの明確化　151
事前型産業政策　151
自然空間　40，48
下請・外注（取引）関係　22，50，58，154
下請・外注生産　69
下請型中小企業　67
下請中小企業対策融資　112
下請工業　10，11
下請工業受注指導職員　10
下請工業助成計画要綱　10
下請工業政策（振興策）　10，17
下請代金支払遅延等防止法　110
失業者　39
失業問題　7
私的独占の禁止及び公正取引の確保に関する法律　17，110
指導料　75
試作品開発事業　108
地場産業　50
地場産業振興高等技術者研修事業　108
シビルミニマム　23
司法制度　4
資本集約的　41
資本節約的　55
資本蓄積の定位性　22
市　民　23
市民基準　23
事務系職員　77
地元利益還元政治　20
社会経済基準　23
社会権　23
社会空間　40，48
社会経済的不利　117

社会政策　　14, 33, 34
社会政策的(型)論理　　24, 26, 27, 123, 149, 151
社会的価値観　　3, 120, 129, 134, 135, 141, 151
社会的規範　　33
社会的緊張度　　34
社会的信用　　71
社会的スティタス　　70
社会的認知度　　72
州政策（中小企業政策）　　152
従業員独立開業（新規開業貸付制度）　　110
従業員ベース　　124
就業の機会　　98
週40時間労働制　　110
巡回技術相談制度　　76
終身雇用制度　　78
囚人のジレンマ　　50
集積（クラスター）　　46, 50, 114
受験資格者創業特別補助金　　109
従来型ネットワーク関係　　55
従来型のインセンティブ手法　　50
手工業者　　154
手工業的家内工業　　131, 132
手工業的伝統　　136
受託研究費の非課税化　　80
重要輸出品　　8
ジョイントベンチャー　　58
障害者中小企業　　121
小規模工業　　131
商工会　　107
商工会議所　　5
商工官僚　　18
商工組合中央金庫　　15, 99, 147
商工組合法　　17

商工省　　6, 10, 13
商業組合　　12, 16
商業組合中央会　　13
商業集積　　115
商業報国運動ニ関スル件　　13
商業報国運動指導方針　　13
商店街　　108
助成制度　　114, 116
助成体系　　98
女性中小企業　　121
小規模企業　　98
小規模設備資金（償還期間の延長）　　111
小規模企業政策　　155
小規模企業設備資金貸付制度　　112
商業集積の活性化　　108
商品開発　　76
消費者組合　　7
消費者主権　　26
商法　　101
情報化基盤整備貸付　　105
情報技術　　51
情報技術活用経営革新支援　　105
情報公開制度　　144
情報交換　　38
情報処理業　　103
情報通信機器即時償却（税制）　　105
情報の共有度　　58
情報流　　53
昭和恐慌　　2
職業能力開発　　109
殖産興業（政策）　　55, 132
職場環境整備　　110
所得再配分的　　123
シリコンバレー　　56
私立大学　　79
自由主義経済観　　134

索引　203

助成制度　114, 120, 124
新エネルギー利用等の促進に関する特別措
　　置法　113
審議会　20
新規開業　67
新規企業　131
新技術の権利化　80
新規成長産業連携支援事業　106
震災地小工業救済資金及小工業者普及資金
　　制度　14
新産業創造研究開発機構（財団，NIRO）
　　84
人材（人的）ネットワーク　57, 58
人材流　53
人事・給与制度　69
新事業促進施行令　101
新事業創出促進法　100, 113
新事業分野開拓の促進　100
新事業分野の促進　100
新卒無業層　155
信用協同組合　18
信用組合　16
信用補完　99, 107
信用保証協会（法）　17, 104
信用保証制度　15, 17, 112, 118, 152
水平分業化　155
スウェーデン　93
スピンアウト　79
スタンダードオイル　132
ストックオプション（新株引受権）　101,
　　104
生活必需品整備ニ関スル件　13
生活権　23
生活空間　40, 44
正規雇用者　154
政　策　1, 120

政策遺伝子　137
政策課題　3, 44, 55, 130
政策過程　141
政策監督（段階）　3, 78, 139, 140, 146
政策形成　128
政策研究　127, 128
政策効果　22
政策公開　3
政策史　130
政策資源　140
政策主体　133, 152
政策実行（段階）　3, 78, 139, 140, 146
政策手段　118, 152
政策手法　2, 16, 40, 140
政策としての型　130
政策人材配置　153
政策目的（目標）　2, 122, 140
政策の接木効果　129
政策立案（段階）　3, 77, 139, 140, 146
政策立案能力　114, 155
政策理念　16, 123, 138
政策領域　25, 33, 136
政策類型　137
政策論理　1, 6, 17, 19, 23, 25, 33,
　　34, 40, 67, 117, 122, 148, 152, 153
生産性概念　44
生産性格差の是正　67
生産での自己完結性　51
生産リンケージ　93
政治運動　2
政治空間　40, 41
政治過程　134, 141
政治体制　32
政治風土　134, 135
政治力学　33
税額控除　107

税　制　50, 99, 105, 107, 115, 118, 122
税制優遇策（措置）　100, 108, 152
脆弱性（経営体質）　21, 145
製造技術　52
製造業支援サービス　44
生存権　23
制度金融　7
制度史　130, 145
制度軸　129
政府介入　150
政府観　151
政府間関係　155
政府刊行物　145
政府研究開発投資の拡充　79
政府系金融機関　112
世界経済対応型の事業形態　138
世界市場　137
世界的企業　137
世界の工場　44
接触の利益　51, 55
設備近代化　114
設備資金　100
設備貸与制度　112
設備投資減税　100
繊維産地　51
先行利益　72
全国市場　137, 138
先進国並み　122
戦前型政策　18
戦時生産　120
戦時統制　10
先端産業育成融資制度　99
先発国　44, 127, 155
専門研究所　73
戦略的研究　52, 72

占領国の政策論理　136
創　業　68, 102
創業支援　100, 108, 117
創業支援投融資制度　155
創業者研修　104
創業の促進　98, 115
創造的な事業活動　98
相互依存性　38
総合科学技術会議　79, 80
相互扶助精神　18
粗製濫造問題　135
総務大臣　79
SOHO（Small Office, Home Office）　154
相談・指導　110
素材・中間財産業　27
組織化政策　16, 17, 18
組織的社会空間　39
ソフトウェア業　103
損失補償制度　15, 17

[た]

タ　イ　139
対応型政策　20
対応策　1, 2
大　学　68, 72, 76, 78, 81, 85, 102, 127
大学間の競争原理　79
大学教授　75
大学等技術移転促進法　82, 113
大学の登録特許数　87
大学発ベンチャー　80, 87, 88
大企業　17, 22, 24, 26, 33, 48, 68, 102, 117, 120, 133, 137
大企業経営者　94
大企業者の責務　111
大企業中心　89

大恐慌（世界恐慌）　11, 26, 32, 133, 136
第三セクター　85, 108
大正デモクラシー　135
対症療法的措置（対応策）　5, 21, 32, 117, 136
大量生産体制　113
大量生産設備導入（近代化）　114
台湾　138
タウンマネジャー（養成研修）　109
拓殖銀行　15
多国籍展開　45
多種多様性　142
多数性　33
多層的堆積性　44
多様化　114
男女雇用均等　110
ダンピング問題　5
地域活性化創造技術開発費補助金　104
地域技術起業化事業　108
地域競争力　24
地域共同体　4
地域グループ活動事業　108
地域経済　24, 26, 37, 46, 115, 140
地域経済政策型論理　26, 27, 39, 114
地域経済の活性化　24, 39, 45
地域経済政策　24, 55
地域雇用対策　110
地域産業集積活性化計画策定事業　107
地域産業集積活性化計画支援事業　107
地域産業集積活性化計画指導事業　107
地域産業集積活性化調査事業　107
地域産業創業機会創出事業　107
地域産業集積創造基盤施設整備事業　107
地域産業対策費融資　108, 112

地域史　130
地域資源等活用型起業化等事業　108
地域性　40
地域政策　48, 50
地域中小企業新産業育成融資　112
地域中小企業総合支援センター　105
地域中小企業創造力形成事業　107
地域デザイン講習会　76
地域内自己完結度　58
小さな政府　151, 152
知識集約的（化）　41, 114, 123, 149
知的財産の帰属・権利化　80
知的所有権　53, 58
地方工業化委員会　10
地方自治体　4, 20, 68, 77, 114, 155
地方商工会議所　147
地方統制工業　10
地方分権制度　5
中央研究所　73
中央集権化（性）　113, 114
中央集権制度　5
中央集権的な画一的政策手法　49
中央商工相談所　13
中堅企業　68
中国　44
超国家経済対応型　137
超国家経済対応型の事業形態　138
中小企業（者）　15, 17, 21, 22, 24, 34, 68, 77, 102, 106, 120, 131, 133, 140, 145
中小企業業種別振興臨時措置法　19
中小企業金融公庫　99
中小企業金融助成法案（米国）　136
中小企業金融制度　148
中小企業経営革新支援法　99, 113
中小企業経営革新対策費補助金　99

中小企業経営診断士制度　106
中小企業研究史　50
中小企業技術基盤強化税制（税額控除）
　　104
中小企業基本法（旧，新）　19，67，97，
　　104，118，119，120，123，124，148，
　　149
中小企業従業者　110
中小企業助成制度史（米国）　121
中小企業性業種　19，25，27，34，148
中小企業政治団体　18
中小企業近代化計画　20
中小企業近代化政策　22
中小企業近代化促進法　19，99，103，
　　113，148
中小企業近代化促進融資制度　17
中小企業勤労者福祉サービスセンター
　　110
中小企業金融公庫　17，105
中小企業金融制度　13
中小企業高度人材確保助成金　109
中小企業高度人材確保推進事業助成金
　　109
中小企業雇用環境整備奨励金　109
中小企業雇用創出人材確保補助金　109
中小企業雇用創出雇用管理助成金　109
中小企業雇用創出等能力開発給付金
　　109
中小企業情報化促進貸付　105
「中小企業小六法」　115
中小企業新分野進出等円滑化法　99
中小企業振興センター　57
中小企業人材確保推進事業助成金　109
中小企業信用保険法（特例措置）　101
中小企業政策　2，4，16，17，21，24，
　　25，32，33，41，67，97，114，116，
　　118，130，134，140，150，155
中小企業政策史　32，134，145
中小企業政策体系　97，114
「中小企業政策の概要」　145
中小企業政策類型　135
中小企業総合支援センター　104，105
中小企業（総合）事業団　99，102，105，
　　112
中小企業創造活動促進法　100，103
中小企業信用保険法（特例措置）　104
中小企業対策　6，16，118，147
中小企業体質強化資金助成制度　110，
　　111，112
中小企業退職金共済制度　110
中小企業大学校　105
中小企業団体　111
中小企業団体法　18
中小企業庁　17，139
中小企業庁（SBA，米国）　140
中小企業庁設置法　16，17
中小企業等協同組合法　18，106
中小企業倒産対策貸付制度　110
中小企業倒産防止共済制度　110
中小企業投資育成株式会社（法）　101，
　　104，107，112
中小企業等新技術体化投資促進　104
中小企業等投資事業有限責任組合　113
中小企業等投資事業有限責任組合契約に関
　　する法律　113
中小企業における労働力の確保及び良好な
　　雇用の創出のための雇用管理の改善に
　　関する法律　112
中小企業の経営指標及び原価指標　105
中小企業の経営特質　68
中小企業の創造的な事業活動の促進に関する
　　臨時措置法　112

中小企業の事業活動の機会の確保のための
　　大企業の事業活動の調整に関する法律
　　111
中小企業の団体に関する法律　106
中小企業分野等調整審議会　111
中小企業問題　5，6，7，8，23，33，130，
　　131，135，136，147
中小企業労働力確保推進対策費補助金
　　109
中小企業流通業務効率化促進法　112
中小工業　10，133
中小工業性業種（地場産業）　9
中小商工業（者）　14，33，133
中小商工業者運転資金制度　14
中小商工業者関係元利資金支払制度
　　14
中小商工業資金制度　17
中小商工業資金融通補償制度　14
中小商工業者振興資金制度　14，15
中小商工業者等産業資金制度　14
中小商工業ノ企業合同ニ関スル件　13
中小商工農業者等資金制度　14
中小商店の調整問題　147
中小零細企業　45，46
中進国　44
中心市街地活性化政策　108
中心市街地における市街地の整備改善及び
　　商業等の活性化の一体的推進に関する
　　法律　108
中東欧諸国（移行期経済諸国）　2，44，
　　138，141
直接金融　99
直接的是正措置　121
直接輸出　64
ツンフト　136
帝国議会　133

TMO（Town Management Organization）
　　108
TLO ひょうご　84
適応問題　146
テキスト（中小企業政策）　145
テクノフェア（出展支援）　104
テクノポリス（高度技術集積都市，政策）
　　49，57，114
デモンストレーション効果　120
転業対策　13
転（廃）業問題　7，39
電子メール　51
ドイツ　47，133，136，137
統一的政策論理　32
東京中小企業投資育成株式会社　112
東西冷戦の終結　93
同業者過多　7
倒　産　32，39，123
倒産関連特例保証制度　110
倒産防止対策　110
投資機関　52
投資事業組合法　100
投機資本　38
投資資本　38
統制政策　16，17
倒　産　134
倒産関連保証特例　111
倒産防止　110，117
倒産防止（経営安定）特別相談室　110
倒産転廃業　151
登録免許税軽減　108
独自領域性　33
独占化　26
独占禁止法　24，33
独占禁止政策（競争政策）　33，34
独占行為（排除）　117，120

独占的企業　151
特別公務員職　58
特別土地保有税の非課税措置　100, 104
独立行政法人化　76
特定業種　115
特定産業集積　106
特定産業集積の活性化に関する臨時措置法　112
特定新規事業実施円滑化臨時措置法　102
特定通信・放送開発事業実施円滑化法　102
特定中小企業集積の活性化　107
特定補助金　101
特別地域産業活性化推進事業　108
独立契約者　152
都市地域　41
都市問題　23
途上国　136
特許（出願）　79, 80, 82
特許（流通）アドバイザー　84
特許流通フェア　76
土地譲渡所得特例　108
都道府県　112
都道府県知事　111
都道府県中小企業支援センター　105
トラスト　132
取引の適正化　98, 110
豊田雅孝　6, 15, 16, 18
問屋下請　10
問屋制（家内）工業　7, 132

[な]

内閣官房長官　79
内閣総理大臣　79
内部経営資源　52

内発的政策　2
名古屋中小企業投資育成株式会社　112
ナノテクノロジー　79
日中戦争　11, 147
日本学術会議会長　79
日本型中小企業政策　138, 152, 153
日本版バイ・ドール条項　80
日本テクノマート　83
ニューディーラー官僚　17
任意償却制度（研究支出費）　100
人材養成　77
認識メカニズム　3, 16, 133, 134
人的ネットワーク　89
ネットワーク（関係，効果）　52, 55, 77
年功的人事配置　77
年次有給休暇促進・所定外労働削減　110
農家の副業形態　132
農事試験場　74
農業政策　133
農工銀行　15
農村家内工業　9
農林水産物ニ集荷ニ関スル件　13
ノキア　94, 95
ノーベル賞受賞者　79

[は]

バイオ　95
配給機構　13
配給機構整備ニ関スル件　13
配給機構整備要綱　12
配給統制　8
ハイテクイメージ　93
ハイテク小企業　93
ハイテク振興　70, 119
ハイテク人材　94

博士号　77
派生所得関連分野　46
発明提案書　81
発明の特許権化　81
パートタイム労働対策　110
パートタイム労働法　110
バブル（経済，崩壊）　24，102
煩雑性　13, 33
反独占政策　16, 19, 26, 120, 121, 151, 152
販売委託　69
販売組合　7
販路開拓事業　108
非価格競争力　51
比較政策研究　128
比較中小企業政策研究　130, 141
比較類型　139
東大阪市　46
非正規雇用者　154
ビジネスエンジェル　68
ビジネスマッチング　53, 58
ビジネスミニマム　23, 27
ビジョン　22
被占領国家　136
秘密の保持性　53
姫路工業大学　84
百貨店法　12
百貨店問題　12
兵庫医科大学　84
兵庫県立工業技術センター　73
兵庫県工業試験場　74
兵庫県工業奨励館　74
貧困問題　23
品質管理技術　22
品質競争力　149
フィンランド　93, 94

風土　49
不完全就業形態　154
不況カルテル　138
不況期　34
不公正取引への監視（是正）　110, 116
復興期　19
不特定多数（中小企業）　116, 120
不平等　21
プラザ合意　149
ブローカー的下請　10
部品調達体制　52
文化的均質性　47
分権化　114
分工場型の地域展開　48
紛争処理システム　53, 58
米国　93, 121, 131, 132, 136, 152, 154
米国型中小企業政策　138, 152, 153
米国型論理　19
米国経済　44, 134
米国占領政策　2, 16, 121
米国中小企業法　17, 121
米国連邦議会　136
米国連邦政府　134
ベトナム　139
ベネルクス　47
弁護士　101
ベンチャー（型）企業　103, 113, 118, 152
ベンチャー基金　94
ベンチャーキャピタル（会社）　68, 104
ベンチャー財団　104
ベンチャープラザ事業　104, 107
貿易組合　16
膨大性　13
母（マザー）工場　56

貿易産業省（フィンランド）　93
貿易・資本の自由化　146
貿易障壁　136
封建制度　131
封建諸侯　131
防止的予防策　120
保護政策　149
保証債務引受け　112
ポピュリズム　134
ポピュリズム的国家観　136
ホームページ（ウェブサイト）　76, 82, 141
補助金　50, 71, 99, 107, 122
補助金交付制度　17
ボスニア　150
ホワイトカラー層　154

[ま]

マイノリティー　152
マイノリティー中小企業　121
前田正名　64
マクロ的政策　116
松方財政　64
松方正義　64
松下圭一　23
マッチング（情報）　58, 79, 87
マトリックス（中小企業政策）　115
マネジメント　70
「慢性疾患」的問題（体質）　7, 9, 21
ミスマッチ解消　109
民・公モデル　69
民・民モデル　68
無限責任組合員　113
無担保融資枠　14
無利子融資制度　100
明治維新　2, 132

メインシステム　18, 53, 57, 93
メッセージ性（中小企業政策）　118, 119, 120, 121, 122, 123
目的志向的手段　20
もっとも少なく統治する政府がもっともよく統治する　120, 134
モデル事業支援　110
モニタリング（コスト，機能）　33, 78, 116
モノづくり基盤　107, 153
問題発生　21
文部科学省　88
文部科学大臣　79

[や]

安かろう悪かろう　21
有限責任組合員　113
誘導的制度　1
融資（制度）　17, 99, 107
優勝劣敗競争　33, 151
優先順位　118
輸出工業　21
輸出組合制度　8
輸出型産業　19
輸出産業　135
輸出振興　135
輸入代替（国産化）　135
ヨーロッパ型　136
吉野信次　18

[ら]

ライフサイエンス　79
ライセンシング（生産）　69, 79, 82, 86
ライセンス契約　82, 85
ライセンス市場調査　82

ライン商業会議所連盟　47
利害調整政治　20
利害対立　140
立地移動性　26
リース　105
リスク　52, 72
立命館大学　83
リテール・サポート・センター事業　109
量産化技術　52
量販店　149
理論偏重の政策論　146
臨時立法（措置法）　34, 146
ルーズベルト政権　17
歴史的空間　39
歴史的文化性　50, 114
零細規模　34
零細な商業組織　131

連鎖倒産　110
連鎖倒産防止対策　110
ロイヤルティー　80, 82
労働権　23
労働災害防止対策　110
労働時間短縮　110
労働時間短縮奨励金交付　110
労働市場　124, 155
労働集約的分野（産業）　40, 41, 44, 122, 149
労働集約的中小企業分野　67
労働政策　24, 26, 151
労働福祉　109
労働力確保　109

[わ]

渡辺尚　47

〈著者紹介〉

寺　岡　　寛（てらおか・ひろし）

1951年　神戸市生まれ
中京大学経営学部教授，経済学博士
主　著　『アメリカの中小企業政策』信山社，1990年
　　　　『アメリカ中小企業論』信山社，1994年，増補版，1997年
　　　　『日本の中小企業政策』有斐閣，1997年
　　　　『日本型中小企業―試練と再定義の時代―』信山社，1998年
　　　　『日本経済の歩みとかたち―成熟と変革への構図―』信山社，1999年
　　　　『中小企業政策の日本的構図―日本の戦前・戦中・戦後―』有斐閣，2000年
　　　　『中小企業と政策構想―日本の政策論理をめぐって―』信山社，2001年
　　　　『日本の政策構想―制度選択の政治経済論―』信山社，2002年
　　　　『中小企業の社会学―もうひとつの日本社会論―』信山社，2002年
　　　　Economic Development and Innovation; An Introduction to the History of Small and Medium-sized Enterprises and Public Policy for SME Development in Japan, First Edition 1996, Second Edition 1998, Japan International Cooperation

---

中小企業政策論――政策・対象・制度――

2003年（平成15年）5月20日	第1版第1刷発行	
	著　者	寺　岡　　寛
	発行者	今　井　　　貴
		渡　辺　左　近
	発行所	信山社出版株式会社
		〒113-0033　東京都文京区本郷6-2-9-102
		ＴＥＬ　03（3818）1019
		ＦＡＸ　03（3818）0344
	発売所	大　学　図　書
		ＴＥＬ　03（3295）6861
		ＦＡＸ　03（3219）5158

Printed in Japan

©寺岡　寛，2003．　　　　印刷・製本/松澤印刷・大三製本

ISBN 4-7972-2259-X　C3032